Amir M. A. Zaidan

Al-'aqida

Einführung in die Iman-Inhalte

Amir M. A. Zaidan

AL-'AQIDA

العَقِيدَة الإسْلامِيَّة

Einführung in die Iman-Inhalte

ADIB Verlag

Die Deutsche Bibliothek - CIP-Einheitsaufnahme

Zaidan, Amir M. A.:
al-'Aqida : Einführung in die Iman-Inhalte / Amir M. A. Zaidan, -
2., neubearb. und erw. Aufl. - Offenbach : ADIB-Verl., 1999
ISBN 3-934659-00-4

1420 n. H./ 1999 n. Chr.
ADIB Verlag . C. Essanhaji, 63067 Offenbach
www.adib-verlag.de / e-mail: info@adib-verlag.de

Umschlaggestaltung: A. Altunbas
Druck und Bindung: Ebner Ulm

Printed in Germany

(ISBN 3-932399-16-1 Erstausgabe)
ISBN 3-934659-00-4 neubearb. und erw. Auflage

بسم الله الرحمن الرحيم

bismil-lahir-rahmanir-rahim

Im Namen ALLAHs, Des Allgnade Erweisenden, Des Allgnädigen

Meiner Mutter

Khaula Ghannam, خولة غنام

Inhaltsverzeichnis

III. Kapitel
al-imanu bil-malaika, الإيمان بالملائكة
Der Iman an die Engel ALLAHs

IV. Kapitel
al-imanu bir-rusul, الإيمان بالرسل
Der Iman an die Gesandten ALLAHs

V. Kapitel
al-imanu bil-kutub as-samawia, الإيمان بالكتب السماوية
Der Iman an die geoffenbarten Schriften ALLAHs

VI. Kapitel
al-imanu bil-yaumil-achir, الإيمان باليوم الآخر
Der Iman an den Jüngsten Tag

VII. Kapitel
al-imanu bil-qadai wal-qadar, الإيمان بالقضاء والقدر
Der Iman an Qada'a und Qadar

VIII. Kapitel
Die Bedeutung von Iman

IX. Kapitel
***al-kabair*, الكبائر**
Die Schweren Sünden

Hinweis zur Übersetzung der Quran- & Sunna-Texte

Die Sunna- und die Quran-Texte wurden vom Verfasser übersetzt.

Hinweis zur Lautumschrift

Bei der Umschrift arabischer Wörter und Namen wurde auf das übliche Umschriftsystem verzichtet, da Zitate und Namen auch auf Arabisch wiedergegeben wurden. Nützlich ist jedoch, folgendes zu beachten:

ch	خ	wie in **Buch**
dh	ذ	wie das englische **th** in **the**
gh	غ	Gaumenzäpfchen - **r**
th	ث	wie das englische **th** in **three**
z	ز	wie das deutsche **s** in **Siegfried**
'	ع	wie (Ka'ba, كعبة), ein ganz tief in der Kehle angesetzter mit zusammengepreßter Stimmritze gebildeter Reibelaut.

Abkürzungen

- die Sechs Imame	Al-buchari, Muslim, Abu-dawud, At-tirmidhi, Ibnu-mascha und An-nasai
- geb.	geboren
- gest.	gestorben
- n. H.	nach der Hidschra, der Auswanderung des Gesandten Muhammad (*sallal-lahu 'alaihi wa sallam*) von Mekka nach Madina
- Nr.	Nummer
- Al-buchari	Imam Muhammad Bnu-isma'il Al-buchari, größter Hadith-Wissenschaftler (geb. 194 - gest. 256 n. H.)
- Muslim	Imam Muslim Bnul-hadschadsch An-naisaburi, genießt das größte Ansehen nach Imam Al-buchari (geb. 204 - gest. 261 n. H.)
- Abu-dawud	Imam Sulaiman Bnul-asch'th As-sadschistani, Hadith-Wissenschaftler (geb. 202 - gest. 275 n. H.)
- At-tirmidhi	Imam Muhammad Bnu-'isa At-tirmidhi, Hadith-Wissenschaftler (geb. 209 - gest. 279 n. H.)
- An-nasai	Imam Ahmad Bnu-schu'aib An-nasai, Hadith-Wissenschaftler (geb. 215 - gest. 303 n. H.)
- Ibnu-madscha	Imam Muhammad Bnu-yazid Al-qaz-wini, Exeget, Hadith-Wissenschaftler (geb. 209 - gest. 273 n. H.)

Vorwort der ersten Auflage

بسم الله الرحمن الرحيم

bismil-lahir-rahmanir-rahim

Im Namen ALLAHs, Des Allgnade Erweisenden, Des Allgnädigen

Alhamdulil-lah, الحمد لله

Aller Lobpreis DIR, meinem Herrn, wie es DEINER Erhabenheit gebührt!
Aller Lobpreis DIR, meinem Schöpfer und Dem Schöpfer allen Seins!
Ich bezeuge, daß es keinen Gott und keinen Anzubetenden gibt außer DIR.
Ich bezeuge, daß DU Der Einzige bist und Der Besitzer der vollkommenen Attribute.
Wen DU rechtleitest, der ist rechtgeleitet; wen DU in die Irre gehen läßt, der ist in die Irre gegangen und er wird mit Sicherheit keinen anderen Helfer finden.
Ich bezeuge, daß Muhammad (*sallal-lahu 'alaihi wa sallam*) DEIN letzter Prophet und Gesandter ist. Er erfüllte die ihm anvertraute Aufgabe bestens und hat uns den Weg der Ergebenheit DIR gegenüber und den Weg zu DEINER Zufriedenheit und zu DEINEM Wohlgefallen aufgezeigt.
ALLAH! Gewähre unserem Gesandten, dem Gesandten der Wahrheit und der Rechtleitung DEINE vollkommene Gnade, DEINEN Segen und *Alwasila*, die DU ihm versprochen hast!
Und ich suche Zuflucht bei DIR vor den Bosheiten meiner Seele und vor den negativen Aspekten meines Handelns.
Es gibt weder Unterstützung noch Kraft außer bei DIR!

Durch die Gnade und die Unterstützung ALLAHs ist nun nach der Veröffentlichung von "Fiqhul-ibadat - Einführung in die islamischen gottesdienstlichen Handlungen" in Zusammenarbeit mit Karola Khan jetzt auch das zweite Fachbuch im Rahmen des Projektes **"Übertragung der islamischen Wissenschaften in die deutsche Sprache"** fertiggestellt.

Alhamdulil-lah!

Der vorliegende 2. Band dieser geplanten 15 bändigen Fachliteraturreihe behandelt als erstes Fachbuch im deutschen Sprachraum ausführlich und detailliert "die zu verinnerlichenden Inhalte des Islam" - die Iman-Inhalte.

Als ich mit diesem Buch begonnen habe, war mir zwar bewußt, daß dieses kein leichtes Unterfangen sein würde, aber aufgrund meiner bescheidenen Erfahrungen hatte ich auch nicht annähernd eine Vorstellung davon, welch beinahe unüberwindliche Schwierigkeiten mir auf diesem Weg wirklich begegnen würden.
Das erste und zugleich größte Problem, mit dem ich konfrontiert wurde, war die ernüchternde Erkenntnis, daß in der deutschen Sprache ein Mangel besteht an geeigneten Ausdrücken und Fachbegriffen, welche selbst die einfachsten fundamentalen islamischen Inhalte und die islamologischen Fachbegriffe auch nur annähernd adäquat wiedergeben könnten. Dieses Defizit zeigt m. E. sehr deutlich, daß der Islam im deutschsprachigen Raum trotz der Anwesenheit von Millionen Muslimen noch immer nicht heimisch geworden ist.

Weil dieses Fachbuch und die InschaALLAH noch folgenden weiteren Fachbücher dieser Reihe jedoch nicht ohne eine islamologisch korrekte Verwendung der islamischen Fachbegriffe zu erstellen sind bzw. sein werden, mußte zunächst eine Lösung für dieses Problem gefunden werden. Nach langem Überlegen kam ich zu der Überzeugung, daß sich nur eine islamisch vertretbare Lösung anbietet: Die Nachahmung der historisch bewährten Methode des Einverleibens der islamischen Termini in das Vokabular der Kulturen nicht-arabophoner Sprachräume.
Durch die Transplantation der islamischen Fachbegriffe als Fremdworte in die jeweiligen Sprachen (Türkisch, Persisch, Urdu, usw.) konnte in diesen nicht-arabophonen Kulturkreisen gewährleistet werden, daß die Bedeutungsvielfalt dieser Begriffe bis heute bewahrt und daß eine Fehlinterpretation und Verfälschung der Begriffsinhalte verhindert wurde.
Aus diesen Gründen habe ich mich entschlossen, in diesem Buch erstmals den Versuch zu wagen, die islamischen Fachbegriffe als Fremdworte auch ins Deutsche einzuführen und somit einen Beitrag zur Bereicherung der deutschen Sprache und Kultur in unserer multikulturellen und -religiösen Gesellschaft zu leisten.
Als weiterer sehr positiver Nebeneffekt dieser Vorgehensweise ergibt sich, daß vielen Mißverständnissen, Falschinterpretationen und Vorurteilen, die

durch das undifferenzierte Übersetzen von islamischen Begriffen entstehen, vorgebeugt werden kann.
Ein anderes Problem, mit dem ich mich konfrontiert sah, war die Tatsache, daß zu diesem Thema keinerlei deutschsprachige Literatur vorhanden ist, auf die ich als Orientierungshilfe hätte zurückgreifen können. Das bedeutete für mich, daß ich bei der "Darstellung der zu verinnerlichenden Inhalte des Islam" Neuland betreten mußte, das es zu entdecken galt. Auf dieser "Entdeckungsreise" befand ich mich dann fast ein ganzes Jahr, und das Ergebnis dieser mühsamen und langen Expedition ist nun das vorliegende Buch.

In diesem Buch, sowie in anderen Büchern und Aufsätzen, bevorzuge ich für die Bezeichnung Des Schöpfers den arabischen Begriff "ALLAH", weil dieser im Gegensatz zu dem deutschen Wort "Gott" weder männlich noch weiblich ist und auch keinen Plural besitzt.
"ALLAH" als Bezeichnung Des Schöpfers wird im arabischen Sprachraum von allen Religionsgemeinschaften (u. a. Juden, Christen und Muslimen) als feststehender Fachbegriff benutzt.
Mit diesem Buch habe ich auch versucht aufzuzeigen,

- daß die bewußte Ergebenheit unter ALLAH (*ta'ala*), der Islam, die eigentliche Frucht von Wissen ist und
- daß der Islam das Ergebnis einer Symbiose zwischen Iman und Intellekt bzw. zwischen Wissenschaft und Religion ist. Deshalb sollte jeder, der noch nicht zu diesem Ergebnis gelangt ist, sein Wissen (selbst-)kritisch überprüfen, denn ALLAH (*ta'ala*) sagte:

وَمَا يَتَّبِعُ أَكْثَرُهُمْ إِلَّا ظَنًّا إِنَّ الظَّنَّ لَا يُغْنِي مِنَ الْحَقِّ شَيْئًا

> Und Nichts folgen die meisten von ihnen außer einer Spekulation. Doch das Spekulieren ersetzt nichts von der Wahrheit.[1]

Hierbei reicht es sicherlich nicht aus, daß man diese Erkenntnis gewinnt, vielmehr sollte man seine Vernunftsgedanken konsequent zu Ende führen und auch vor hemmenden Traditionen keinen Halt machen.
Im Islam ist blinder Glaube unter Ausschluß des Intellekts nicht möglich und nicht erwünscht, weil nach islamischem Selbstverständnis nur die Beschäftigung mit Wissenschaft zur ALLAHs Erkenntnis führt.

---

[1] Suratu-yunus Nr. 10, Aya Nr. 36

Nachdem man das einzigartige Dasein ALLAHs als Gewißheit verinnerlicht hat, ist man verpflichtet, nach dem richtigen Weg zu suchen, um ALLAH (*ta'ala*) zu dienen und IHM gegenüber die Dankbarkeit in Wort und Tat auszudrücken.

فاعلم أنه لا إله إلا الله واستغفر لذنبك
وللمؤمنين والمؤمنات

Stelle es durch Wissen fest, daß es keinen Gott außer ALLAH gibt, und bitte um Vergebung für deine Verfehlung und für die Mumin-Männer und Mumin-Frauen.[2]

Ich habe mich nach Kräften bemüht, "Die zu verinnerlichenden Inhalte des Islam" islamologisch korrekt und wissenschaftlich in der Denksprache des hiesigen Kulturkreises und so einfach und übersichtlich wie möglich darzustellen. Mir ist allerdings bewußt, daß Teile der hier dargestellten islamischen Inhalte mit Glaubensinhalten und Glaubensvorstellungen nicht-islamischer Gemeinschaften kollidieren, was Unbehagen bei dem einen oder anderen nicht-muslimischen Leser auslösen könnte.
Aus diesem Grund lege ich im islamischen Sinn großen Wert auf die Feststellung, daß hiermit kein Angriff, keine Kränkung und keine Erniedrigung irgendeiner dieser Glaubensgemeinschaften beabsichtigt ist.
Mein Dank gebührt insbesondere meiner Frau für ihr Verständnis, ihre große Geduld und ihre unermüdliche tatkräftige Unterstützung meiner Arbeit. ALLAH (*ta'ala*) möge es ihr vergelten. Weiterhin möchte ich den Geschwistern Amina El-Zayat, Fatima Abounachat, Tasniem Ibrahim und Abdul Hadi Hoffmann für ihren Einsatz beim Lesen und Korrigieren danken. Zum Schluß möchte ich alle Leser dieses Buches darum bitten, Du'a zu machen und konstruktive Kritik zu leisten, um etwaige Fehler in den folgenden Auflagen zu vermeiden. InschaALLAH nimmt ALLAH (*ta'ala*) diese Arbeit an und vergibt uns dafür von unseren Verfehlungen. ER ist ja Der Allhörende, Der Allvergebende!
Was-salamu 'alaikum wa rahmatul-lahi wa barakatuh
والسلام عليكم ورحمة الله وبركاته

Amir M. A. Zaidan
Bad Vilbel, den 22.06.97

---

[2] Suratu-muhammad Nr. 47, Aya Nr. 19

Vorwort der zweiten Auflage

بسم الله الرحمن الرحيم

bismil-lahir-rahmanir-rahim
Im Namen ALLAHs, Des Allgnade Erweisenden, Des Allgnädigen

Alhamdulil-lah, الحمد لله

Zunächst möchte ich mich bei allen Leserinnen und Lesern für die durchweg gute Kritik und die positive Resonanz auf die erste Auflage dieses Buches bedanken.
Nachdem die erste Auflage innerhalb relativ kurzer Zeit vergriffen war und die Nachfrage seitdem nicht nachgelassen hat, fühle ich mich in meiner Annahme bestärkt, daß im deutschsprachigen Sprachraum ein großer Bedarf nach islamologischer Fachliteratur vorhanden ist.

Die längst überfällige Herausgabe der nun vorliegenden überarbeiteten zweiten Auflage hat sich über mehr als ein Jahr hinausgezögert, weil ich nach reiflicher Überlegung zu der Überzeugung gelangt bin, daß ich die auf dem Markt befindlichen "deutschen Übersetzungen" der Quran-Zitate nicht länger in meinen Veröffentlichungen verwenden darf.

Da eine Überarbeitung der vorhandenen "Übersetzungswerke" aus verschiedenen Gründen nicht möglich war, sah ich mich gezwungen, eine neue Übertragung des Quran-Textes in deutscher Sprache zu erstellen.
Diese wissenschaftliche Arbeit unter Berücksichtigung der Grundsätze der Islamologie, insbesondere der Kriterien der Iman-Inhalte, und unter Verwendung der islamologisch korrekten Fachbegriffe nahm fast ein Jahr in Anspruch und wird in Kürze unter dem Titel "At-tafsir" im gleichen Verlag erscheinen.

Bei der Überarbeitung dieser Auflage habe ich mich zum einen bemüht, die islamologischen Fachbegriffe mehr als bisher zu berücksichtigen und zum anderen wurden alle Quran-Zitate durch Texte meiner eigenen Übertragung "At-tafsir" ersetzt.

Obwohl bei vielen Veranstaltungen und in Gesprächen Kommentare und Anregungen für die Neuauflage an mich herangetragen wurden, habe ich bisher leider keine inhaltliche Rezension zur Erstauflage erhalten. Worauf diese Zurückhaltung der Muslime und auch der nicht-muslimischen Islamexperten zurückzuführen ist, konnte ich bisher nicht eruieren, hoffe jedoch, daß eine Rezension der jetzigen Auflage nicht länger auf sich warten läßt.

Ich bitte alle Leser, Du'a/Bittgebete zu machen und nicht zu zögern mir Verbesserungsvorschläge oder Kritik zukommen zu lassen, damit etwaige Fehler in der kommenden Ausgabe vermieden werden können.

InschALLAH nimmt ALLAH (ta'ala) diese Arbeit an und vergibt uns dafür von unseren Verfehlungen.
Was-salamu 'alaikum wa rahmatul-lahi wa barakatuh
والسلام عليكم ورحمة الله وبركاته

Amir M. A. Zaidan
Florstadt, 15.10.1999

I. Kapitel

Definitionen

Einführung

Zum besseren Verständnis des vorliegenden Buches ist die ausführliche Definition einiger islamischer Fachbegriffe mit Belegen aus dem Quran und der Sunna dem eigentlichen Hauptteil dieses Buches vorangestellt.
Ich erachte diesen tiefgehenden Exkurs in die Sprachwissenschaft als sehr wichtig, um einem bedenklichen Phänomen vorzubeugen, das in den meisten den Islam betreffenden deutschsprachigen Veröffentlichungen zu beobachten ist und das negative Auswirkungen auf die Darstellung und das Verständnis des Islam im deutschen Sprachraum hat. Dieses Phänomen äußert sich in der Tendenz, bei der Übersetzung bestimmter islamischer Fachbegriffe ins Deutsche, die umfassende Bedeutung dieser arabischen Termini auf ein bzw. zwei deutsche Begriffe zu reduzieren. Die derart kreierten Fachbegriffe werden dann durchgehend pauschal in sämtlichen Texten als quasi "normierte Standardübersetzung" benutzt.

Beispiele für derartige Begriffe[3]:
Din wird allgemein als "Religion" oder "Glaube" übersetzt.
Islam wird allgemein wiedergegeben als "Frieden machen", "die Religion Muhammads" oder "die Unterwerfung unter den Willen ALLAHs", wobei diese Unterwerfung negativ besetzt ist.
Iman hieße "Glaube".
Kufr/Kafir werden allgemein übersetzt als "Unglaube/Ungläubig" oder im differenzierten Fall als "Glaubensverweigerung/Glaubensverweigerer".
Muwalat bzw. ***Wali*** wird allgemein als "Freundschaft" bzw. "Freund" oder im differenzierten Fall als "Vertrauensverhältnis" bzw. "Vertrauter" oder "Schutzfreund" wiedergegeben.
Die stereotype und meist undifferenzierte Verwendung dieser "normierten Standardübersetzung" für komplexe arabische Fachbegriffe führt zur

---

[3] Beispiele in den bisherigen sogenannten "Quran-Übersetzungen"

- ✎ Mißachtung der immanenten Vielfalt an Interpretationsmöglichkeiten der arabischen Sprache und der Ignoranz der immanenten Dimension des jeweiligen Wortumfeldes,
- ✎ mangelnden Berücksichtigung der unterschiedlichen Besetzung der Begriffe im allgemeinen Sprachgebrauch und zur
- ✎ Vernachlässigung des jeweiligen quranischen Kontextes.

Dies verursacht einen Negativtrend, der weitreichende Folgen nach sich zieht, z. B.:

- ❐ Entstehung fehlerhafter und irreführender Übersetzungen und Begriffe;
- ❐ Fehlinterpretationen und Erzeugung von Zerrbildern und entstellten Vorstellungen über den Islam und seine Inhalte;
- ❐ Absinken des Niveaus der deutschsprachigen Veröffentlichungen über den Islam, das weder den fundamentalen islamologischen noch den sprachwissenschaftlichen Kriterien gerecht wird.

Die Ursache dieser bedauernswerten Entwicklung ist hauptsächlich im inkorrekten und undifferenzierten Umgang mit der arabischen Sprache und den islamischen Definitionen zu suchen. Folglich muß versucht werden, diesem Trend effektiv entgegenzuwirken.
Ein erster Schritt in die richtige Richtung ist sicherlich die Erkenntnis der großen Auswirkungen dieser mangelhaften Auseinandersetzung mit dem islamologischen Selbstverständnis auf das Bild des Islam und der islamischen Gemeinschaft in Deutschland. Konsequenterweise muß man sich Gedanken darüber machen, wie wir uns von dieser Oberflächlichkeit befreien können.
Eine Lösung dieses Problems besteht m. E. darin, die islamischen Fachbegriffe umfassend zu definieren und dann als Fremdwörter ins Deutsche zu übernehmen. Somit wird gewährleistet, daß die immanente Dimension dieser Fachbegriffe und die Vielfalt ihrer Bedeutung auch für die nichtarabophonen Sprachgruppen zumindest im Ansatz erkennbar und bewußt werden. Dieser Ansatz wurde für das vorliegende Buch gewählt.

Um nicht-arabischsprechenden Lesern eine Hilfe zu bieten, das richtige semantische Verständnis der wesentlichen islamischen Fachbegriffe, die im vorliegenden Buch verwendet werden, zu verstehen, werden u.a. die Termini: **Din, Islam/Muslim, Iman/Mumin, Kufr/Kafir, Schirk/ Muschrik, Muwalat/Wali, 'Aqida** im folgenden sprachwissenschaftlich und auf der Basis von Quran und Sunna definiert, d. h. ihr Inhalt islamisch fundiert, ausführlich und möglichst verständlich erklärt.

Im eigentlichen Hauptteil dieses Buches werden dann diese vorher definierten Termini nur noch als feststehende Fachbegriffe in Form von Fremdwörtern benutzt.
Andere wichtige islamische Fachbegriffe werden im jeweiligen Kapitel definiert und ebenfalls als Fremdwörter eingeführt.
Mit diesem Ansatz möchte ich

- eine möglichst genaue Begriffsbestimmung der islamischen Fachbegriffe bzw.
- eine möglichst anschauliche Erklärung der Begriffsinhalte islamischer Fachbegriffe mit den relevanten Interpretationsmöglichkeiten und Bedeutungsnuancen vornehmen und damit einen neuen sicher noch verbesserungsfähigen Weg beschreiten.

Bei der Erklärung und Definition der o. g. Fachbegriffe wird folgendes Schema angewendet:

1. Bedeutung und Wortumfeld nach der arabischen Linguistik
Für die sprachwissenschaftliche Definition wird die Bedeutung und das Wortumfeld nach der arabischen Linguistik aus dem Lexikon der arabischen Sprache "Lisanul-'arab, لسان العرب" von Imam "Ibnu-manzur[4], ابن منظور" angeführt.
Dies dient dazu, die unterschiedliche Besetzung der o. g. Begriffe im allgemeinen arabischen Sprachgebrauch zu verdeutlichen.
Zusätzlich wird die komplexe mehrschichtige Dimension der jeweiligen Fachbegriffe an einigen Beispielen von Wörtern ihres Wortumfeldes mit der gleichen Wortwurzel und deren grammatikalischen Ableitungen aufgezeigt. Dadurch werden die unterschiedlichen Bedeutungsnuancen im quranischen Kontext verständlicher gemacht.

2. Spezifisch islamische Wortbedeutung
Diese Rubrik dient dazu, die Unterschiede zu den jeweiligen "deutschen Fachbegriffen" aufzuzeigen, und zwar

---

[4] Imam Muhammad Bnu-makram Ibnu-manzur (geb. 630 - gest. 711 n. H.), verfaßte handschriftlich mehr als 500 Bände über die verschiedenen Diziplinen der arabischen Sprache.

a. in Bezug auf ALLAH (ta'ala)

Bei einigen Fachbegriffen wird der Bezug zu ALLAH (*ta'ala*) separat zum allgemeinen islamischen Bezug aufgeführt, weil dies wesentlich für das Verständnis ist.

b. im islamischen Kontext

Für die islamologische Definition wird bei einigen Fachbegriffen nochmals zwischen der allgemeinen islamischen Wortbedeutung und der im edlen Quran verwendeten spezifischen Bedeutung differenziert.

Aus dem Buch "*Nuzhatul-a'yunil-nawazir fi 'ilmil-wudschi wan-nazair*, نزهة الأعين النواظر في علم الوجوه والنظائر, Ausflug der nachdenklichen Augen in die Wissenschaft der Arten und sinnverwandter Wörter" von dem großen Imam Ibnul-dschauzi[5] wird die Kategorisierung der Fachbegriffe übernommen, um ihre spezielle Bedeutung im Quran- und Sunna-Kontext sowie ihre Verwendungs- und Bedeutungsvielfalt zu erläutern.
Diese Kategorisierung basiert auf einer Zusammenfassung der Literatur namhafter Islamologen zu diesem Thema mit Belegstellen aus dem Quran.

Bemerkung

Der Begriff Islamwissenschaft und dessen Ableitungen habe ich in diesem Buch bewußt vermieden,

- um mich von der westlich geprägten "Islamwissenschaft" zu distanzieren, deren Beschäftigungsfeld bekanntermaßen ja gerade nicht der Islam ist und
- um keine Analogie mit den im Westen unter diesem Wort bekannten "Pseudo-Experten für den Islam" zu suggerieren.

Ich ziehe folgende Begriffe vor:
Islamologe/Islamologen:
Muslime, die sich wissenschaftlich mit dem Islam befassen. Auch als Synonym für die islamischen Gelehrten.
Islamologie:
Wissenschaften des islamischen Din.

---

[5] Imam Abdur-rahman Bnu-ali Al-dschauzi aus Bagdad (geb. 510 - gest. 597 n. H.), verfaßte handschriftlich 300 Bücher in den Fächern der Quran- und Hadith-Wissenschaft, Geschichte und Arabisch.

Definition von "Din, دين"

Bedeutung und Wortumfeld nach der arabischen Linguistik

Die Wortwurzel lautet "d-i-n, دين".

"*ad-din*, الدِّين" bezeichnet in der arabischen Linguistik folgendes:

1. *al-dschazaa*, الجزاء : die Vergeltung (Belohnung oder Bestrafung)
2. *al-mukafaa*, المكافأة : die Belohnung
3. *al-hisab*, الحساب : die Abrechnung
4. *at-ta'a*, الطاعة : den Gehorsam
5. *al-'ada*, العادة : die Gewohnheit und die Tradition
6. *al-islam*, الإسلام : den Islam [Ergebenheit ALLAH (*ta'ala*) gegenüber]
7. *al-diyana*, الديانة : die Religion, die Art ALLAH (*ta'ala*) zu dienen
8. *at-ta'abud*, التعبد : das Dienen ALLAHs, das Anbeten ALLAHs
9. *al-qadaa*, القضاء : die Gerichtsbarkeit, das Gesetz
10. *al-hal*, الحال : den Zustand, die Situation, die Lage
11. *as-sultan*, السلطان : die Herrschaft, die Macht
12. *al-qahr*, القهر : die Erniedrigung, das Bezwingen

Beispiele von Wörtern des Wortumfeldes mit gleicher Wortwurzel von "Din", die andere Bedeutungsnuancen haben:

arab. Ableitung	lat. Umschrift	dtsch. Übersetzung
الدَّيّان	*ad-dayyan*	Einer der Namen ALLAHs Ad-dayyan bedeutet u. a.: Herrscher, Richter, Bezwinger
الدَّين	*ad-dayn*	Die Schuld
مَدِينٌ	*madinun*	Verschuldet
مِدْيانٌ	*midyanun*	Notorischer Schuldner
يوم الدِّين	*yaumu-d-din*	Tag der Vergeltung (Belohnung und Bestrafung) und der Jüngste Tag

Spezifisch islamische Wortbedeutung

a. "Din" in Bezug auf ALLAH (ta'ala)

"Din" bedeutet:

- ✎ die Gewißheit verinnerlichen, daß die Existenz ALLAHs einzigartig aus sich selbst seiend ist und daß ALLAH (*ta'ala*) Der einzige Schöpfer und Bestimmende über die Geschöpfe ist und
- ✎ bewußte Erfüllung der von ALLAH (*ta'ala*) gebotenen Lebensweise.

Die Muslime halten sich immer vor Augen, daß ALLAH (*ta'ala*) der wahre Herrscher und der eigentliche Richter ist.

b. "Din" im islamischen Kontext

Allgemeine Bedeutung

"Din" kann definiert werden als:

1. die von ALLAH (*ta'ala*) vorgegebenen Normen und Richtlinien, die den Orientierungs- und Handlungsrahmen für ein gottgefälliges Leben vorgeben, innerhalb dessen die Muslime frei entscheiden und agieren.
2. die von ALLAH (*ta'ala*) vorgeschriebene Lebensweise mit dem Ziel,
   - ✎ den Charakter der gottergebenen Menschen zu schulen und zu vervollkommnen und
   - ✎ die gottergebenen Menschen anzuleiten, nicht ausschließlich aus ihrer menschlichen Perspektive heraus zu entscheiden bzw. zu agieren, d. h. nicht mittels ihres eingeschränkten Horizonts und ihrer begrenzten Erkenntnisfähigkeit fehlerhafte Entscheidungen zu treffen und fehlerhafte Handlungen zu begehen.

Bedeutung im quranischen Kontext

Nach der Wissenschaft der sinnverwandten Wörter und nach den Quran-Exegeten wird "Din" im Quran als Synonym für 11 verschiedene Begriffe verwendet.

Din wird verwendet für:

- ✎ *al-islam*, الإسلام: den Islam,
- ✎ *at-tauhid*, التوحيد: den Iman an ALLAHs Einzigartigkeit und Einheit,
- ✎ *al-hisab*, الحساب: die Abrechnung (am Jüngsten Tag),
- ✎ *al-dschazaa*, الجزاء: die Vergeltung,
- ✎ *al-hukm*, الحكم: das Gesetz,
- ✎ *at-ta'a*, الطاعة: den Gehorsam, Sich-Fügen, die Loyalität,
- ✎ *al-'ada*, العادة: die Gewohnheit / die Sitte,
- ✎ *al-milla*, الملة: die Gemeinschaft/ das Volk,

- *al-hudud*, الحدود: die in der Schari'a unveränderbar festgelegten Strafen,
- *al-'adad*, العدد: die Anzahl und
- *al-quran*, القرآن: den Quran.

Quranische Belegstellen zu den Synonymen von Din

1. Din als Synonym für “Islam”

هُوَ ٱلَّذِىٓ أَرْسَلَ رَسُولَهُۥ بِٱلْهُدَىٰ وَدِينِ ٱلْحَقِّ

ER ist Derjenige, Der SEINEN Gesandten mit der Rechtleitung und dem *Din* der Wahrheit (dem *Islam*) entsandte.[6]

2. Din als Synonym für “Tauhid”

وَمَآ أُمِرُوٓا۟ إِلَّا لِيَعْبُدُوا۟ ٱللَّهَ مُخْلِصِينَ لَهُ ٱلدِّينَ حُنَفَآءَ وَيُقِيمُوا۟ ٱلصَّلَوٰةَ
وَيُؤْتُوا۟ ٱلزَّكَوٰةَ

Und ihnen wurde nichts geboten, außer daß sie ALLAH dienen - aufrichtig im *Din/Tauhid* IHM gegenüber als (dem Guten) Zugeneigte, das rituelle Gebet stets verrichten und die Zakat entrichten.[7]

هُوَ ٱلَّذِى يُسَيِّرُكُمْ فِى ٱلْبَرِّ وَٱلْبَحْرِ ۖ حَتَّىٰٓ إِذَا
كُنتُمْ فِى ٱلْفُلْكِ وَجَرَيْنَ بِهِم بِرِيحٍ طَيِّبَةٍ وَفَرِحُوا۟ بِهَا جَآءَتْهَا
رِيحٌ عَاصِفٌ وَجَآءَهُمُ ٱلْمَوْجُ مِن كُلِّ مَكَانٍ وَظَنُّوٓا۟ أَنَّهُمْ أُحِيطَ بِهِمْ ۙ
دَعَوُا۟ ٱللَّهَ مُخْلِصِينَ لَهُ ٱلدِّينَ لَئِنْ أَنجَيْتَنَا مِنْ هَٰذِهِۦ لَنَكُونَنَّ
مِنَ ٱلشَّٰكِرِينَ ﴿٢٢﴾

ER ist Derjenige, Der euch auf dem Lande und auf dem Meer bewegen läßt! Hierauf als ihr auf den Schiffen wart, und diese sie (die Menschen) durch günstigen Wind fortbewegten und sie sich darüber freuten, kam ihnen mit einemmal ein Sturmwind entgegen. Und Wogen schlugen über ihrem (Schiff) aus jeder Richtung zusammen und sie dachten, daß sie keinen Ausweg mehr haben, (da) richteten sie Bittgebete an ALLAH aufrichtig im *Din/Tauhid*: ‘Wenn DU uns daraus rettest, werden wir uns gewiß dankbar erweisen!’[8]

---

[6] Suratut-tauba Nr. 9, Aya Nr. 33
[7] Suratul-bay-yina Nr. 98, Aya Nr. 5
[8] Suratu-yunus Nr. 10, Aya Nr. 22

3. Din als Synonym für "Abrechnung am Jüngsten Tag"

يَوْمَئِذٍ يُوَفِّيهِمُ ٱللَّهُ دِينَهُمُ ٱلْحَقَّ

An dem Tag (Jüngsten Tag) wird ALLAH ihnen ihren wahren *Din/ Abrechnung* vergüten.[9]

4. Din als Synonym für "Vergeltung"

مَٰلِكِ يَوْمِ ٱلدِّينِ ﴿٤﴾

DEM (absoluten) Herrscher am Tag des *Din*/der *Vergeltung*.[10]

وَيْلٌ يَوْمَئِذٍ لِّلْمُكَذِّبِينَ ﴿١٠﴾ ٱلَّذِينَ يُكَذِّبُونَ بِيَوْمِ ٱلدِّينِ ﴿١١﴾

Niedergang ist an diesem Tag für die Ableugner bestimmt, diejenigen, die den Tag des *Din*/der *Vergeltung* ableugnen.[11]

5. Din als Synonym für "Gesetz"

فَبَدَأَ بِأَوْعِيَتِهِمْ قَبْلَ وِعَآءِ أَخِيهِ ثُمَّ ٱسْتَخْرَجَهَا مِن وِعَآءِ أَخِيهِ ۚ كَذَٰلِكَ

كِدْنَا لِيُوسُفَ ۖ مَا كَانَ لِيَأْخُذَ أَخَاهُ فِى دِينِ ٱلْمَلِكِ إِلَّآ أَن يَشَآءَ ٱللَّهُ ۚ

Dann begann er mit ihren Transportbehältern vor dem Transportbehälter seines Bruders, dann zog er ihn aus dem Transportbehälter seines Bruders. Solcherart haben WIR es für Yusuf geplant. Denn er hätte niemals seinen Bruder nach dem *Din/Gesetz* des Königs festnehmen können, hätte ALLAH es nicht gewollt.[12]

6. Din als Synonym für "Gehorsam, Sich-Fügen"

وَلَا يَدِينُونَ دِينَ ٱلْحَقِّ

(...) noch sich dem wahren Din *fügen*.[13]

7. Din als Synonym für "Gewohnheit/Sitte"

قُلْ أَتُعَلِّمُونَ ٱللَّهَ بِدِينِكُمْ

Sag: 'Wollt ihr ALLAH über euren *Din*/eure *Gewohnheiten* belehren?'[14]

8. Din als Synonym für "Gemeinschaft/ Volk"

وَذَٰلِكَ دِينُ ٱلْقَيِّمَةِ ﴿٥﴾

---

[9] Suratun-nuur Nr. 24, Aya Nr. 25

[10] Suratul-fatiha Nr. 1, Aya Nr. 4

[11] Suratul-mutafifin Nr. 83, Ayat Nr. 10-11

[12] Suratu-yusuf Nr. 12, Aya Nr. 76

[13] Suratut-tauba Nr. 9, Aya Nr. 29

[14] Suratul-hudschurat Nr. 49, Aya Nr. 16

Und dies ist der *Din der Geradlinigkeit/die geradlinige Gemeinschaft.*[15]

9. Din als Synonym für "*al-hudud*, die in der Schari'a unveränderbar festgelegten Strafen"

وَلَا تَأْخُذْكُم بِهِمَا رَأْفَةٌ فِى دِينِ ٱللَّهِ

Und lasst kein Erbarmen beiden gegenüber (bei der Erfüllung) von ALLAHs *Din/Hudud* euch ergreifen.[16]

10. Din als Synonym für "Anzahl"

إِنَّ عِدَّةَ ٱلشُّهُورِ عِندَ ٱللَّهِ ٱثْنَا عَشَرَ شَهْرًا فِى كِتَـٰبِ ٱللَّهِ يَوْمَ خَلَقَ ٱلسَّمَـٰوَٰتِ وَٱلْأَرْضَ مِنْهَآ أَرْبَعَةٌ حُرُمٌ ذَٰلِكَ ٱلدِّينُ ٱلْقَيِّمُ

Gewiß beträgt die Anzahl der Monate bei ALLAH zwölf Monate; (so war es) in ALLAHs Schrift am Tag, als ER die Himmel und die Erde erschuf - davon sind vier Haram-Monate. Dies ist der rechte *Din/die rechte Anzahl.*[17]

11. Din als Synonym für "Quran"

أَرَءَيْتَ ٱلَّذِى يُكَذِّبُ بِٱلدِّينِ ﴿١﴾

Teile mir mit über denjenigen, der den *Din/Quran* ableugnet![18]

Resümee

Zum richtigen Verständnis der quranischen Texte ist eine Differenzierung bei der Übersetzung unersetzlich.

Für den Fall, daß eine Differenzierung in einem begrenzten Rahmen nicht möglich ist und ein übergreifender Sammelbegriff verwendet werden soll, empfehle ich als mögliche Übersetzung für die elementare Bedeutung von **Din**, den Ausdruck "**Lebensweise**" und für "ad-dinul-islami, الدين الإسلامي" den Ausdruck "**die islamische Lebensweise**", weil m. E. nur der Begriff Lebensweise entsprechend dem islamischen Verständnis alle Bereiche und Ebenen der Lebensgestaltung, nämlich die religiöse, kulturelle, politische, wirtschaftliche, soziale, wissenschaftliche, etc. impliziert und umfaßt.

---

[15] Suratul-bay-yina Nr. 98, Aya Nr. 5
[16] Suratun-nuur Nr. 24, Aya Nr. 2
[17] Suratut-tauba Nr. 9, Aya Nr. 36
[18] Suratul-ma'un Nr. 107, Aya Nr. 1

Definition von "Islam, إسلام / Muslim, مسلم"

Bedeutung und Wortumfeld nach der arabischen Linguistik
Die Wortwurzel lautet "s-l-m, سلم".
"*al-islam*, الإسلام" bezeichnet in der arabischen Linguistik folgendes:
1. *al-inqiyad*, الانقياد: die Gefügigkeit, Unterwerfung und Willfährigkeit
2. *as-silm*, السِّلْم: die Versöhnung, das Frieden-Schließen und den Frieden
3. *al-istislam*, الاستِسْلام: das Sich-Fügen, Sich-Ergeben und die Hingabe

Beispiele von Wörtern des Wortumfeldes mit gleicher Wortwurzel von "Islam", die andere Bedeutungsnuancen haben.

Arab. Ableitung	lat. Umschrift	dtsch. Übersetzung
السَّلامة	*as-salama*	Lossagung, Aberkennung, blühendes Aussehen
السَّلام	*as-salam*	ALLAHs Name: Der Vollkommene Der Gruß, der Friede
التَّسْليم	*at-taslim*	Ergebenheit (unter ALLAH)
دار السَّلام	*darus-salam*	Die Dschanna (das Paradies)
السِّلْم	*as-silm*	Die Versöhnung, der Friede

Spezifisch islamische Wortbedeutung

a. "Islam" im Bezug auf ALLAH (ta'ala)
"Islam" bedeutet:
- ALLAH (*ta'ala*) gegenüber bewußt ergeben sein als unmittelbare Folge der Erkenntnis SEINES Daseins, sowie
- ALLAH (*ta'ala*) dienen und IHN verherrlichen auf die Art und Weise, die ER den Menschen über den Weg der Offenbarung durch SEINE Gesandten übermittelt hat.

In diesem Sinne ist Islam die Bezeichnung für die Lebensweise aller gottergebenen Menschen und aller Propheten ALLAHs.

Der erste Mensch und Prophet Adam (*'alaihis-salam*) hat diese Lebensweise, die bewußte Ergebenheit unter ALLAH (*ta'ala*), den Islam, verkündet und praktiziert. Alle anderen Propheten nach ihm (wie z. B. Ibrahim, Musa, 'Isa) und als letzter ihrer Reihe Muhammad (*sallal-lahu 'alaihi wa sallam*) haben ebenfalls diese Lebensweise, den Islam, verkündet und praktiziert. Alle Gesandten ALLAHs riefen die Menschen dazu auf, ALLAH (*ta'ala*), ihrem Schöpfer, ausschließlich in der von IHM gewollten und vorgeschriebenen Art und Weise zu dienen.

b. "Islam" im islamischen Kontext

Allgemeine Bedeutung

"Islam" bedeutet:

Die bewußte Hingabe, Unterwerfung, Unterordnung und Ergebenheit ALLAH (*ta'ala*) gegenüber, auf die von IHM im Quran und in der authentischen Sunna übermittelte Art und Weise.

Dieser Akt manifestiert sich auf zwei Ebenen:

- auf spiritueller Ebene, d. h. in der inneren Überzeugung als Folge der Erkenntnis ALLAHs und bewußten Verinnerlichung derselben.
- auf profan-praktischer Ebene - in der Lebensweise, d. h. in der Verwirklichung und Reflektion der inneren Überzeugung des Iman durch die Handlungen.

Hierbei unterscheidet man folgende drei Hauptelemente:

1. *'Aqida*, عقيدة — die Iman-Inhalte
2. *Schari'a*, شريعة — die Gebote, Rechte und Pflichten
3. *Achlaq*, أخلاق — die Moral und Ethik

Bedeutung im quranischen Kontext

Nach der Wissenschaft der sinnverwandten Wörter und nach den Quran-Exegeten wird "Islam" im Quran als Synonym für fünf verschiedene Begriffe verwendet.

"Islam" wird verwendet für:

- den Namen der Lebensweise *al-islam*, الإسلام,
- *at-tauhid*, التوحيد,
- *al-ichlas*, الإخلاص: die aufrichtige Ergebenheit,
- *al-istislam*, الاستسلام: das Sich-Fügen, Sich-Ergeben und die Hingabe,
- *al-iqrar*, الإقرار: die Anerkennung, Zustimmung und das Zugeständnis.

Quranische Belegstellen zu den Synonymen von Islam

1. Islam als Name für die Lebensweise "Islam"

إِنَّ ٱلدِّينَ عِندَ ٱللَّهِ ٱلْإِسْلَٰمُ

Gewiß ist der (annehmbare) Din bei ALLAH der *Islam*![19]

هُوَ سَمَّىٰكُمُ ٱلْمُسْلِمِينَ مِن قَبْلُ وَفِى هَٰذَا لِيَكُونَ ٱلرَّسُولُ شَهِيدًا عَلَيْكُمْ
وَتَكُونُوا۟ شُهَدَآءَ عَلَى ٱلنَّاسِ

ER nannte euch *Muslime* vorher und in diesem (Quran), damit der Gesandte Zeuge über euch wird und ihr Zeugen über die Menschen werdet.[20]

Die Lebensweise *Islam* impliziert ALLAHs Erkenntnis und das Dienen ALLAHs auf die von IHM durch SEINE Offenbarungen aufgezeigte Art und Weise. ER übermittelte uns über Muhammad (*sallal-lahu 'alaihi wa sallam*) SEINE abschließende Offenbarung und somit die für die Gemeinschaft der Gottergebenen, die Muslime, abschließende und endgültig verbindliche Form der Lebensweise *Islam*.

2. Islam als Synonym für "Tauhid"

إِنَّآ أَنزَلْنَا ٱلتَّوْرَىٰةَ فِيهَا هُدًى وَنُورٌ يَحْكُمُ بِهَا ٱلنَّبِيُّونَ ٱلَّذِينَ أَسْلَمُوا۟
لِلَّذِينَ هَادُوا۟ وَٱلرَّبَّٰنِيُّونَ وَٱلْأَحْبَارُ بِمَا ٱسْتُحْفِظُوا۟ مِن كِتَٰبِ ٱللَّهِ
وَكَانُوا۟ عَلَيْهِ شُهَدَآءَ

WIR offenbarten At-taurat, darin ist Rechtleitung und *Nuur* enthalten. Danach richteten die Propheten, die nach dem *Islam/ Tauhid* lebten, zwischen den Juden, (und richteten) die Gelehrten und die Rabbiner aufgrund dessen, was ihnen von ALLAHs Schrift anvertraut wurde und (weil) sie deren Zeugen waren.[21]

3. Islam als Synonym für "aufrichtige Ergebenheit"

إِذْ قَالَ لَهُۥ رَبُّهُۥٓ أَسْلِمْ قَالَ أَسْلَمْتُ لِرَبِّ ٱلْعَٰلَمِينَ ﴿١٣١﴾

Und (erinnere daran), als sein Herr ihm sagte: "*Sei Muslim/ergib dich*!" Er sagte: "Ich *praktizierte den Islam/ergab mich* Dem Herrn aller Geschöpfe."[22]

---

[19] Suratu aali-'imaran Nr. 3, Aya Nr. 19
[20] Suratul-hadsch Nr. 22, Aya Nr. 78
[21] Suratul-ma-ida Nr. 5, Aya Nr. 44
[22] Suratul-baqara Nr. 2, Aya Nr. 131

فَإِنْ حَآجُّوكَ فَقُلْ أَسْلَمْتُ وَجْهِىَ لِلَّهِ وَمَنِ ٱتَّبَعَنِ ۗ وَقُل لِّلَّذِينَ
أُوتُوا۟ ٱلْكِتَـٰبَ وَٱلْأُمِّيِّـۧنَ ءَأَسْلَمْتُمْ ۚ فَإِنْ أَسْلَمُوا۟ فَقَدِ ٱهْتَدَوا۟ ۖ

Und wenn sie mit dir disputieren, dann sag: 'Ich habe *den Islam angenommen/mich ALLAH aufrichtig ergeben* und (mit mir) alle, die mir folgen!' Und sag denjenigen, denen die Schrift zuteil wurde, und den (arabischen) Schirk-Betreibenden: 'Habt ihr *den Islam angenommen/euch ALLAH aufrichtig ergeben*?' Und wenn sie den Islam annehmen, so sind sie bereits rechtgeleitet![23]

۞ وَمَن يُسْلِمْ وَجْهَهُۥٓ إِلَى ٱللَّهِ وَهُوَ مُحْسِنٌ فَقَدِ ٱسْتَمْسَكَ بِٱلْعُرْوَةِ
ٱلْوُثْقَىٰ ۗ وَإِلَى ٱللَّهِ عَـٰقِبَةُ ٱلْأُمُورِ ﴿٢٢﴾

Und wer für ALLAH *den Islam praktiziert/sich aufrichtig ergibt*, während er *ihsan*-handelnd ist, dieser hielt sich bereits am wahrsten Halt fest. Und zu ALLAH ist das Anschließende aller Angelegenheiten.[24]

4. Islam als Synonym für "Sich-Fügen, Sich-Ergeben und größtmögliche Hingabe"

حَتَّىٰٓ إِذَآ أَدْرَكَهُ ٱلْغَرَقُ قَالَ ءَامَنتُ أَنَّهُۥ لَآ إِلَـٰهَ إِلَّا ٱلَّذِىٓ ءَامَنَتْ بِهِۦ بَنُوٓا۟
إِسْرَٰٓءِيلَ وَأَنَا۠ مِنَ ٱلْمُسْلِمِينَ

Bis er (Pharao) kurz vor dem Ertrinken war, da sagte er: "Ich glaube schon, daß es keinen Gott gibt außer Dem, an Den die Kinder Israils glauben, und ich bin einer der *Muslime/Willfährigen*.[25]

قَالَتْ رَبِّ إِنِّى ظَلَمْتُ نَفْسِى وَأَسْلَمْتُ مَعَ سُلَيْمَـٰنَ لِلَّهِ رَبِّ ٱلْعَـٰلَمِينَ

Sie sagte: "Mein Herr! Ich beging gegen mich selbst Unrecht. Und ich *nahm den Islam an/fügte mich* mit Sulaiman ALLAH, Dem Herrn aller Schöpfung."[26]

أَفَغَيْرَ دِينِ ٱللَّهِ يَبْغُونَ وَلَهُۥٓ أَسْلَمَ مَن فِى ٱلسَّمَـٰوَٰتِ
وَٱلْأَرْضِ طَوْعًا وَكَرْهًا وَإِلَيْهِ يُرْجَعُونَ ﴿٨٣﴾

---

[23] Suratu aali-'imaran Nr. 3, Aya Nr. 20
[24] Suratu-luqman Nr. 31, Aya Nr. 22
[25] Suratu-yunus Nr. 10, Aya Nr. 90
[26] Suratun-naml Nr. 27, Aya Nr. 44

Erstreben sie etwa einen anderen als ALLAHs Din, während für IHN *den Islam praktizierte/sich IHM fügte*, was in den Himmeln und auf Erden ist - gehorsam oder wider Willen?! Und zu IHM werden sie zurückgebracht.[27]

5. Islam als Synonym für "die Anerkennung und die Zustimmung"

وَلَقَدْ قَالُوا۟ كَلِمَةَ ٱلْكُفْرِ وَكَفَرُوا۟ بَعْدَ إِسْلَـٰمِهِمْ

Doch bereits sprachen sie das Kufr-Wort und betrieben Kufr, nachdem sie *Muslime geworden sind/den Islam angenommen hatten.*[28]

۞ قَالَتِ ٱلْأَعْرَابُ ءَامَنَّا ۖ قُل لَّمْ تُؤْمِنُوا۟ وَلَـٰكِن قُولُوٓا۟ أَسْلَمْنَا وَلَمَّا يَدْخُلِ ٱلْإِيمَـٰنُ فِى قُلُوبِكُمْ ۖ

Die Wüstenaraber sagten: "Wir verinnerlichten den Iman!" Sag: 'Ihr habt den Iman nicht verinnerlicht! Sondern sagt: 'Wir *wurden Muslime/nahmen den Islam an*!' Doch der Iman ist noch nicht in eure Herzen eingedrungen.[29]

Resümee

Der Islam stellt keine neue Lebensweise mit neuen Iman-Inhalten dar, die der Gesandte Muhammad (*sallal-lahu 'alaihi wa sallam*) eingeführt hätte, sondern der Islam ist die Lebensweise aller vorhergehenden Gesandten und Propheten ALLAHs und ihrer Anhänger.

Für den Fall, daß eine differenzierte Übersetzung nicht möglich oder angebracht ist und ein umfassender Sammelbegriff verwendet werden soll, schlage ich als mögliche Übersetzung für die elementare Bedeutung von **Islam**, den Ausdruck **"die Ergebenheit** bzw. **die bewußte Unterwerfung unter ALLAH (ta'ala)"** vor und dementsprechend empfehle ich als mögliche Übersetzung für die elementare Bedeutung von **Muslim/ Muslima**, den Ausdruck **"der/die Gottergebene"** bzw. **"der/die sich bewußt ALLAH (ta'ala) Unterwerfende".**

---

[27] Suratu aali-'imaran Nr. 3, Aya Nr. 83
[28] Suratut-tauba Nr. 9, Aya Nr. 74
[29] Suratul-hudschurat Nr. 49, Aya Nr. 14

Definition von “Iman, إيمان / Mumin, مؤمن”

Bedeutung und Wortumfeld nach der arabischen Linguistik
Die Wortwurzel lautet “a-m-n, أمن”.
“*al-iman*, الإيمان” bezeichnet in der arabischen Linguistik folgendes:

1. *at-tasdiq*, التصديق: die Zustimmung, die Bestätigung, die Anerkennung, etwas als wahr und gewiß annehmen.
2. *ath-thiqa*, الثقة: das Vertrauen.

Beispiele von Wörtern des Wortumfeldes mit gleicher Wortwurzel von “Iman”, die andere Bedeutungsnuancen haben.

Arab. Ableitung	lat. Umschrift	dtsch. Übersetzung
الأَمْن	*al-amn*	Die Sicherheit
الأَمَانة	*al-amana*	Die Treue, das Anvertrauen, das Anvertraute, der Gottesdienst
الأَمِين	*al-amin*	Der Bewahrer, der Treuhänder und der Vertrauenswürdige
المَأْمَن	*al-maaman*	Ort der Sicherheit
المُؤْمِن	*al-mumin*	ALLAHs Name und bedeutet: Der SEINEN Dienern am Jüngsten Tag erfüllt, was ER ihnen versprach.
آمين	*aamin*	So soll es sein! ALLAH, nimm es an!

Spezifisch islamische Wortbedeutung

a. “Iman” im Bezug auf ALLAH (ta'ala)
Die Verinnerlichung der bewußten Hingabe und Unterordnung ALLAH (*ta'ala*) gegenüber und die widerspruchslose Akzeptanz SEINER Gebote und Vorschriften in aufrichtiger Ergebenheit.

b. “Iman” im islamischen Kontext

Allgemeine Bedeutung

Iman ist die apodiktische Verinnerlichung der gesamten Inhalte dessen,

- was der Gesandte Muhammad (*sallal-lahu ‘alaihi wa sallam*) als abschließende Offenbarung definitiv für alle Muslime verkündete und
- was per definitionem notwendiger Bestandteil des islamischen Din ist, wie z. B. der Iman an ALLAH, an SEINE Gesandten, an SEINE Engel, an SEINE geoffenbarten Schriften, an Al-qadar, an den Jüngsten Tag, an die Pflicht des rituellen Gebets, des Fastens im Ramadan, der Hadsch und der Zakat, etc.

Spezifische Bedeutung im Schari'a-Kontext

1. Definition von “Iman” nach der Mehrheit der Islamologen:
   “Iman” umfaßt drei Pflichtteile (*rukn*, ركن):
   - rein äußerliches Bekunden der Zugehörigkeit zum Islam durch bewußtes Aussprechen des Islam-Bekenntnisses, der Schahada.
   - echte innere Überzeugung, d. h. Verinnerlichung des zunächst nur verbal abgelegten Islam-Bekenntnisses als Folge des Prozesses der Erkenntnis und Kenntnis mit dem Herzen.
   - praktische Umsetzung dieser beiden Pflichtteile der äußeren und inneren Ebene durch entsprechendes Handeln (z. B. Praktizieren der gottesdienstlichen Handlungen, Beachten der Gebote, usw.).
2. Definition von “Iman” nach Imam Abu-hanifa[30]:
   “Iman” umfaßt nur zwei Pflichtteile:
   - rein äußerliches Bekunden der Zugehörigkeit zum Islam durch bewußtes Aussprechen des Islam-Bekenntnisses, der Schahada.
   - echte innere Überzeugung, d. h. Verinnerlichung des verbalen Zeugnisses als Folge des Prozesses der Erkenntnis und Kenntnis.

   Der o. a. dritte Pflichtteil, d. h. die praktische Umsetzung der beiden Pflichtteile durch entsprechendes Handeln wird von Imam Abu-hanifa ebenfalls verlangt, jedoch einer anderen Kategorie zugeordnet. Die Praktizierung des Iman fällt bei ihm nicht unter die Kategorie “Iman-Pflichtteile” sondern unter die Kategorie “Schari'a-Pflichten” und ist in diesem Sinne ebenfalls eine bindende Verpflichtung. Der Unterschied zwischen beiden Definitionen ist rein theoretischer Natur, d. h. die Differenzen bestehen ausschließlich in der Formulierung bzw. in der

---

[30] Imam An-nu’man Bnu-thabit, auch “Al-imamul-a’zam: Der größte Imam” genannt (geb. 80 - gest. 150 n. H.). Nach ihm ist die Hanafitische Fiqh-Schule benannt.

Kategorisierung der Defintionen und nicht in der Beurteilung, der Bewertung oder der Einschätzung des Stellenwertes der Verpflichtung der Muslime zur Durchführung der gottesdienstlichen Handlungen.

Bedeutung im quranischen Kontext

Nach der Wissenschaft der sinnverwandten Wörter und nach den Quran-Exegeten wird "Iman" im Quran als Synonym für sechs verschiedene Begriffe verwendet. Es wird verwendet für:

- *at-tasdiq*, التصديق: die bewußte Zustimmung, die Bestätigung, die Anerkennung und die Annahme einer Auffassung als wahr und gewiß,
- die rein äußerliche Zustimmung ohne echte innere Überzeugung,
- *at-tauhid*, التوحيد,
- *al-imanusch-schar'i*, الإيمان الشرعي: den Iman nach islamischer Definition,
- *as-salat*, الصلاة: das rituelle Gebet und
- *ad-du'aa*, الدعاء: das Bittgebet.

Quranische Belegstellen zu den Synonymen von Iman

1. Iman als Synonym für "die bewußte Zustimmung, Bestätigung, Anerkennung und die Annahme einer Auffassung als wahr und gewiß"

ذَٰلِكُم بِأَنَّهُۥٓ إِذَا دُعِيَ ٱللَّهُ وَحۡدَهُۥ كَفَرۡتُمۡ وَإِن يُشۡرَكۡ بِهِۦ تُؤۡمِنُواْ

Dies weil, als einzig an ALLAH Bittgebete gerichtet wurden, ihr Kufr betrieben habt; doch wenn IHM gegenüber Schirk betrieben wird, *schenkt ihr (ihnen) Iman/stimmt ihr zu.*[31]

قَالُواْ يَـٰٓأَبَانَآ إِنَّا ذَهَبۡنَا نَسۡتَبِقُ وَتَرَكۡنَا يُوسُفَ عِندَ مَتَـٰعِنَا فَأَكَلَهُ ٱلذِّئۡبُ

وَمَآ أَنتَ بِمُؤۡمِنٖ لَّنَا وَلَوۡ كُنَّا صَـٰدِقِينَ ﴿١٧﴾

Sie sagten: "Unser Vater! Wir gingen Wettrennen machen und ließen Yusuf bei unseren Sachen zurück, dann hat ihn der Wolf gefressen - du wirst uns jedoch keinen *Iman/Glauben* schenken, egal wie wahrhaftig wir sind."[32]

2. Iman als Synonym für "die rein äußerliche Zustimmung ohne echte innere Überzeugung".

يَـٰٓأَيُّهَا ٱلَّذِينَ ءَامَنُوٓاْ ءَامِنُواْ بِٱللَّهِ وَرَسُولِهِۦ وَٱلۡكِتَـٰبِ ٱلَّذِي نَزَّلَ عَلَىٰ

رَسُولِهِۦ وَٱلۡكِتَـٰبِ ٱلَّذِيٓ أَنزَلَ مِن قَبۡلُ

---

[31] Suratu-ghafir Nr. 40, Aya Nr. 12

[32] Suratu-yusuf Nr. 12, Aya Nr. 17

Ihr, die *den Iman bekundet habt*! Verinnerlicht den Iman an ALLAH, an SEINEN Gesandten, an die Schrift, die ER SEINEM Gesandten offenbarte und an die Schrift, die ER vorher offenbarte![33]

إِنَّ ٱلَّذِينَ ءَامَنُوا۟ وَٱلَّذِينَ هَادُوا۟ وَٱلنَّصَٰرَىٰ وَٱلصَّٰبِـِٔينَ مَنْ
ءَامَنَ بِٱللَّهِ وَٱلْيَوْمِ ٱلْءَاخِرِ وَعَمِلَ صَٰلِحًا فَلَهُمْ أَجْرُهُمْ عِندَ رَبِّهِمْ
وَلَا خَوْفٌ عَلَيْهِمْ وَلَا هُمْ يَحْزَنُونَ ﴿٦٢﴾

Gewiß diejenigen, *die den Iman bekundeten/zunächst nur verbal zustimmten*, die Juden, die Nazarener und die Sabäer, wer den Iman an ALLAH und den Jüngsten Tag verinnerlichte und gottgefällig Gutes tat, diese haben ihre Belohnung bei ihrem Herrn und weder Angst gibt es um sie, noch werden sie traurig sein.[34]

ذَٰلِكَ بِأَنَّهُمْ ءَامَنُوا۟ ثُمَّ كَفَرُوا۟ فَطُبِعَ عَلَىٰ قُلُوبِهِمْ فَهُمْ لَا يَفْقَهُونَ

Dies, weil sie *den Iman bekundeten*, dann Kufr betrieben, so wurden ihre Herzen versiegelt, so begreifen sie nicht.[35]

3. Iman als Synonym für "Tauhid"

مَن كَفَرَ بِٱللَّهِ مِنۢ بَعْدِ إِيمَٰنِهِۦٓ إِلَّا مَنْ أُكْرِهَ وَقَلْبُهُۥ مُطْمَئِنٌّۢ
بِٱلْإِيمَٰنِ وَلَٰكِن مَّن شَرَحَ بِٱلْكُفْرِ صَدْرًا فَعَلَيْهِمْ غَضَبٌ مِّنَ
ٱللَّهِ وَلَهُمْ عَذَابٌ عَظِيمٌ ﴿١٠٦﴾

(Lügen erfindet), wer ALLAH gegenüber Kufr betrieb, nachdem er den *Iman/Tauhid* bekundete - außer dem, der (dazu) gezwungen wird, während sein Herz voller Iman ist. Jedoch wer die Brust dem Kufr öffnet, auf diesem lastet Zorn von ALLAH. Und für sie ist eine überharte Peinigung bestimmt.[36]

إِنَّ ٱلَّذِينَ كَفَرُوا۟ يُنَادَوْنَ لَمَقْتُ ٱللَّهِ أَكْبَرُ مِن مَّقْتِكُمْ
أَنفُسَكُمْ إِذْ تُدْعَوْنَ إِلَى ٱلْإِيمَٰنِ فَتَكْفُرُونَ ﴿١٠﴾

Denjenigen, die Kufr betrieben, wird gewiß zugerufen: 'ALLAHs Widerwille (gegen euch) ist größer als euer eigener Widerwille gegen

[33] Suratun-nisaa Nr. 4, Aya Nr. 136
[34] Suratul-baqara Nr. 2, Aya Nr. 62
[35] Suratul-munafiqun Nr. 63, Aya Nr. 3
[36] Suratun-nahl Nr. 16, Aya Nr. 106

euch selbst, als ihr zum *Iman/Tauhid* gerufen wurdet, dann aber Kufr betreibt.'[37]

وَمَن يَكۡفُرۡ بِٱلۡإِيمَٰنِ فَقَدۡ حَبِطَ عَمَلُهُۥ وَهُوَ فِي ٱلۡأٓخِرَةِ مِنَ ٱلۡخَٰسِرِينَ

Und wer Kufr gegenüber *Iman/Tauhid* betreibt, dessen Handeln ist zweifellos nichtig, und er gehört im Jenseits zu den Verlierern.[38]

4. Iman als Synonym für den "Iman nach islamischer Definition"

وَبَشِّرِ ٱلَّذِينَ ءَامَنُواْ وَعَمِلُواْ ٱلصَّٰلِحَٰتِ أَنَّ لَهُمۡ جَنَّٰتٖ تَجۡرِي مِن
تَحۡتِهَا ٱلۡأَنۡهَٰرُۖ

Und überbringe frohe Botschaft denjenigen, die den *Iman* verinnerlichen und das gottgefällig Gute tun, daß für sie Dschannat bestimmt sind, die von Flüssen durchflossen werden.[39]

إِنَّ ٱلَّذِينَ ءَامَنُواْ وَعَمِلُواْ ٱلصَّٰلِحَٰتِ كَانَتۡ لَهُمۡ جَنَّٰتُ ٱلۡفِرۡدَوۡسِ نُزُلًا

Diejenigen, die den *Iman* verinnerlichen und gottgefällig Gutes tun - für sie sind die Dschannat von Al-firdaus als Unterkunft bestimmt.[40]

5. Iman als Synonym für das "rituelle Gebet"

وَمَا كَانَ ٱللَّهُ لِيُضِيعَ إِيمَٰنَكُمۡۚ

Und es gebührt ALLAH nicht, daß ER euren *Iman/euer rituelles Gebet* verloren gehen läßt.[41]

6. Iman als Synonym für "Bittgebet"

فَلَوۡلَا كَانَتۡ قَرۡيَةٌ ءَامَنَتۡ فَنَفَعَهَآ إِيمَٰنُهَآ إِلَّا قَوۡمَ يُونُسَ لَمَّآ ءَامَنُواْ كَشَفۡنَا
عَنۡهُمۡ عَذَابَ ٱلۡخِزۡيِ فِي ٱلۡحَيَوٰةِ ٱلدُّنۡيَا وَمَتَّعۡنَٰهُمۡ إِلَىٰ حِينٖ ﴿٩٨﴾

Hätte es doch eine (andere Bevölkerung einer) Ortschaft gegeben, *die den Iman verinnerlichten/Bittgebete richteten*, und ihr *Iman/Bittgebet* ihnen nutzte! Außer den Leuten von Junus, als *sie den Iman verinnerlichten/Bittgebete richteten*, nahmen WIR von ihnen die Peinigung der Erniedrigung im diesseitigen Leben weg und gewährten ihnen Wohlergehen bis zu einer bestimmten Zeit.[42]

---

[37] Suratu-ghafir Nr. 40, Aya Nr. 10
[38] Suratul-ma-ida Nr. 5, Aya Nr. 5
[39] Suratul-baqara Nr. 2, Aya Nr. 25
[40] Suratul-kahf Nr. 18, Aya Nr. 107
[41] Suratul-baqara Nr. 2, Aya Nr. 143
[42] Suratu-yunus Nr. 10, Aya Nr. 98

Resümee

In den Standardlexika (s. Literaturverzeichnis) wird 'Glaube' definiert als:

- "innere Sicherheit, die keines Beweises bedarf"
- "primär (gefühlsmäßiges) Vertrauen, feste Zuversicht",
- "ohne Überprüfung, meist gefühlsmäßig ohne Beweise für wahr gehaltene Vermutung",
- "Gefühl, unbeweisbare Herzensüberzeugung",
- "im Gegensatz zum Wissen ein Fürwahrhalten ohne die unmittelbare Möglichkeit einer (wissenschaftlichen) Beweisführung oder einer Überprüfung",
- "(in der Philosophie) im Gegensatz zu Wissen ein Fürwahrhalten ohne methodische Begründungen",
- "(in der Tradition des christlichen Denkens) Unterscheidung zwischen Glauben und Wissen im Sinne eines konträren Gegensatzes".

Für **Platon** ist der Glaube wie das Meinen die unphilosophische Vorstufe des philosophischen oder wissenschaftlich begründeten Wissens. Dieser Gedanke einer Stufenfolge von Gewißheiten weicht in der Tradition des christlichen Denkens einer scharfen Trennung von Wissen und Glauben.
Nach **Kant** ist der Glaube ein subjektiv zureichendes aber objektiv unzureichendes Fürwahrhalten: "Ich mußte also das Wissen aufheben, um zum Glauben Platz zu bekommen."

Aus diesen Definitionen ergibt sich, daß man den arabischen Begriff "Iman" auch nicht annähernd mit dem deutschen Wort "Glaube" wiedergeben kann, weil einfach sein Bedeutungsinhalt Beweisführung, Logik und bewußte Verinnerlichung (d. h. die wesentlichen Inhalte von Iman) im Sprachgebrauch explizit ausschließt.

Für den Fall, daß eine Differenzierung bei der Übersetzung nicht möglich ist und ein übergreifender Sammelbegriff verwendet werden soll, empfehle ich als mögliche Übersetzung für die elementare Bedeutung von **Iman**, den Ausdruck **"die mit Wissen verbundene bewußte Verinnerlichung".** Personen, die Iman praktizieren, heißen dementsprechend **Mumin** für die männliche Form und Singular, **Mumina** für die weibliche Form und Singular, **Mumin** für Plural.

Definition von “Kufr, كفر/ Kafir, كافر”

Bedeutung und Wortumfeld nach der arabischen Linguistik
Die Wortwurzel lautet “k-f-r, كفر”.
“*al-kufr*, الكُفر” bezeichnet in der arabischen Linguistik folgendes:

1. *at-taghtiya*, التغطية: das komplette Zudecken und Verhüllen
2. *as-satr*, السّتْر: das Bedecken, das Verschleiern und das Verbergen
3. *dschuhudu-n-ni'ma*, جحود النعمة: die Verleugnung und die Undankbarkeit gegenüber den Gaben und Wohltaten ALLAHs
4. *al-baraa*, البراءة: die Lossagung und die Aberkennung

Beispiele von Wörtern des Wortumfeldes mit gleicher Wortwurzel von “Kufr”, die andere Bedeutungsnuancen haben.

Arab. Ableitung	lat. Umschrift	dtsch. Übersetzung
كفّر	*kaffara*	Eine Person Kafir nennen.
الكفّار	*al-kuffar*	Die Ackerbauern, die Atheisten und die Verleugner eines eindeutigen Islam-Teils
الكَفْر	*al-kafr*	Das Zudecken, die Dunkelheit, der Erdboden, das Dorf und das Grab
الكَافِر	*al-kafir*	Die Finsternis, das Meer und der Kämpfer mit einem unsichtbarem Panzerkleid
الكَفّارة	*al-kaffara*	Die Sühnebuße und das Wiedergutmachen von Sünden

Spezifisch islamische Wortbedeutung

a. “Kufr” im Bezug auf ALLAH (ta'ala)

Kufr hat hier fünf verschiedene Erscheinungsformen:

- “*Kufru-inkar*, كفر إنكار”: Kufr des kompletten Verleugnens
  Diese Kufr-Art äußert sich in absichtlichem äußerlichem und innerlichem Verleugnen des Daseins von ALLAH (*ta'ala*), d. h. in verbalem Abstreiten bzw. Negieren ALLAHs und SEINES Daseins. Diese Form des Kufr ist ein Synonym für Atheismus und Unglauben in all seinen Erscheinungsformen.
- “*Kufr-nifaq*, كفر نفاق”: Kufr der Täuschung
  Diese Art des Kufr äußert sich als rein formale, d. h. nur verbale äußerliche Anerkennung des Daseins von ALLAH (*ta'ala*) mit gleichzeitigem innerlichem Leugnen derselben.
- “*Kufru-dschuhud*, كفر جحود”: Kufr der Ignoranz
  Diese Art des Kufr äußert sich in absichtlich vorgetäuschtem äußerlichem Leugnen des Daseins von ALLAH (*ta'ala*), d. h. verbales Abstreiten und Negieren, trotz echter innerer Überzeugung.
- “*Kufr-mu'anada*, كفر معاندة”: Kufr des Trotzes
  Diese Kufr-Art äußert sich als formal korrekte äußerliche und innerliche Anerkennung der Existenz ALLAHs, ohne jedoch die notwendigen Konsequenzen daraus zu ziehen und ALLAH (*ta'ala*) durch Verherrlichung und Anbetung, durch Bindung und Hingabe zu dienen. Dies geschieht entweder aus Starrsinn oder aus Überheblichkeit.
- “*Kufrusch-schirk*, كفر الشرك”: Kufr des Polytheismus
  Diese Art des Kufr äußert sich in echter, d. h. von tiefer innerer Überzeugung geprägte, äußerlicher und innerlicher Anerkennung des Daseins von ALLAH (*ta'ala*) in Kombination mit einer komplett und/oder partiell inkorrekten Praxis der daraus folgenden notwendigen Handlungsweisen, z. B. Verherrlichung und Anbetung ALLAHs auf eigenmächtig festgelegte und unzulässige Art und Weise, d. h. durch Vollziehen der gottesdienstlichen Handlungen unter Zuhilfenahme eines (Ver-)Mittlers oder durch verbale Benennung bzw. Vorstellung und Anerkennung zusätzlicher göttlicher Mächte neben ALLAH (*ta'ala*) oder durch unerlaubte Interpretation von Tauhid.

b. “Kufr” im islamischen Kontext

Allgemeine Bedeutung

- Jede Religion, Weltanschauung, Gruppierung oder Glaubensgemeinschaft, die man nicht unter der Definition “Islam in Bezug auf ALLAH (*ta'ala*)” und “Islam im islamischen Kontext” einordnen kann, fällt unter die Rubrik “Kufr”.

- Das komplett bzw. partiell bewußte Leugnen bzw. Negieren eines Iman-Inhaltes und/oder eines eindeutigen Gebots des islamischen Din fällt unter die Rubrik “Kufr”.
- *Nifaq* im Sinne von “rein formales, d. h. nur verbales äußerliches Bekenntnis zum Islam (ohne echte innere Überzeugung)” fällt unter “Kufr”. Diese Form gilt als die verabscheuenswürdigste Art des Kufr.
- Jeder Verstoß gegen die Prinzipien von Tauhid fällt unter “Kufr”:
  - Jede Art von Polytheismus bzw. polytheistischen Vorstellungen, wie z.B. Inkarnation, Anthropomorphismus, Dualität, Trinität, Pluralität, Teilbarkeit usw. fällt unter die Rubrik “Kufr”.
  - Jede Art von Einschränkung von Tauhid im Sinne von: “Postulierung der Notwendigkeit bzw. der Existenz eines (Ver-)Mittlers zwischen Schöpfer und Geschöpfen zum Aufbau bzw. zur Aufrechterhaltung der Gott-Mensch-Beziehung” fällt unter “Kufr”.
  - Jede Art von Personenkult im Sinne von “Gleichstellung von Geschöpfen mit Dem Schöpfer, ALLAH (*ta'ala*)” fällt unter die Rubrik von “Kufr”.

  Dazu zählt z. B. die aktive und passive, intellektuelle oder emotionale Vorstellung, Behauptung, usw., daß Geschöpfe (sog.: Heilige, Pir, Shaikh, Evliya, Ermis, Hazret, usw.) über Fähigkeiten verfügten oder Kompetenzen besäßen, die ausschließlich dem Schöpfer, ALLAH (*ta'ala*), zugeschrieben werden dürfen und die nur ALLAH (*ta'ala*) besitzt (z. B. Gewährung von Leben, von Heilung und von *Rizq*, d. h. von ALLAHs materiellen und immateriellen Gaben, Versorgung), das Formulieren von Erwartungen, das Vortragen von Anliegen, das Erbitten von Vergünstigungen usw. gegenüber diesen Geschöpfen.

Bedeutung im quranischen Kontext

Nach der Wissenschaft der sinnverwandten Wörter und nach den Quran-Exegeten wird “Kufr” im Quran als Synonym für fünf verschiedene Begriffe verwendet. Es wird verwendet für

- *kufru-t-tauhid*, كفر التوحيد: Verleugnung von Tauhid und Verweigerung des rechten Iman an ALLAH (*ta'ala*),
- *dschuhudu-n-ni'ma*, جحود النعمة: die Verleugnung und die Undankbarkeit gegenüber ALLAHs Gaben,
- *al-baraa*, البراءة: die Lossagung und die Aberkennung,
- *al-dschuhud*, الجحود: das Leugnen und Ablehnen im Sinne von Ignoranz,
- *at-taghtiya*, التغطية: das komplette Zudecken und Verhüllen,
- *as-satr*, السّتْر: das Bedecken, das Verschleiern und das Verbergen.

Quranische Belegstellen zu den Synonymen von Kufr

1. Kufr als Synonym für "Verleugnung von Tauhid/ Verweigerung des rechten Iman an ALLAH (*ta'ala*)"

إِنَّ ٱلَّذِينَ كَفَرُوا۟ سَوَآءٌ عَلَيْهِمْ ءَأَنذَرْتَهُمْ أَمْ لَمْ تُنذِرْهُمْ لَا يُؤْمِنُونَ

Diejenigen, die (bewußt) *Kufr betrieben/Iman an ALLAH bewußt verweigern*, es ist gleich für sie, ob du sie warnst oder nicht warnst, sie verinnerlichen den Iman nicht.[43]

Diese Bedeutung von Kufr ist die häufigste im Quran.

2. Kufr als Synonym für "die Verleugnung und die Undankbarkeit gegenüber den Gaben und Wohltaten ALLAHs"

وَٱشْكُرُوا۟ لِى وَلَا تَكْفُرُونِ

Und erweist euch MIR gegenüber dankbar, und betreibt MIR gegenüber *kein Kufr/keine Undankbarkeit*.[44]

قَالَ هَٰذَا مِن فَضْلِ رَبِّى لِيَبْلُوَنِىٓ ءَأَشْكُرُ أَمْ أَكْفُرُ

(..) er sagte: "Dies ist etwas vom Fadl meines Herrn, damit ER mich prüft, ob ich dankbar bin oder *Kufr betreibe/undankbar bin*?[45]

3. Kufr als Synonym für "Lossagung und Aberkennung"

ثُمَّ يَوْمَ ٱلْقِيَٰمَةِ يَكْفُرُ بَعْضُكُم بِبَعْضٍ

Dann am Tag der Auferstehung werden die Einen von euch den Anderen gegenüber *Kufr betreiben/sich von ihnen lossagen*.[46]

قَدْ كَانَتْ لَكُمْ أُسْوَةٌ حَسَنَةٌ فِىٓ إِبْرَٰهِيمَ وَٱلَّذِينَ مَعَهُۥٓ إِذْ قَالُوا۟ لِقَوْمِهِمْ

إِنَّا بُرَءَٰٓؤُا۟ مِنكُمْ وَمِمَّا تَعْبُدُونَ مِن دُونِ ٱللَّهِ كَفَرْنَا بِكُمْ وَبَدَا

بَيْنَنَا وَبَيْنَكُمُ ٱلْعَدَٰوَةُ وَٱلْبَغْضَآءُ أَبَدًا حَتَّىٰ تُؤْمِنُوا۟ بِٱللَّهِ وَحْدَهُۥٓ

Bereits gab es für euch ein schönes Vorbild an Ibrahim und an denjenigen mit ihm, als sie zu ihren Leuten sagten: " Wir sagen uns los von euch und von dem, dem ihr anstelle von ALLAH dient. Wir *betreiben Kufr/sagen uns los* euch gegenüber. Und zwischen uns und euch sind sichtbar die Feindschaft und die Abneigung für immer, bis ihr den Iman an ALLAH alleine verinnerlicht.[47]

---

[43] Suratul-baqara Nr. 2, Aya Nr. 6
[44] Suratul-baqara Nr. 2, Aya Nr. 152
[45] Suratu-ghafir Nr. 27, Aya Nr. 40
[46] Suratul-'ankabut Nr. 29, Aya Nr. 25
[47] Suratul-mumtahana Nr. 60, Aya Nr. 4

4. Kufr als Synonym für “Leugnung, Ablehnung im Sinne von Ignoranz”

فَلَمَّا جَآءَهُم مَّا عَرَفُوا۟ كَفَرُوا۟ بِهِۦ ۚ

- und als zu ihnen kam, was sie kannten, betrieben sie dem gegenüber *Kufr/Ignoraz.*[48]

5. Kufr als Synonym für “das komplette Zudecken und Verhüllen, das Bedecken, Verschleiern und Verbergen”

ٱعْلَمُوٓا۟ أَنَّمَا ٱلْحَيَوٰةُ ٱلدُّنْيَا لَعِبٌ وَلَهْوٌ وَزِينَةٌ وَتَفَاخُرٌۢ بَيْنَكُمْ وَتَكَاثُرٌ
فِى ٱلْأَمْوَٰلِ وَٱلْأَوْلَٰدِ ۖ كَمَثَلِ غَيْثٍ أَعْجَبَ ٱلْكُفَّارَ نَبَاتُهُۥ ثُمَّ يَهِيجُ فَتَرَىٰهُ
مُصْفَرًّا ثُمَّ يَكُونُ حُطَٰمًا ۖ وَفِى ٱلْءَاخِرَةِ عَذَابٌ شَدِيدٌ وَمَغْفِرَةٌ مِّنَ ٱللَّهِ
وَرِضْوَٰنٌ ۚ وَمَا ٱلْحَيَوٰةُ ٱلدُّنْيَآ إِلَّا مَتَٰعُ ٱلْغُرُورِ ﴿٢٠﴾

Wißt, daß das diesseitige Leben nur Vergnügen, Ablenkung, Schmuck, Wichtigtuerei unter euch und Vermehrung an Vermögen und Kindern ist. Es gleicht reichlichem Regen, dessen Pflanzenwuchs den *Kafir/Ackerbauern (Bedeckern der Saat mit Erdreich)* gefällt. Dann vertrocknet er (der Pflanzenwuchs), und du siehst ihn gelb werden, dann wird er Zermalmtes, und im Jenseits gibt es harte Peinigung und Vergebung von ALLAH und Wohlgefallen. Doch das diesseitige Leben ist nichts außer Verbrauchsgut der Täuschung.[49]

Resümee

Bei der Übersetzung von “Kafir” müssen zwei Ebenen berücksichtigt werden:

- Die sprachliche Ebene
  Hier hat “Kafir” unterschiedliche Bedeutungen: Ackerbauer, undankbar sein, zudecken, verhüllen, Lossagung, usw.
- Die religiöse Ebene
  Hier steht “Kafir” als Sammelbegriff für das Gegenteil von “Muslim”.

[48] Suratul-baqara Nr. 2, Aya Nr. 89
[49] Suratul-hadid Nr. 57, Aya Nr. 20

Deshalb empfehle ich für den Fall, daß eine Differenzierung bei der Übersetzung nicht möglich ist und ein übergreifender Sammelbegriff verwendet werden soll, als mögliche Übersetzung für die elementare Bedeutung von **Kafir/Kafira** den Ausdruck **der/die Nicht-Gottergebene nach dem Islam, oder der Nicht-Muslim/die Nicht-Muslima.**

Kufr/Kafir sind Sammelbegriffe für nicht-islam-konforme Lebensweisen und Personen.
Kafir sind u.a.:
Atheisten und Polytheisten,
sog. Muslime, die einen Pflichtteil des Islam aberkennen,
Juden oder Christen, welche die Prophetenschaft des letzten Gesandten und Propheten des Islam Muhammad (*sallal-lahu 'alaihi wa sallam*) und den Quran als die Offenbarung ALLAHs nicht anerkennen, usw.

Definition von “Muwalat, موالاة / Wali, ولي”

Bedeutung und Wortumfeld nach der arabischen Linguistik
Die Wortwurzel lautet “w-l-i, ولي“.
“*al-muwalat*, الموالاة” bezeichnet in der arabischen Linguistik folgendes:
1. *al-mutaba'a*, المتابعة: die direkte Aufeinanderfolge,
2. das Gegenteil von *al-mu'adat*, المعاداة: das Gegenteil von Verfeinden,
3. die Beschreibung für *walal-qaum*, والى القوم: einem Volk bzw. einer Gruppe (im Frieden und Krieg) nachfolgen bzw. auf den Fersen folgen,
4. *al-muhaba*, المحاباة: die Unterstützung mit innerer Geneigtheit,
5. *al-hubb*, الحب: die Liebe.

Beispiele von Wörtern des Wortumfeldes mit gleicher Wortwurzel von “Muwalat und Wali”, die andere Bedeutungsnuancen haben.

Arab. Ableitung	lat. Umschrift	dtsch. Übersetzung
الوِلاية	*al-wilaya*	Die Herrschaft, die Macht
الوَلْيُ	*al-walyu*	Die unmittelbare Nähe
استَوْلَى	*istauwla*	Schneller sein, Besitz durch schnelleres Handeln ergreifen.
الوَلِيُّ أو المَولى	*al-wali* bzw. *al-mauwla*	ALLAHs Name; er bedeutet: Der Verhelfer zum Sieg, Der Verwalter der gesamten Schöpfung. Der Verwalter deiner Angelegenheiten; die/der Erbberechtigte; der Verbündete; der befreite Sklave im Bezug auf seinen Herrn
الوالي	*al-waali*	ALLAHs Name; er bedeutet: Der Besitzer, Verwalter der Schöpfung

Spezifisch islamische Wortbedeutung

a. "Muwalat bzw. Wali" im Bezug auf ALLAH (ta'ala)

- ALLAH (*ta'ala*) ist Der Wali, Der Besitzer, Der Herrscher, Der Verwalter und Der absolute Herr der Schöpfung.
- ALLAH (*ta'ala*) ist Der Verhelfer zum Sieg und Beistandleistende und Der Unterstützer der gottergebenen Menschen in jeder Hinsicht.

Die Muslime unterwerfen sich ALLAH (*ta'ala*) bedingungslos, freiwillig und bewußt, weil sie ALLAH (*ta'ala*) über alles und vor allem lieben. Diese Liebe der Muslime zu ALLAH (*ta'ala*) steht über jeglicher Liebe zu irgendeinem Geschöpf und ist mit nichts vergleichbar. Die Muslime sind die untergebenen Diener ALLAHs. Sie ergeben sich vorbehaltlos unter SEINEN Willen, dienen IHM demütig, ordnen sich IHM unter und befolgen SEINE Gebote ohne Einschränkung.

b. "Muwalat bzw. Wali" im islamischen Kontext
Allgemeine Bedeutung

Muwalat im islamischen Kontext bedeutet, daß die Muslime ihrer Umma (Wir-Gruppe der Muslime) die größtmögliche Priorität vor allen anderen Gemeinschaften, Wir-Gruppen und Individuen einräumen.

Die Muwalat für Muslime beinhaltet für alle Muslime die Verpflichtung:

- die eigene Umma überall und möglichst unter allen Umständen aufzubauen, zu pflegen, zu unterstützen und zu bewahren.
- mit der eigenen islamischen Umma die engste, innigste und intensivste Beziehung, sowohl im rationalen als auch im emotionalen Bereich, zu pflegen und zu bewahren.

Die Muwalat für Nicht-Muslime, d. h. die offene und/oder subtile Bevorzugung anderer Gemeinschaften, Wir-Gruppen und/oder Individuen vor der Gemeinschaft der Muslime wird praktisch als Abwendung vom Islam verstanden. ALLAH (*ta'ala*) sagte:

لَّا يَتَّخِذِ ٱلْمُؤْمِنُونَ ٱلْكَٰفِرِينَ أَوْلِيَآءَ مِن دُونِ ٱلْمُؤْمِنِينَ ۖ وَمَن يَفْعَلْ ذَٰلِكَ
فَلَيْسَ مِنَ ٱللَّهِ فِى شَىْءٍ إِلَّآ أَن تَتَّقُوا۟ مِنْهُمْ تُقَىٰةً ۗ

Die Mumin nehmen sich die Kafir nicht als *Wali* anstelle der Mumin, und wer dies tut - dieser hat nichts mit ALLAHs (Din) gemeinsam, - außer wenn ihr euch vor ihnen wirklich schützen müßt.[50]

---

[50] Suratu aali-'imran Nr. 3, Aya Nr. 28

يَـٰٓأَيُّهَا ٱلَّذِينَ ءَامَنُوا۟ لَا تَتَّخِذُوا۟ ٱلْكَـٰفِرِينَ أَوْلِيَآءَ مِن دُونِ ٱلْمُؤْمِنِينَ ۚ
أَتُرِيدُونَ أَن تَجْعَلُوا۟ لِلَّهِ عَلَيْكُمْ سُلْطَـٰنًا مُّبِينًا ﴿١٤٤﴾

Ihr, die den Iman verinnerlicht habt! Nehmt euch die Kafir nicht als *Wali* anstelle der Mumin, wollt ihr ALLAH gegen euch eine eindeutige Verfügung geben?![51]

۞ يَـٰٓأَيُّهَا ٱلَّذِينَ ءَامَنُوا۟ لَا تَتَّخِذُوا۟ ٱلْيَهُودَ وَٱلنَّصَـٰرَىٰٓ أَوْلِيَآءَ ۘ بَعْضُهُمْ
أَوْلِيَآءُ بَعْضٍ ۚ وَمَن يَتَوَلَّهُم مِّنكُمْ فَإِنَّهُۥ مِنْهُمْ ۗ

Ihr, die den Iman verinnerlicht habt! Nehmt euch die Juden und die Nazarener nicht als *Wali*. Die einen von ihnen sind *Wali* der anderen. Und wer von euch sie als *Wali* nimmt, der gehört zu ihnen.[52]

بَشِّرِ ٱلْمُنَـٰفِقِينَ بِأَنَّ لَهُمْ عَذَابًا أَلِيمًا ﴿١٣٨﴾ ٱلَّذِينَ يَتَّخِذُونَ ٱلْكَـٰفِرِينَ
أَوْلِيَآءَ مِن دُونِ ٱلْمُؤْمِنِينَ ۚ أَيَبْتَغُونَ عِندَهُمُ ٱلْعِزَّةَ فَإِنَّ ٱلْعِزَّةَ لِلَّهِ جَمِيعًا

Überbringe den Nifaq-Betreibenden die frohe Botschaft, daß für sie qualvolle Peinigung bestimmt ist. Diejenigen, die sich die Kafir als *Wali* anstelle der Mumin nehmen; streben sie bei ihnen etwa die Überlegenheit an?! Doch die Überlegenheit, allesamt, gehört nur ALLAH![53]

“Muwalat für Nicht-Muslime” äußert sich:

- indem man ihre wider-islamischen Neigungen, Interessen und Verhaltensweisen vertritt bzw. imitiert oder sie bei der Ausführung von unislamischen Handlungen direkt oder indirekt unterstützt;

  قُلْ إِنِّى نُهِيتُ أَنْ أَعْبُدَ ٱلَّذِينَ تَدْعُونَ مِن دُونِ ٱللَّهِ ۚ قُل لَّآ أَتَّبِعُ أَهْوَآءَكُمْ ۙ
  قَدْ ضَلَلْتُ إِذًا وَمَآ أَنَا۠ مِنَ ٱلْمُهْتَدِينَ

  Sag: ‘Mir ist es untersagt, denen zu dienen, an die ihr anstelle von ALLAH Bittgebete richtet.’ Sag: ‘Ich folge nicht euren Neigungen, sonst wäre ich gewiß irregegangen und ich gehöre dann nicht mehr zu den Rechtgeleiteten!’[54]

---

[51] Suratun-nisaa Nr. 4, Aya Nr. 144
[52] Suratul-ma-ida Nr. 5, Aya Nr. 51
[53] Suratun-nisaa Nr. 4, Ayat Nr. 138-139
[54] Suratul-an’am Nr. 6, Aya Nr. 56

- indem man Wir-Gruppe der Nicht-Muslime unter Vernachlässigung der Prinzipien der eigenen Wir-Gruppe der Muslime umschmeichelt und sich anbiedert, um zum Nachteil der eigenen (Din-)Prinzipien (kurzfristige, diesseitige, materielle oder immaterielle) Vorteile zu erzielen.

فَلَا تُطِعِ ٱلْمُكَذِّبِينَ ﴿٨﴾ وَدُّوا۟ لَوْ تُدْهِنُ فَيُدْهِنُونَ ﴿٩﴾

Also höre nicht auf die Ableugner. Sie wünschten sich, du würdest dich anbiedern, dann biedern sie sich an.[55]

- indem man ihnen emotional den Vorrang vor der eigenen islamischen Umma und den Muslimen gibt.

Diese Gebote der Muwalat für die eigene islamische Umma (die Wir-Gruppe der Muslime) sind folgendermaßen zu verstehen:

Fakt ist, daß zwischen den beiden Wir-Gruppen (Muslimen und Nicht-Muslimen) in den verschiedensten Bereichen Unterschiede bestehen, z. B. in den Iman-Inhalten, in der Praxis des Iman, in den Wertvorstellungen, Zielsetzungen und in der Akzentsetzung für die gesamte Lebensweise, in Theorie und Praxis in Bezug auf Sozialverhalten, Sexualverhalten, Ethik, Moral, usw. Diese Unterschiede wirken sich auf die gesamte individuelle Lebensführung aus und kennzeichnen die Zugehörigkeit zur jeweiligen Wir-Gruppe. Innerhalb der eigenen Wir-Gruppe entwickelt sich durch die gemeinsam getragene Überzeugung und die Gemeinsamkeiten bei der Lebensgestaltung eine besondere emotionale Nähe und dadurch ein verstärktes Zugehörigkeitsgefühl.

Zusätzlich schaffen Verhaltensmuster, Denkstrukturen und Normen innerhalb der eigenen Wir-Gruppe eine gewisse emotionale "Distanz" zu anderen Wir-Gruppen, wenn diese gegen die gültigen Normen der anderen Wir-Gruppe verstoßen und aus diesem Grund abgelehnt werden.

لَّا تَجِدُ قَوْمًا يُؤْمِنُونَ بِٱللَّهِ وَٱلْيَوْمِ ٱلْءَاخِرِ يُوَآدُّونَ مَنْ حَآدَّ ٱللَّهَ وَرَسُولَهُۥ
وَلَوْ كَانُوٓا۟ ءَابَآءَهُمْ أَوْ أَبْنَآءَهُمْ أَوْ إِخْوَٰنَهُمْ أَوْ عَشِيرَتَهُمْ ۚ أُو۟لَـٰٓئِكَ كَتَبَ
فِى قُلُوبِهِمُ ٱلْإِيمَـٰنَ وَأَيَّدَهُم بِرُوحٍ مِّنْهُ ۖ

[55] Suratul-qalam Nr. 68, Ayat Nr. 8-9

Du findest keine Leute, die den Iman an ALLAH und an den Jüngsten Tag verinnerlichen, diejenigen lieben, die sich ALLAH und SEINEM Gesandten widersetzen, selbst dann nicht, wenn diese ihre Väter, ihre Söhne, ihre Brüder oder ihre Verwandten wären. Diese sind diejenigen, in deren Herzen ER den Iman festschrieb und die ER mit Ruhh von IHM stärkte.[56]

Die geforderte Muwalat für Muslime läßt jedoch auf keinen Fall die Schlußfolgerung zu,

- daß Muslime keinerlei emotionale Beziehung (z. B. Freundschaft) zu Nicht-Muslimen haben dürften, oder
- daß Muslime die Gesamtheit bzw. einzelne Nicht-Muslime mißachten, diskriminieren oder unterdrücken dürften.

Diese Forderung unterstreicht lediglich die Wichtigkeit des Aufbaus und der Pflege der inneren Verbundenheit der Muslime untereinander und die Verpflichtung zur Stärkung ihres Gemeinschaftsgefühls. Gegenüber anderen Wir-Gruppen verlangt der Islam von den Muslimen Toleranz und fordert von ihnen die religiöse, politische, kulturelle und soziale Vielfalt inner- und außerhalb der eigenen Gemeinschaft anzuerkennen.
Diese Toleranz versteht sich nicht als gutmütiges, großzügiges, gönnerhaftes Dulden, sondern als Respekt und Akzeptanz im Sinne von positiver Anerkennung.

لَّا يَنْهَىٰكُمُ ٱللَّهُ عَنِ ٱلَّذِينَ لَمْ يُقَٰتِلُوكُمْ فِى ٱلدِّينِ وَلَمْ
يُخْرِجُوكُم مِّن دِيَٰرِكُمْ أَن تَبَرُّوهُمْ وَتُقْسِطُوٓا۟ إِلَيْهِمْ ۚ إِنَّ ٱللَّهَ يُحِبُّ
ٱلْمُقْسِطِينَ ٨

ALLAH verbietet euch nicht diejenigen, die euch nicht des Din wegen bekämpften und euch nicht aus euren Wohnstätten vertrieben, daß ihr ihnen mit Güte begegnet und sie gerecht behandelt. ALLAH liebt gewiß die Gerechten![57]

Die absichtliche Nicht-Beachtung der Muwalat-Gebote für Muslime ist nur im Falle einer ausweglosen unmittelbaren Zwangslage gerechtfertigt.

---

[56] Suratul-mudschadala Nr. 58, Aya Nr. 22
[57] Suratul-mumtahana Nr. 60, Aya Nr. 8

مَن كَفَرَ بِٱللَّهِ مِنۢ بَعۡدِ إِيمَٰنِهِۦٓ إِلَّا مَنۡ أُكۡرِهَ وَقَلۡبُهُۥ مُطۡمَئِنُّۢ
بِٱلۡإِيمَٰنِ وَلَٰكِن مَّن شَرَحَ بِٱلۡكُفۡرِ صَدۡرٗا فَعَلَيۡهِمۡ غَضَبٞ مِّنَ
ٱللَّهِ وَلَهُمۡ عَذَابٌ عَظِيمٞ ﴿١٠٦﴾

(Lügen erfindet), wer ALLAH gegenüber Kufr betrieb, nachdem er den Iman (*Tauhid*) bekundete - außer dem, der (dazu) gezwungen wird, während sein Herz voller Iman ist. Jedoch wer die Brust dem Kufr öffnet, auf diesem lastet Zorn von ALLAH. Und für sie ist eine überharte Peinigung bestimmt.[58]

Bezogen auf diesen Quran-Vers verstehen die Islamologen unter "auswegloser Zwangslage" nur die unmittelbare akute Gefahr für Leib und Leben, wie z. B. Folter und Todesgefahr.

Keine Zwangslage und somit keine Rechtfertigung für die Verletzung der Muwalat-Gebote stellen alle anderen möglichen Formen von Gefahr und Unterdrückung dar, wie Mißachtung der Menschenrechte, angedrohter bzw. tatsächlicher Freiheitsentzug, verbale, psychische und physische Gewalt, Drohungen, Diskriminierung, Rassismus, Angst um das eigene Vermögen und Prestige. In all diesen Fällen ist man verpflichtet, sich trotz der Gefahren, Risiken und damit verbundenen Nachteile eindeutig zum Islam und zur islamischen Umma zu bekennen und die Regeln der Muwalat für die Umma einzuhalten.

فَتَرَى ٱلَّذِينَ فِي قُلُوبِهِم مَّرَضٞ يُسَٰرِعُونَ فِيهِمۡ يَقُولُونَ نَخۡشَىٰٓ أَن
تُصِيبَنَا دَآئِرَةٞۚ فَعَسَى ٱللَّهُ أَن يَأۡتِيَ بِٱلۡفَتۡحِ أَوۡ أَمۡرٖ مِّنۡ عِندِهِۦ فَيُصۡبِحُواْ
عَلَىٰ مَآ أَسَرُّواْ فِيٓ أَنفُسِهِمۡ نَٰدِمِينَ ﴿٥٢﴾

Und du siehst, daß diejenigen, in deren Herzen Krankheit ist, zu ihnen eilen (und sie als Wali nehmen). Sie sagen: "Wir fürchten, daß wir unterlegen sein werden." Aber ALLAH wird entweder den Sieg oder von SICH (ihre Entlarvung) herbeiführen, dann werden sie bereuen aufgrund dessen, was sie bei sich verheimlichten.[59]

---

[58] Suratun-nahl Nr. 16, Aya Nr. 106
[59] Suratul-ma-ida Nr. 5, Aya Nr. 52

Bedeutung im quranischen Kontext

Nach der Wissenschaft der sinnverwandten Wörter und nach den Quran-Exegeten wird "Wali" im Quran als Synonym für fünf verschiedene Begriffe verwendet. Wali wird verwendet als Synonym für

- *ar-rabb*, الرب: Gott und Herr,
- *an-nasir*, الناصر: den Verhelfer zum Sieg, den Unterstützer/Beistand,
- *al-walad*, الولد: die Nachkommenschaft,
- *al-wathan*, الوثن: die Götzen,
- *al-mani'*, المانع: den Beschützer und den Verteidiger.

Quranische Belegstellen zu den Synonymen von Wali

1. Wali als Synonym für "Gott und Herr"

ٱتَّبِعُواْ مَآ أُنزِلَ إِلَيۡكُم مِّن رَّبِّكُمۡ وَلَا تَتَّبِعُواْ مِن دُونِهِۦٓ أَوۡلِيَآءَۗ

Folgt dem, was zu euch von eurem Herrn offenbart wurde, und folgt nicht anstelle von IHM anderen *Wali/Herren*.[60]

2. Wali als Synonym für "Verhelfer zum Sieg, Unterstützer, Beistand"

وَقُلِ ٱلۡحَمۡدُ لِلَّهِ ٱلَّذِي لَمۡ يَتَّخِذۡ وَلَدٗا وَلَمۡ يَكُن لَّهُۥ شَرِيكٞ فِي ٱلۡمُلۡكِ وَلَمۡ

يَكُن لَّهُۥ وَلِيّٞ مِّنَ ٱلذُّلِّۖ وَكَبِّرۡهُ تَكۡبِيرَۢا ﴿١١١﴾

Und sag: "*Alhamdulil-lah* (Aller Hamd gebührt ALLAH), Der SICH keinen Sohn nahm, Der nie einen Teilhaber in der Herrschaft hat, und Der nie einen *Wali/Beistand* (als Schutz) vor Erniedrigung hat." Und verherrliche IHN mit "allahu akbar"![61]

3. Wali als Synonym für "Nachkommenschaft"

فَهَبۡ لِي مِن لَّدُنكَ وَلِيّٗا

(..) so schenke mir von DIR aus einen *Wali/Nachkommen/Sohn*.[62]

4. Wali als Synonym für "Götzen"

مَثَلُ ٱلَّذِينَ ٱتَّخَذُواْ مِن دُونِ ٱللَّهِ أَوۡلِيَآءَ كَمَثَلِ ٱلۡعَنكَبُوتِ ٱتَّخَذَتۡ بَيۡتٗاۖ

وَإِنَّ أَوۡهَنَ ٱلۡبُيُوتِ لَبَيۡتُ ٱلۡعَنكَبُوتِۖ لَوۡ كَانُواْ يَعۡلَمُونَ ﴿٤١﴾

Das Gleichnis derjenigen, die sich anstelle von ALLAH *Wali/Götzen* nahmen, ist wie das Gleichnis der Spinne, die sich ein Netz spinnt.

---

[60] Suratul-a'raf Nr. 7, Aya Nr. 3

[61] Suratul-israa Nr. 17, Aya Nr. 111

[62] Suratu-maryam Nr. 19, Aya Nr. 5

Und doch das Schwächste aller Netze ist gewiß das Spinnennetz, würden sie es nur wissen![63]

5. Wali als Synonym für "Beschützer und Verteidiger"

إِنَّمَا وَلِيُّكُمُ ٱللَّهُ وَرَسُولُهُۥ وَٱلَّذِينَ ءَامَنُوا۟ ٱلَّذِينَ يُقِيمُونَ ٱلصَّلَوٰةَ

وَيُؤْتُونَ ٱلزَّكَوٰةَ وَهُمْ رَٰكِعُونَ ﴿٥٥﴾

Gewiß ist euer *Wali/Beschützer/Verteidiger* nur ALLAH und SEIN Gesandter und diejenigen Mumin, die das rituelle Gebet stets verrichten und die Zakat entrichten, während sie Ruku' vollziehen.[64]

Resümee

Die undifferenzierte Übersetzung des Begriffs "Muwalat" mit "Freundschaft" ist unzutreffend und verfälscht die Bedeutung der Quran-Verse. Nicht zu übersehen, sind auch die vielen Vorurteile gegenüber dem Islam und den Muslimen, welche durch solch eine Übersetzung entstehen.

Für den Fall, daß eine übergreifende Differenzierung bei der Übersetzung nicht möglich ist und ein umfassender Sammelbegriff verwendet werden soll, empfehle ich als Übersetzung der elementaren Bedeutung von **Muwalat**, den Ausdruck **"Zuneigung und Liebe mit religiöser Identifikation"** und für **Wali** (je nach Zusammenhang): Verwalter der eigenen Angelegenheiten, Vormund, Beistand, Beschützer, Verteidiger, etc.

---

[63] Suratul-'ankabut Nr. 29, Aya Nr. 41

[64] Suratul-ma-ida Nr. 5, Aya Nr. 55

Definition von “Schirk, شرك / Muschrik, مشرك”

Bedeutung und Wortumfeld nach der arabischen Linguistik
Die Wortwurzel lautet “sch-r-k, شرك”.
“*asch-schirk*, الشرك” bezeichnet in der arabischen Linguistik folgendes:

1. *al-hissa*, الحصة: das Kontingent
2. *al-ischtirak*, الإشتراك: die Partnerschaft, die Beteiligung
3. *an-nasib*, النصيب: der Anteil
4. *al-'adl*, العدل: die Gleichstellung

Beispiele von Wörtern des Wortumfeldes mit gleicher Wortwurzel von “Schirk”, die andere Bedeutungsnuancen haben.

Arab. Ableitung	lat. Umschrift	dtsch. Übersetzung
الشِّرْكَة الشَّركة	*asch-schirka* *asch-scharika*	Die Beteiligung zweier Partner
الشَّريك المُشارك	*asch-scharik* *al-muscharik*	Der Partner, der Teilhaber
مُشْتَرِك	*muschtarik*	Der Beteiligte, die Teilnehmer
مُشْتَرَك	*muschtarak*	Anteilig, kollektiv
أشْرَكَ بالله	*aschraka* *billah*	ALLAH Partner beigesellen, Polytheismus betreiben.
الشُّرَّكِي	*asch-schurraki*	Das schnelle Gehen
المُشْرِك	*al-muschrik*	Der Polytheist

Spezifisch islamische Wortbedeutung

a. “Schirk” im Bezug auf ALLAH (ta'ala)
Schirk im Bezug auf ALLAH (*ta'ala*) äußert sich auf zwei Arten:

1. Der große Schirk
   - in Form von Götzenanbetung: Darunter versteht man z. B. das Beigesellen und Anbeten von jeglichen Götzen (Statuen, Bildern, Ikonen) als Mittler zwischen den Anbetern und ALLAH (*ta'ala*).
   - in Form von Verherrlichung, Anbetung und Dienen lebender oder toter Geschöpfe (Menschen, Tiere, Naturgewalten, Gestirne, usw.) neben Dem Schöpfer ALLAH (*ta'ala*).
2. Der kleine Schirk
   - in Form von Augendienerei: Darunter versteht man z. B. die falsche Absicht (*niyya*) bei der Verrichtung der gottesdienstlichen Handlungen. Auch alle vorgeschriebenen gottesdienstlichen Handlungen, die nicht mit der richtigen Absicht [d. h. ausschließlich ALLAH (*ta'ala*) zu dienen] durchgeführt werden, sondern in erster Linie um das persönliche Ansehen bei den Mitmenschen zu steigern (*riyaa*, رياء), fallen in diese Kategorie.

b. "Schirk" im islamischen Kontext

Allgemeine Bedeutung

Jede gottesdienstliche Handlung, bei deren Verrichtung nicht die ausschließliche Absicht zugrunde liegt, einzig und allein ALLAH (*ta'ala*) zu dienen, wird als Schirk gewertet.

Als Schirk werden auch Handlungen gewertet, die verrichtet werden im Zusammenhang mit dem Iman daran, daß Geschöpfe (z. B. sog. Heilige, Pir, Shaikh, Evliya, Ermis, usw. oder Tiere, Naturgewalten, Gestirne, usw.) über Fähigkeiten verfügten oder Kompetenzen besäßen, die ALLAH (*ta'ala*) SICH SELBST vorbehalten hat und die ausschließlich ALLAH (*ta'ala*) zugeschrieben werden dürfen [z. B. Gewährung von Leben, von Heilung, von Nachkommen und von *Rizq* (materiellen und immateriellen Gaben/ Versorgung ALLAHs), Wissen über die Zukunft, Rechtleitung].

Bedeutung im quranischen Kontext

Nach der Wissenschaft der sinnverwandten Wörter und nach den Quran-Exegeten wird "Schirk" im Quran als Synonym für drei verschiedene Begriffe verwendet. Es wird verwendet für

- *al-'adlu billahi ghairah*, العدل بالله غيره: die Gleichsetzung ALLAHs mit anderen,
- *at-ta'a dun-al-'ibada*, الطاعة دون العبادة: den Gehorsam ohne Gottesdienst,
- *ar-riyaa*, الرياء: die Frömmelei und die Augendienerei.

Quranische Belegstellen zu den Synonymen von Schirk

1. Schirk als Synonym für "Gleichsetzung ALLAHs mit anderen"

﴿وَٱعْبُدُوا۟ ٱللَّهَ وَلَا تُشْرِكُوا۟ بِهِۦ شَيْـًٔا ۖ

Und dient ALLAH und betreibt IHM gegenüber *keinen Schirk/setzt IHM nichts gleich.*[65]

إِنَّ ٱللَّهَ لَا يَغْفِرُ أَن يُشْرَكَ بِهِۦ

Gewiß vergibt ALLAH nicht, daß IHM *gegenüber Schirk betrieben wird/IHM andere gleichgesetzt werden.*[66]

2. Schirk als Synonym für "Gehorsam ohne Gottesdienst"

إِنِّى كَفَرْتُ بِمَآ أَشْرَكْتُمُونِ مِن قَبْلُ ۗ

Ich betreibe Kufr demgegenüber, was ihr mit mir vorher *an Schirk betrieben/Gehorsam praktiziert* habt.[67]

3. Schirk als Synonym für "Frömmelei, Augendienerei"

فَمَن كَانَ يَرْجُوا۟ لِقَآءَ رَبِّهِۦ فَلْيَعْمَلْ عَمَلًا صَـٰلِحًا وَلَا يُشْرِكْ بِعِبَادَةِ
رَبِّهِۦٓ أَحَدًۢا

Wer dann die Begegnung seines Herrn erwartet, der soll eine gottgefällige Guttat vollbringen und beim Dienen seines Herrn keinerlei *Schirk/Frömmelei* mit einem anderen betreiben.[68]

Resümee

Unter Schirk versteht man Polytheismus im eigentlichen, wörtlichen und im übertragenen, metaphorischen Sinne.

Schirk beinhaltet somit auch das eigenmächtige Erlassen von Richtlinien und Regelungen den Din betreffend, u. a. auch die Durchführung gottesdienstlicher Handlungen auf andere Art und Weise, als von ALLAH (*ta'ala*) im Quran und in der Sunna vorgeschrieben.

Personen, die Schirk begehen, werden bezeichnet als: **Muschrik** (mask./ Sg.), **Muschrika** (fem./ Sg.), **Muschrik** (Pl.)

---

[65] Suratun-nisaa Nr. 4, Aya Nr. 36

[66] Suratun-nisaa Nr. 4, Ayat Nr. 48 und 116

[67] Suratu-ibrahim Nr. 14, Aya Nr. 22

[68] Suratul-kahf Nr. 18, Aya Nr. 110

Definition von “'Aqida, عقيدة”

Bedeutung und Wortumfeld nach der arabischen Linguistik
Die Wortwurzel lautet “'a-q-d, عقد”.
“*al-'aqida*, العقيدة” bezeichnet in der arabischen Linguistik folgendes:
1. *al-luzum*, اللزوم: die enge Verbundenheit
2. *at-ta-akkud*, التأكد: die Vergewisserung
3. *al-istithaq*, الإستيثاق: die Verläßlichkeit

Beispiele von Wörtern des Wortumfeldes mit gleicher Wortwurzel von 'Aqida, die andere Bedeutungsnuancen haben.

Arab. Ableitung	lat. Umschrift	dtsch. Übersetzung
العَقْد	*al-'aqd*	Das Verknüpfen, Verknoten, Verschnüren und Verketten Der verpflichtende Vertrag
العِقْد	*al-'iqd*	Halsband, Halskette
المُعَاقَدَة	*al-mu'aqada*	Vertrag, Abkommen
مُعَقَّد	*mu'aqqad*	Kompliziert, verzwickt, heikel
عَقَدَ	*'aqada*	Unzertrennlich sein von, in der Nähe bleiben, einberufen, einen Vertrag schließen

Spezifisch islamische Wortbedeutung

Al-'aqida ist die Gesamtheit der auf den primären Quellen, dem Quran und der Sunna, basierenden Iman-Inhalte, die ein Muslim bewußt als unbestreitbare Gewißheiten verinnerlicht. Metaphorisch betrachtet, bilden die Iman-Inhalte zusammen mit der Persönlichkeit der Muslime, ihrem Geist und ihrer Seele eine untrennbare Verbindung. Die 'Aqida-Inhalte werden definiert durch: Arkanul-Iman, أركان الإيمان - Die sechs Iman-Artikel.

Arkanul-Iman أركان الإيمان - Die sechs Iman-Artikel

1. *al-imanu bil-lah*, الإيمان بالله
   Der Iman an ALLAH (*ta'ala*), an SEINE Einheit und Einzigkeit - Tauhid,
2. *al-imanu bil-malaika*, الإيمان بالملائكة
   Der Iman an die Engel,
3. *al-imanu bil-kutubis-samawiya*, الإيمان بالكتب السماوية
   Der Iman an die von ALLAH (*ta'ala*) geoffenbarten Schriften,
4. *al-imanu bir-rusul*, الإيمان بالرسل
   Der Iman an die Gesandten ALLAHs und an Muhammad (*sallal-lahu 'alaihi wa sallam*) als den letzten Gesandten,
5. *al-imanu bil-yaumil-achir*, الإيمان باليوم الآخر
   Der Iman an den Jüngsten Tag,
6. *al-imanu bil-qadai wal-qadar*, الإيمان بالقضاء والقدر
   Der Iman an Al-qadaa und Al-qadar, an das Vorauswissen und die Bestimmung ALLAHs über SEINE Geschöpfe.

Die Iman-Artikel, d. h. die Inhalte von 'Aqida, werden von den Muslimen mit Hilfe der Quran- und Sunna-Texte und der Vernunft sowohl spirituell/emotional als auch rational als Axiome verinnerlicht, d. h. als uneingeschränkt gültige Wahrheiten. Die Arkanul-Iman stellen die alleingültige Basis der Definition des einzig wahren und annehmbaren Din dar und werden in zahlreichen Quran und Sunna-Texten erwähnt:

۞ لَّيْسَ ٱلْبِرَّ أَن تُوَلُّوا۟ وُجُوهَكُمْ قِبَلَ ٱلْمَشْرِقِ وَٱلْمَغْرِبِ
وَلَٰكِنَّ ٱلْبِرَّ مَنْ ءَامَنَ بِٱللَّهِ وَٱلْيَوْمِ ٱلْءَاخِرِ وَٱلْمَلَٰٓئِكَةِ وَٱلْكِتَٰبِ
وَٱلنَّبِيِّۦنَ وَءَاتَى ٱلْمَالَ عَلَىٰ حُبِّهِۦ ذَوِى ٱلْقُرْبَىٰ وَٱلْيَتَٰمَىٰ وَٱلْمَسَٰكِينَ
وَٱبْنَ ٱلسَّبِيلِ وَٱلسَّآئِلِينَ وَفِى ٱلرِّقَابِ وَأَقَامَ ٱلصَّلَوٰةَ وَءَاتَى ٱلزَّكَوٰةَ
وَٱلْمُوفُونَ بِعَهْدِهِمْ إِذَا عَٰهَدُوا۟ ۖ وَٱلصَّٰبِرِينَ فِى ٱلْبَأْسَآءِ وَٱلضَّرَّآءِ
وَحِينَ ٱلْبَأْسِ ۗ أُو۟لَٰٓئِكَ ٱلَّذِينَ صَدَقُوا۟ ۖ وَأُو۟لَٰٓئِكَ هُمُ ٱلْمُتَّقُونَ ﴿١٧٧﴾

Die Gutheit liegt nicht darin, daß ihr euch mit dem Gesicht in Richtung des Ostens und des Westens wendet. Doch die Gutheit ist die, daß man den Iman an ALLAH, an den Jüngsten Tag, an die Engel, an die Schrift und an die Propheten verinnerlicht, das Vermögen - trotz der Liebe dazu - den Verwandten, den Waisen, den Bedürftigen, dem in Not geratenen

Reisenden, den Bittenden und für die Unfreien gibt, das rituelle Gebet stets verrichtet und die Zakat entrichtet, und die Einhaltenden ihrer Verträge, wenn sie solche abschließen, und die Duldsamen in bitterer Armut, in Krankheit und beim Gewaltantun, diese sind diejenigen, die wahrhaftig sind! Und diese sind die (wahren) Taqwa-Beherzigenden![69]

ءَامَنَ ٱلرَّسُولُ بِمَآ أُنزِلَ إِلَيْهِ مِن رَّبِّهِۦ وَٱلْمُؤْمِنُونَ ۚ كُلٌّ ءَامَنَ بِٱللَّهِ
وَمَلَٰٓئِكَتِهِۦ وَكُتُبِهِۦ وَرُسُلِهِۦ لَا نُفَرِّقُ بَيْنَ أَحَدٍ مِّن رُّسُلِهِۦ ۚ وَقَالُوا۟ سَمِعْنَا
وَأَطَعْنَا ۖ غُفْرَانَكَ رَبَّنَا وَإِلَيْكَ ٱلْمَصِيرُ ﴿٢٨٥﴾

Der Gesandte verinnerlichte den Iman an das, was ihm von seinem Herrn offenbart wurde, ebenso die Mumin. Sie alle verinnerlichten den Iman an ALLAH, an SEINE Engel, an SEINE Schriften und an SEINE Gesandten. 'Wir machen keinen Unterschied zwischen SEINEN Gesandten.' Und sie sagten: "Wir hörten und gehorchten; (gewähre uns) DEINE Vergebung, unser Herr! Und zu DIR ist das Werden."[70]

يَٰٓأَيُّهَا ٱلَّذِينَ ءَامَنُوٓا۟ ءَامِنُوا۟ بِٱللَّهِ وَرَسُولِهِۦ وَٱلْكِتَٰبِ ٱلَّذِى نَزَّلَ عَلَىٰ
رَسُولِهِۦ وَٱلْكِتَٰبِ ٱلَّذِىٓ أَنزَلَ مِن قَبْلُ ۚ وَمَن يَكْفُرْ بِٱللَّهِ وَمَلَٰٓئِكَتِهِۦ
وَكُتُبِهِۦ وَرُسُلِهِۦ وَٱلْيَوْمِ ٱلْـَٔاخِرِ فَقَدْ ضَلَّ ضَلَٰلًۢا بَعِيدًا ﴿١٣٦﴾

Ihr, die den Iman bekundet habt! Verinnerlicht den Iman an ALLAH, an SEINEN Gesandten, an die Schrift, die ER SEINEM Gesandten offenbarte und an die Schrift, die ER vorher offenbarte! Und wer Kufr betreibt ALLAH, SEINEN Engeln, SEINEN Schriften, SEINEN Gesandten und dem Jüngsten Tag gegenüber, der ist sicherlich weit in die Irre gegangen.[71]

عن عُمَرَ بْنُ الْخَطَّابِ ﷺ قَالَ : بَيْنَمَا نَحْنُ عِنْدَ رَسُول اللَّهِ ﷺ ذَاتَ يَوْمٍ ، إِذْ طَلَعَ عَلَيْنَا رَجُلٌ شَدِيدُ بَيَاضِ الثِّيَابِ شَدِيدُ سَوَادِ الشَّعَرِ ، لاَ يُرَى عَلَيْهِ أَثَرُ السَّفَرِ وَلاَ يَعْرِفُهُ مِنَّا أَحَدٌ ، حَتَّى جَلَسَ إِلَى النَّبِيِّ ﷺ، فَأَسْنَدَ رُكْبَتَيْهِ إِلَى رُكْبَتَيْهِ ، وَوَضَعَ كَفَّيْهِ عَلَى فَخِذَيْهِ وَقَالَ: يَا مُحَمَّدُ أَخْبِرْنِي عَنِ الْإِسْلَامِ . فَقَالَ رَسُولُ اللَّهِ ﷺ : الْإِسْلَامُ أَنْ تَشْهَدَ أَنْ لَا إِلَهَ إِلَّا اللَّهُ، وَأَنَّ مُحَمَّدًا رَسُولُ اللَّهِ ﷺ ، وَتُقِيمَ الصَّلَاةَ ، وَتُؤْتِيَ

[69] Suratul-baqara Nr. 2, Aya Nr. 177
[70] Suratul-baqara Nr. 2, Aya Nr. 285
[71] Suratun-nisaa Nr. 4, Aya Nr. 136

الزَّكَاةَ ، وَتَصُومَ رَمَضَانَ ، وَتَحُجَّ الْبَيْتَ إِنِ اسْتَطَعْتَ إِلَيْهِ سَبِيلًا . قَالَ : صَدَقْتَ . قَالَ : فَعَجِبْنَا لَهُ
يَسْأَلُهُ وَيُصَدِّقُهُ . قَالَ : فَأَخْبِرْنِي عَنِ الْإِيمَانِ . قَالَ : أَنْ تُؤْمِنَ بِاللَّهِ وَمَلَائِكَتِهِ وَكُتُبِهِ وَرُسُلِهِ وَالْيَوْمِ الْآخِرِ
وَتُؤْمِنَ بِالْقَدَرِ خَيْرِهِ وَشَرِّهِ . قَالَ : صَدَقْتَ . قَالَ : فَأَخْبِرْنِي عَنِ الْإِحْسَانِ . قَالَ : أَنْ تَعْبُدَ اللَّهَ كَأَنَّكَ
تَرَاهُ ، فَإِنْ لَمْ تَكُنْ تَرَاهُ ، فَإِنَّهُ يَرَاكَ . قَالَ : فَأَخْبِرْنِي عَنِ السَّاعَةِ . قَالَ : مَا الْمَسْئُولُ عَنْهَا بِأَعْلَمَ مِنَ
السَّائِلِ . قَالَ : فَأَخْبِرْنِي عَنْ أَمَارَتِهَا . قَالَ : أَنْ تَلِدَ الْأَمَةُ رَبَّتَهَا ، وَأَنْ تَرَى الْحُفَاةَ الْعُرَاةَ الْعَالَةَ رِعَاءَ
الشَّاءِ يَتَطَاوَلُونَ فِي الْبُنْيَانِ . قَالَ : ثُمَّ انْطَلَقَ . فَلَبِثْتُ مَلِيًّا . ثُمَّ قَالَ لِي : يَا عُمَرُ أَتَدْرِي مَنِ السَّائِلُ ؟
قُلْتُ : اللَّهُ وَرَسُولُهُ أَعْلَمُ . قَالَ : فَإِنَّهُ جِبْرِيلُ أَتَاكُمْ يُعَلِّمُكُمْ دِينَكُمْ .

Omar Ibnul-khattab[72] (*radial-lahu ‘anh*) sagte: “Während wir eines Tages beim Gesandten (*sallal-lahu ‘alaihi wa sallam*) saßen, kam auf uns plötzlich ein Mann mit schneeweißen Kleidern und tiefschwarzen Haaren zu - es war kein Anzeichen der Reise an ihm festzustellen und dennoch kannte ihn keiner von uns - bis er sich vor den Gesandten (*sallal-lahu ‘alaihi wa sallam*) setzte. So lehnte er seine Knie an dessen Knie und legte seine Hände auf dessen Oberschenkel und sagte: “Muhammad, berichte mir über den *Islam*!” Der Gesandte (*sallal-lahu ‘alaihi wa sallam*) sagte: “Der Islam ist, daß du bezeugst, daß es keinen Gott außer ALLAH gibt, und daß Muhammad ALLAHs Gesandter ist; und daß du das rituelle Gebet stets verrichtest, die Zakat entrichtest, im Ramadan fastest und zum Haus pilgerst (Hadsch vollziehst), wenn du dazu einen Weg findest.” Er (der Fremde) sagte: “Du hast die Wahrheit gesprochen!” So waren wir darüber erstaunt, daß er ihn (den Gesandten) erst fragte und ihn (danach) bestätigte. Er sagte: “Dann berichte mir über den *Iman*!” Er (*sallal-lahu ‘alaihi wa sallam*): “Daß du den Iman verinnerlichst an ALLAH, an SEINE Engel, an SEINE Schriften, an SEINE Gesandten und an den Jüngsten Tag, und daß du den Iman an das Gute und das Böse von Al-qadar (das Vorauswissen und die Bestimmung ALLAHs über SEINE Geschöpfe) verinnerlichst.” Er (der Fremde) sagte: “Du hast die Wahrheit gesprochen!” Er sagte: “Berichte mir über den *Ihsan*!” Er (*sallal-lahu ‘alaihi wa sallam*) antwortete: “Daß du ALLAH so dienst, als ob du IHN sähest, denn obgleich du IHN nicht siehst, sieht ER dich doch.” Er sagte: “Berichte mir über *As-sa’a* (den Jüngsten Tag)!” Er (*sallal-lahu ‘alaihi wa sallam*) sagte: “Der Befragte ist nicht besser darüber unterrichtet als der Fragende.”

[72] Der zweite Khalifa, Nachfolger des Gesandten Muhammad (*sallal-lahu ‘alaihi wa sallam*), er nannte ihn Al-faruq: der Unterscheidende zwischen Recht und Unrecht, (gest. 23 n. H.)

Dann sagte er: “Dann berichte mir über ihre Vorboten!” Er (*sallal-lahu ‘alaihi wa sallam*) sagte: “(Diese sind), daß die Sklavin ihre Herrin gebärt, und daß du siehst, daß die barfüßigen, nackten und armen Schafhirten die Gebäude (wetteifernd) hochziehen.” Dann ging er (der Fremde). Und er (der Gesandte) verweilte eine Zeitlang, dann fragte er: “Omar! Weißt du, wer der Fragende war?” Ich antwortete: “ALLAH und SEIN Gesandter wissen es besser.” Er (*sallal-lahu ‘alaihi wa sallam*) sagte: “Er war Dschibril. Er kam zu euch, um euch euren Din beizubringen.”[73]

Al-‘aqida stellt das fundamentale Element des gesamten Islam dar. Die Verinnerlichung der ‘Aqida (d. h. der Gesamtheit der Iman-Inhalte) ist die unverzichtbare Grundvoraussetzung für die Zugehörigkeit zum Islam.

Personen, welche die ‘Aqida verinnerlicht haben, jedoch in der Beachtung und Ausübung der beiden anderen Elemente des Islam (Schari’a und Achlaq) nachlässig sind, müssen zwar vor ALLAH (*ta’ala*) dafür Rechenschaft ablegen, bleiben jedoch weiterhin Muslime.
Personen, welche die ‘Aqida nicht verinnerlicht haben, jedoch sich vorbildlich in der Beachtung und Ausübung der beiden anderen Elemente des Islam (Schari’a und Achlaq) verhalten, sind ungeachtet dessen keine Muslime (d. h. sie stehen außerhalb des Islam) und ihre Taten werden von ALLAH (*ta’ala*) deswegen nicht angenommen.

قُلْ هَلْ نُنَبِّئُكُم بِٱلْأَخْسَرِينَ أَعْمَٰلًا ﴿١٠٣﴾ ٱلَّذِينَ ضَلَّ سَعْيُهُمْ فِى ٱلْحَيَوٰةِ
ٱلدُّنْيَا وَهُمْ يَحْسَبُونَ أَنَّهُمْ يُحْسِنُونَ صُنْعًا ﴿١٠٤﴾ أُو۟لَٰٓئِكَ ٱلَّذِينَ كَفَرُوا۟
بِـَٔايَٰتِ رَبِّهِمْ وَلِقَآئِهِۦ فَحَبِطَتْ أَعْمَٰلُهُمْ فَلَا نُقِيمُ لَهُمْ يَوْمَ ٱلْقِيَٰمَةِ
وَزْنًا ﴿١٠٥﴾ ذَٰلِكَ جَزَآؤُهُمْ جَهَنَّمُ بِمَا كَفَرُوا۟ وَٱتَّخَذُوٓا۟ ءَايَٰتِى وَرُسُلِى
هُزُوًا ﴿١٠٦﴾

Sag: ‘Sollen wir euch eine Mitteilung über die Erfolglosesten beim Handeln machen?” Es sind diejenigen, deren Bestreben im diesseitigen Leben verfehlt war, während sie dachten, sie bewerkstelligten Gutes. Es sind diejenigen, die den Ayat ihres Herrn und DESSEN Begegnung

---

[73] Überlieferung von Imam Muslim

gegenüber Kufr betrieben, und deshalb ihre Handlungen wertlos wurden. Und am Tage der Auferstehung messen WIR ihnen keinerlei Bedeutung bei. Dies ist ihre Vergeltung - Dschahannam, für das, was sie an Kufr betrieben, und dafür, daß sie MEINE Ayat und MEINE Gesandten zu verspotten pflegten.[74]

Wegen dieser zentralen Bedeutung von 'Aqida ist sie die unabdingbare Grundlage des Din und wird mit ihm identifiziert. ALLAH (*ta'ala*) nannte den Din, den ER den Menschen seit Anbeginn der Schöpfung vorschrieb "Islam".
Daraus folgt, daß alle Gesandten und Propheten und ihre rechtgeleiteten Anhänger Muslime waren bzw. sind.

۞فَلَمَّآ أَحَسَّ عِيسَىٰ مِنْهُمُ ٱلْكُفْرَ قَالَ مَنْ أَنصَارِىٓ إِلَى
ٱللَّهِ ۖ قَالَ ٱلْحَوَارِيُّونَ نَحْنُ أَنصَارُ ٱللَّهِ ءَامَنَّا بِٱللَّهِ وَٱشْهَدْ بِأَنَّا مُسْلِمُونَ

Und als 'Isa das Kufr bei ihnen wahrnahm, sprach er: "Wer sind meine Helfer für ALLAHs (Din)?" Die Jünger sprachen: "Wir sind die Helfer für ALLAHs (Din); wir haben den Iman an ALLAH verinnerlicht; und bezeuge, daß wir Muslime/Ergebene sind!"[75]

مَا كَانَ إِبْرَٰهِيمُ يَهُودِيًّا وَلَا نَصْرَانِيًّا وَلَٰكِن كَانَ حَنِيفًا مُّسْلِمًا وَمَا كَانَ
مِنَ ٱلْمُشْرِكِينَ ﴿٦٧﴾

Ibrahim war weder Jude noch Nazarener; sondern er war ein *Hanif* (der Wahrheit Zugeneigter), und er war nie von Schirk-Betreibenden.[76]

Die Iman-Inhalte, die ALLAH (*ta'ala*) den Menschen vorschrieb, sind unverändert geblieben seit Anbeginn der Offenbarung an Adam bis zur endgültig letzten Offenbarung an den Gesandten Muhammad (*sallal-lahu 'alaihi wa sallam*).
Alle Gesandten haben die Menschen dazu aufgefordert, den Iman an ALLAH, SEINE Engel, SEINE Gesandten, SEINE Schriften, den Jüngsten Tag, die letzte Abrechnung, die Dschanna und Dschahannam zu verinnerlichen.

---

[74] Suratul-kahf Nr. 18, Ayat Nr. 103-106
[75] Suratu aali-'imran Nr. 3, Aya Nr. 52
[76] Suratu aali-'imran Nr. 3, Aya Nr. 67

وَمَآ أَرْسَلْنَا مِن قَبْلِكَ مِن رَّسُولٍ إِلَّا نُوحِىٓ إِلَيْهِ أَنَّهُۥ لَآ إِلَٰهَ إِلَّآ أَنَا۠ فَٱعْبُدُونِ ﴿٢٥﴾

Und WIR entsandten vor dir keinen Gesandten, ohne daß WIR ihm Wahy zuteil werden ließen: 'Es gibt keine Gottheit außer MIR, so dient nur MIR.'[77]

۞ شَرَعَ لَكُم مِّنَ ٱلدِّينِ مَا وَصَّىٰ بِهِۦ نُوحًا وَٱلَّذِىٓ أَوْحَيْنَآ إِلَيْكَ وَمَا وَصَّيْنَا بِهِۦٓ إِبْرَٰهِيمَ وَمُوسَىٰ وَعِيسَىٰٓ ۖ أَنْ أَقِيمُوا۟ ٱلدِّينَ وَلَا تَتَفَرَّقُوا۟ فِيهِ ۚ

ER trug euch vom Din das auf, was ER Nuh zuwies, das, was WIR dir als Wahy zuteil werden ließen, und das, was WIR Ibrahim, Musa und 'Isa zuwiesen: 'Haltet den Din ein und spaltet euch darin nicht!"[78]

Die Botschaft aller Gesandten ALLAHs kann in zwei Hauptaspekte unterteilt werden:

- **'Aqida**, welche durch die gesamte Menschheitsgeschichte von allen Gesandten inhaltlich identisch und gleichbleibend verkündet wurde.
- **Schari'a**, deren Normen bei einigen Gesandten unterschiedlich festgelegt wurden, bei einigen Gesandten hingegen gleich waren.

Die Unterschiede in der Schari'a der verschiedenen Gesandten waren aufgrund der unterschiedlichen örtlichen, zeitlichen und gesellschaftlichen Gegebenheiten an die jeweiligen Bedürfnisse der verschiedenen Völker angepaßt und deshalb nur verbindlich für diese jeweilige Zeit und für diese bestimmten Gesellschaften.
Im Laufe der Entwicklung der Gesellschaften wurde auch die Schari'a weiterentwickelt, so daß jeweils die nachfolgende die vorhergehende in ihrer Gültigkeit ablöste.
Mit der Botschaft des letzten Gesandten (*sallal-lahu 'alaihi wa sallam*) wurde die abschließende Schari'a verkündet, welche in verschiedenen Bereichen einen Interpretationsspielraum zuläßt, und in die jeweiligen gesellschaftlichen Gegebenheiten integriert werden kann. Ihre Flexibilität ist enorm.

---

[77] Suratul-anbiyaa Nr. 21, Aya Nr. 25
[78] Suratusch-schura Nr. 42, Aya Nr. 13

II. Kapitel

al-imanu billah, الإيمان بالله

Der Iman an ALLAH (ta'ala)

Einleitung

Die Islamologen, d. h. die muslimischen Gelehrten aller Wissenschaftsbereiche des Islam und insbesondere die Gelehrten des Fachgebiets "Tauhid", vertreten übereinstimmend die Ansicht, daß der Iman eines Muslims nur dann vollkommen sein kann, wenn er das Ergebnis eines nachvollziehbaren intellektuellen Erkenntnisprozesses ist, das heißt,

- der Iman muß als objektiv wissenschaftlich verifizierbares Fundament von jedem Muslim auf intellektueller Ebene als erfahrene Wahrheit verinnerlicht werden und
- für den Iman eines Muslims wird ein ausschließlich emotionaler bzw. irrational begründeter Glauben (im wörtlichen lexikalischen Sinne) kategorisch ausgeschlossen.

Die Islamologie betrachtet ausschließlich die auf nachvollziehbaren Vernunfterkenntnissen beruhenden und objektiv überprüfbaren Sachverhalte als Wahrheiten.

Die derart persönlich erfahrenen Wahrheiten schließen die existenten (objektiven) und die zu systematisierenden Wahrheiten mit ein.
Deshalb ist der Erwerb von Wissen und das Streben nach Erkenntnis unter Einsatz der Vernunft eine fundamentale religiöse Pflicht aller Muslime ohne Ausnahme.

Methodik der Islamologie

Die wissenschaftliche Vorgehensweise in der Islamologie kann folgendermaßen zusammengefaßt werden:

- **Bei Überlieferungen muß die Korrektheit nachgewiesen werden.**
- **Bei Behauptungen muß der Beweis erbracht werden.**

1. Korrektheit einer Überlieferung

Die Richtigkeit einer Überlieferung (d. h. die reine Informationsweitergabe ohne eigene Wertung, Kommentierung oder Interpretation) wird bewiesen durch:

- Nachweis der Richtigkeit des Überlieferungsweges;
- Nachweis der Lückenlosigkeit der Tradentenkette von der Quelle bis zur schriftlichen Aufzeichnung;
- Nachweis der Vertrauens- und Glaubwürdigkeit, der Merk- bzw. Erinnerungsfähigkeit und der kommunikativen Kompetenz aller Tradenten (Überlieferer).

Zur Überprüfung einer Überlieferung, eines Hadith [(Überlieferungen von Aussprüchen oder Handlungen des Gesandten (*sallal-lahu 'alaihi wa sallam*)] haben die Hadith-Wissenschaftler verschiedene Fachgebiete entwickelt, die es ermöglichen, mit Hilfe klar definierter Kriterien die islamischen Quellen wissenschaftlich zu bewerten.
Diese Bewertungsskalen waren die objektive Entscheidungsgrundlage für das Akzeptieren bzw. das Zurückweisen einer Überlieferung als authentisch bzw. als nicht authentisch.
Historisch betrachtet war die Ausarbeitung dieser Katalogisierung aufgrund der politischen Entwicklung im 3. Jahrhundert n. H. (9. Jahrhundert n. Chr.) notwendig, nicht aber aufgrund inner-islamischer Differenzen in

religiösen Fragen. Ziel dieser Katalogisierung war die Schaffung eines von differierenden politischen Interessen unabhängigen Klassifizierungsverfahrens, sowie eines freien Handlungsrahmens für die Islamologen.

Erwähnenswert sind folgende wissenschaftliche Disziplinen, die von den Muslimen zur (Er-)Forschung der Sunna entwickelt wurden und nur in den verschiedenen islamologischen Wissenschaftsbereichen bekannt sind und angewandt werden:

- "*Hadith*-Definitionen"
  Überprüfung, Bewertung und Einteilung der Überlieferungen in klar definierten Kategorien, z. B. "*sahih*, صحيح" (wörtl. richtig bzw. gesund), "*hasan*, حسن" (wörtl. gut bzw. schön), "*da'if*, ضعيف" (wörtl. schwach), "*maudu'*, موضوع" (wörtl. erfunden), usw.

- "Biographien der Tradenten (*taradschimur-ruwat*, تراجم الرواة)"
  Detaillierte Dokumentation wesentlicher Lebensdaten aller Tradenten (Frauen/Männer), z. B. Geburt, Tod, familiäres und soziales Umfeld, Charaktereigenschaften, Krankheiten, Islam- und Allgemeinbildung, intellektuelle und praktische Fähigkeiten, Verhaltensweisen, Lehrer, etc.

- "Beurteilung der Tradenten" (*al-dscharhu wat-ta'dil*, الجرح والتعديل)
  Überprüfung, Bewertung und Einteilung der Überlieferer in klar definierten Kategorien, z. B. vertrauenswürdig - nicht vertrauenswürdig, glaubwürdig - unglaubwürdig, zuverlässig - unzuverlässig, mit exzellentem, gutem, mittelmäßigem, schlechtem Erinnerungs- bzw. Merkvermögen, kommunikative Kompetenz usw.

Bei Überlieferungen unterscheidet die Hadith-Wissenschaft nach Anzahl der Tradenten in jeder Tradentengeneration insbesondere zwischen Ahad-Überlieferungen und Mutawatir-Überlieferungen.

Ahad-Überlieferung, الآحاد

Ahad-Überlieferungen sind Überlieferungen, die in einer oder mehreren Tradentengeneration/en nur von einzelnen bzw. von einer kleinen Anzahl Tradenten (d. h. von einer geringeren Anzahl als bei den Mutawatir-Überlieferungen, s. u.), überliefert wurden.

Um eine Ahad-Überlieferung z. B. in der Sahih-Kategorie einordnen zu können, muß sie folgende Kriterien erfüllen:

- Lückenlosigkeit der Tradentenkette/n von der Quelle bis zur schriftlichen Aufzeichnung.
- Nachweis eines exzellenten Erinnerungsvermögens (*dabt*, ضبط) und der Vertrauenswürdigkeit (*'adalah*, عدالة) aller Tradenten.
- Die Überlieferung darf kein "*schudhudh*, شذوذ" enthalten, d. h., die Überlieferung eines vertrauenswürdigen Tradenten (*thiqa*, ثقة) darf keine Abweichungen aufweisen beim Vergleich mit Überlieferungen gleichen Inhalts von anderen höher eingestuften (d. h. vertrauenswürdigeren: *authaq*, أوثق) Tradenten.
- Die Überlieferung darf keine "*'illa*, علة" enthalten, d. h., weder Hadith-Kette noch Hadith-Text dürfen irgendwelche versteckten Fehler bzw. Mängel enthalten, durch die ihre Eindeutigkeit und Richtigkeit beeinträchtigt werden könnte.

***Mutawatir*-Überlieferung, المتواتر**

Mutawatir-Überlieferungen sind Überlieferungen, die über ihre gesamte Überlieferungskette hindurch (d. h. in jeder Tradentengeneration) von einer großen Tradentenmenge überliefert wurden, deren Mitglieder eine Falschaussage nicht hätten absprechen können.
Weitergehende Detailfragen und ausführliche Erläuterungen insbesondere in Bezug auf die Größe der Tradentenmenge und weitere Kriterien der Mutawatir-Überlieferungen sind den Standardwerken der Hadith-Wissenschaften zu entnehmen.

Bezüglich der 'Aqida werden von den Islamologen, aufgrund ihrer besonderen Bedeutung, als authentische Quellen ausschließlich Mutawatir-Überlieferungen zugelassen, weil diese nach den Regeln der Vernunft die einzigen Belege sind, die unzweifelhaft und unanfechtbar sind und somit als gewiß angenommen werden können.

Weitergehende Detailfragen und ausführliche Erläuterungen zu o. g. Kriterien sind den Standardwerken der Hadith-Wissenschaften zu entnehmen.

2. Beweis einer Behauptung/These

Zur Überprüfung der Richtigkeit und Nachvollziehbarkeit der Beweisführung einer Behauptung geht die Islamologie wie folgt vor:

a. Thesen, die einen materiellen Bezug haben, müssen durch die Empirie (d. h. durch Beobachtungen, Experimente und Sinneserfahrungen) bewiesen werden.

b. Thesen, die einen abstrakten Bezug haben oder sich auf verborgene, mit den menschlichen Sinnen nicht erfassbare Dinge stützen, müssen bewiesen werden, entweder durch:
- ↳ nachvollziehbare vernunftgemäße Schlußfolgerungen und/oder durch
- ↳ Mutawatir-Überlieferungen, die ebenfalls vernunftgemäß bewiesen wurden (s. o.).

Zur Veranschaulichung wird im folgenden Beispiel der Beweisführung für das Dasein ALLAHs die Methodik der Islamologie angewendet.

Das Dasein ALLAHs

Um den Iman an das Dasein ALLAHs, an SEINE Einheit und an SEINE Einzigkeit als Gewißheit verinnerlichen zu können, bedarf es zunächst einer Bestätigung dieser Wahrheiten.

Der Beweis für die Richtigkeit des Daseins von ALLAH wird auf zwei Wegen durchgeführt:

- Vernunftsbeweis
  ohne Berücksichtigung des Quran und der Prophetenschaft
- Quellenbeweis
  durch Analyse des Offenbarungsphänomens und der Quellen

1. Vernunftsbeweis des Daseins von ALLAH (ta'ala)

Bei der vernunftgemäßen Beweisführung für das Dasein ALLAHs gehen wir zunächst von einer Ausgangs-Antithese und den aus ihr abgeleiteten Folge-Thesen aus.
Das Ergebnis der Beweisführung dieser Thesen wird zur Bestätigung des Daseins von ALLAH führen.

Anti-These: ALLAH (ta'ala) existiert nicht.
Ausgehend von dieser Anti-These ergeben sich als Erklärungsmöglichkeit für die Existenz des Kosmos (d. h. für die Entstehung des Lebens und der Gesamtheit alles Seienden) zwei Folge-Thesen:

- Die Existenz des Kosmos hat keinen Beginn.

- Die Existenz des Kosmos hat einen Beginn.

These 1: Die Existenz des Kosmos hat keinen Beginn.

Vor der Behandlung dieser Erklärungsmöglichkeit für die Existenz des Kosmos müssen zum besseren Verständnis zunächst die Seinsarten eingeführt und definiert werden.
Die Vernunft unterscheidet drei Arten des Seins:

- Notwendiges Sein
- Unmögliches Sein
- Kontingentes Sein

<u>Notwendiges Sein</u>
Darunter wird jedes Sein beschrieben, dessen Nicht-Existenz die Vernunft kategorisch ausschließt.
Das notwendige Sein wird nochmals unterteilt in:

a. das unbedingt notwendige Sein, d. h. das aus sich selbst seiende Sein, das keiner Wirkursache für seine Existenz bedarf. Dies ist die Existenz Des Schöpfers.

b. das bedingt notwendige Sein, d. h. das nicht aus sich selbst seiende Sein, das einer äußeren Wirkursache für seine Existenz bedarf, z. B. die Notwendigkeit der Inanspruchnahme eines Raumbereichs für jeden Körper im Daseins-Zustand der Existenz.

<u>Unmögliches Sein</u>
Darunter wird jedes Sein beschrieben, dessen Existenz die Vernunft kategorisch ausschließt, z. B. die Unmöglichkeit der Nicht-Inanspruchnahme eines Raumbereichs für einen Körper im Daseins-Zustand der Existenz.

<u>Kontingentes bzw. Mögliches Sein</u>
Darunter wird jedes Sein beschrieben, dessen Existenz oder Nicht-Existenz die Vernunft annehmen kann, z. B. die Möglichkeit der Existenz oder Nicht-Existenz eines Seienden (Mensch, Tier, ...).

Nach der Definition der Seinsarten fällt der Kosmos in die Kategorie des kontingenten Seins, weil man seine Nicht-Existenz vor und nach seiner gegenwärtigen Existenz annehmen kann, ohne dabei in einen widervernünftigen Widerspruch zu geraten.

Widerlegung der These:
Die Zusammengesetztheit und die ständig stattfindenden Veränderungen des Kosmos beweisen seine Zugehörigkeit zur Kategorie der "nicht aus

sich selbst Seienden" und schließen damit die Zugehörigkeit zur Kategorie der "aus sich selbst Seienden", bzw. die Kategorisierung als "unbedingt notwendiges Sein" per definitionem implizit aus.

Die These, der Kosmos habe sich vor seinem jetzigen Daseins-Zustand der Existenz niemals im Daseins-Zustand der Nicht-Existenz befunden bzw. es habe niemals eine Veränderung des Daseins-Zustandes gegeben, stellt einen Widerspruch zu den o. a. Definitionen dar,

- weil nur das "unbedingt notwendige Sein"" aus sich selbst seiend und ohne Beginn bzw. ohne Ende ist und
- weil der Kosmos nicht zur Kategorie der "aus sich selbst Seienden" gezählt werden kann.

Weiterhin muß die Annahme der Möglichkeit einer unendlichen Zurückverfolgung der Ursache der kontingenten Seienden bzw. das Zurückführen der Existenz von kontingentem bzw. möglichem Sein bis in die Unendlichkeit auf ein jeweils vorhergehendes kontingentes bzw. mögliches Sein ohne Annahme einer ersten Wirkursache als widervernünftig zurückgewiesen werden. Denn diese Annahme impliziert, daß alle angenommenen Vorgänger nicht aus sich selbst seiend sind, d. h. sie sind verursacht durch Verursacher.
Nach den Regeln der Logik und der Vernunft können diese Vorgänger als Verursachte nicht den ersten Anfang darstellen. Daraus folgt, daß es axiomatisch ein erstes "Notwendiges Sein" geben muß, welches absolut aus sich selbst seiend ist, d. h. es muß eine erste Wirkursache geben, die eine erste Existenz des Kosmos hervorgebracht hat, welcher erst danach als Verursacher bzw. als erster Vorgänger der folgenden Kontingenten Seienden angenommen werden kann.

Weiterhin muß die Annahme "die Existenz des Kosmos beruhe auf fortlaufenden Veränderungen ohne erste Wirkursache" als widervernünftig zurückgewiesen werden. Denn die Behauptung, die Existenz des Kosmos lasse sich erklären durch Veränderung der Materie und des Raumes (sog. Urknall) und die darauffolgende Ausdehnung der Materie im Raum, setzt a priori die Existenz von Materie und Raum voraus, ohne jedoch deren Herkunft zu erklären.
Ebenso fehlt die Erklärung der Ursache für den Urknall und weiterhin fehlt die Erklärung für die Ursache der Dimension Zeit.

Diese Art der Beweisführung (Erklärung der Herkunft der Schöpfung bzw. der Materie durch die als existent angenommene Schöpfung bzw. Materie) ist eine versteckte Form des unzulässigen Zirkelbeweises (Circulus vitiosus).

These 2: Die Existenz des Kosmos hat einen Beginn.

Die These, der Kosmos habe sich vor seinem jetzigen Daseins-Zustand der Existenz in einem anderen Daseins-Zustand der Nicht-Existenz befunden mit gleichzeitiger Negierung einer äußeren Wirkursache, d. h. mit gleichzeitiger Annahme des Nicht-Daseins eines Schöpfers, widerspricht der Vernunft, weil die Annahme der Möglichkeit der Veränderung eines Daseins-Zustandes ohne äußere Wirkursache vernunftmäßig ausgeschlossen ist. Nach den Regeln der Logik und der Vernunft muß jedes Sein seinen Daseins-Zustand unverändert beibehalten, wenn es nicht durch einen Veränderer verändert wird und durch ihn in einen neuen Daseins-Zustand versetzt wird.

Beispiele:

- Eine Waage, die sich im stabilen Gleichgewicht befindet, wird diesen Zustand nach den Regeln der Vernunft (vergleiche physikalische Gesetze) so lange beibehalten, bis eine äußere Wirkursache eine Veränderung herbeiführt.
- Ein Körper, der sich im Weltall bewegt, wird die einmal eingeschlagene Richtung und die Anfangsgeschwindigkeit solange konstant beibehalten, bis eine äußere Wirkursache eine Veränderung herbeiführt (vergleiche Massenträgheitsgesetz).

Eine Veränderung ohne äußeren Einfluß, d. h. ohne Wirkursache, ist bei beiden Beispielen undenkbar.

Zusammenfassung der Vernunftsbeweise von ALLAHs Dasein

Die Beweisführung durch Verifizierung bzw. Falsifizierung der aufgestellten Thesen führt mit Gewißheit zu der Feststellung, daß

- es ohne Wirkursache keine erste Existenz und keine ersten Seienden geben kann,
- es einen zeitlichen Beginn für den Kosmos geben muß,
- der Kosmos nicht die Wirkursache seines Selbst, seiner eigenen Existenz, sein kann.

Diese drei durch die Vernunft gewonnenen Erkenntnisse führen uns unweigerlich zu einer weiteren Wahrheit, nämlich, daß die Existenz einer vom Kosmos unabhängigen und verschiedenen Wirkursache angenommen werden muß, die unveränderlich und unbedingt durch sich selbst seiend, auf sich selbst ruhend, sich selbst genügend und keines Seins außer ihrer selbst bedürfend ist.
Diese Erkenntnis bestätigt zweifelsfrei das Dasein von ALLAH (*ta'ala*).
Der weitere Vernunftsbeweis für das Dasein von ALLAH (*ta'ala*) kann durch den teleologischen Beweis erbracht werden.

2. Teleologischer Beweis des Daseins von ALLAH (ta'ala)

Telos (griech.: Ziel, Zweck) bedeutet in etwa Endzweck, höchstes Ziel.
Teleologie ist die Lehre von der Zielgerichtetheit jeder Entwicklung. Sie bezeichnet philosophische Lehren, deren Grund-These lautet, daß alle Geschehnisse - sowohl Naturereignisse als auch der Verlauf der Geschichte und menschliches Handeln - auf ein bestimmtes, positiv zu bewertendes Ziel (Telos) gerichtet sind. Dieses Ziel kann als Zweckursache (Causa) verstanden, alle Handlungen, Bewegungen und Entwicklungen in der Welt erklären und ihnen gleichzeitig auch einen Sinn geben, da alles zur Realisierung dieses Ziels beiträgt.

Grundlage der teleologischen Beweisführung für die Existenz ALLAHs in der Islamologie ist die vernunftgemäße Erkenntnis der Zielgerichtetheit allen Seins. Wir erkennen,

- daß eine nicht zu leugnende Zweckmäßigkeit in der Natur besteht, die rein mechanistisch unerklärbar erscheint.
  Diese der Natur zugrundeliegende Ordnungsstruktur und deren Gesetzmäßigkeit versuchen z. B. die Naturwissenschaften allmählich zu entdecken, ohne jedoch grundlegend weiterzukommen.
- daß alle Naturerscheinungen, wenn überhaupt, nur kausal zu verstehen sind.
  Denn wären nicht alle Vorgänge in der Welt verursacht und gesetzmäßig determiniert, wäre es uns nicht möglich, sie zu verstehen, d. h., kausal zu deuten und zu untersuchen (nach dem Denkschema Ursache-Wirkung), da wir nur das verstehen, dessen Ursachen wir kennen.

- daß der Kosmos bzw. die Materie seine/ihre eigene Zweckursache nicht beabsichtigt haben kann und die kosmische Ordnungsstruktur nicht hervorgebracht haben kann.
- daß die kosmische Ordnungsstruktur und somit alle Existenzbedingungen nicht durch Zufall entstanden sein können.
  Nach den mathematischen Gesetzen der Wahrscheinlichkeit ist der Zufall in dieser Größenordnung nur bei den ganz einfachen Strukturen möglich, nicht aber bei den komplexen bzw. sehr komplizierten Strukturen der kosmischen Ordnung.
- daß der kausale Zusammenhang ein Ziel bzw. eine erste Zweckursache haben muß.
  Denn ein Zweck als Ziel einer Willenshandlung (als Vorwegnahme einer erstrebten Situation in Gedanken) setzt ein zwecksetzendes Bewußtsein voraus.

Dieses Ziel, das man als Final- bzw. Zweckursache (causa finalis) definiert, muß von einer unbedingt notwendigen, allwissenden und allmächtigen Wesenheit beabsichtigt sein, denn nur durch diese Annahme kann die gesamte Ordnungsstruktur des Kosmos, nach der alles einen bestimmten Sinn hat, logisch erklärt werden.

Die Vernunft führt uns zu der Gewißheit, daß diese Wesenheit ALLAH (ta'ala) sein muß.

3. Quellenbeweis des Daseins von ALLAH (ta'ala)

durch Analyse des Offenbarungsphänomens und der Quellen

Grundlage dieser Art der Beweisführung für das Dasein ALLAHs ist die vernunftgemäße Erkenntnis der Offenbarung und der vernunftgemäßen Erkenntnis der Korrektheit ihrer Überlieferung.
Aufgrund wissenschaftlicher Untersuchungen ist die Tatsache der Offenbarung und ihre unverfälschte Überlieferung durch eindeutige Mutawatir-Überlieferungen bewiesen.

Durch Mutawatir-Überlieferung steht zweifelsfrei fest,

- daß der gesamte Text des Quran direkt auf Muhammad Ibnu-'abdillah (*sallal-lahu 'alaihi wa sallam*) zurückzuführen ist,

- daß der Gesandte Muhammad (salla-llahu'alaihi wa sallam), dessen Integrität nachweislich außer Frage steht, immer wieder betonte, daß der Quran eine Offenbarung ALLAHs ist, die durch den Engel Dschibril (*'alaihis-salam*) übermittelt wurde.
- daß gravierende Unterschiede bestehen in Bezug auf Sprache, Inhalt und Stil, sowie in Bezug auf Syntax, Rhythmik und Phonetik zwischen den geoffenbarten Quran-Texten und Äußerungen (Hadithen) des Gesandten Muhammad (*sallal-lahu 'alaihi wa sallam*) in seiner Funktion als Gesandter ALLAHs und andererseits zwischen Texten und Äußerungen der Privatperson Muhammad Ibnu-'abdillah (*sallal-lahu 'alaihi wa sallam*), d. h. außerhalb des Aufgabenbereichs als ALLAHs Gesandter.

Weitergehende Detailfragen, ausführliche Erläuterungen und Beispiele zu den genannten Mutawatir-Überlieferungen sind den Standardwerken der Quran-Wissenschaften zu entnehmen.

Nach dieser Beweisführung kommt man zu dem Ergebnis, daß man den Iman an den Inhalt des Quran verinnerlichen muß, sowie den Iman an das Dasein ALLAHs auf die Art und Weise, wie es im Quran immer wieder wiederholt und bestätigt wird.

“At-tauhid, التوحيد”

Der Iman an die Einzigkeit und Einheit ALLAHs

1. Definition

Tauhid bezeichnet als Fachbegriff der Islamologie den bewußt verinnerlichten, uneingeschränkten und rationalen Iman an die Einzigkeit und Einheit ALLAHs.
Tauhid schließt somit Dualität, Trinität, Pluralität, Teilbarkeit und jegliches Mysterium in Bezug auf ALLAH (*ta'ala*) kategorisch aus.

لَيْسَ كَمِثْلِهِۦ شَىْءٌ ۖ

Es gibt nichts Seinesgleichen.[79]

قُلْ هُوَ ٱللَّهُ أَحَدٌ ۝١ ٱللَّهُ ٱلصَّمَدُ ۝٢ لَمْ يَلِدْ وَلَمْ يُولَدْ ۝٣ وَلَمْ يَكُن لَّهُۥ كُفُوًا أَحَدٌۢ ۝٤

> Sag: 'ER ist ALLAH, einzig! ALLAH, ER ist As-samad! (d. h. Der absolut Selbständige, Der niemandem bedarf, alles und jeder aber bedarf SEINER). Nie zeugte ER und nie wurde ER gezeugt, und nie ist IHM jemand ebenbürtig!'[80]

Im islamologischen Kontext ist die Verwendung deutscher Begriffe wie Monotheismus und Eingottglauben als Synonyme für Tauhid ungeeignet, weil im deutschen Sprachgebrauch diese Fachbegriffe auch im Kontext mit Glaubensinhalten nicht-muslimischer Gemeinschaften verwendet werden, für welche die o. g. Definition von Tauhid nicht verbindlich ist.

Tauhid stellt das fundamentale Axiom der Gesamtheit der Iman-Inhalte dar und bildet somit die zentrale Aussage des Islam.

---

[79] Suratusch-schura Nr. 42, Aya Nr. 11
[80] Suratul-ichlas Nr. 112, Ayat Nr. 1-4

ٱللَّهُ لَآ إِلَـٰهَ إِلَّا هُوَ ٱلْحَىُّ ٱلْقَيُّومُ ۚ لَا تَأْخُذُهُۥ سِنَةٌ وَلَا نَوْمٌ ۚ لَّهُۥ مَا فِى
ٱلسَّمَـٰوَٰتِ وَمَا فِى ٱلْأَرْضِ ۗ مَن ذَا ٱلَّذِى يَشْفَعُ عِندَهُۥٓ إِلَّا بِإِذْنِهِۦ ۚ يَعْلَمُ
مَا بَيْنَ أَيْدِيهِمْ وَمَا خَلْفَهُمْ ۖ وَلَا يُحِيطُونَ بِشَىْءٍ مِّنْ عِلْمِهِۦٓ إِلَّا بِمَا شَآءَ ۚ
وَسِعَ كُرْسِيُّهُ ٱلسَّمَـٰوَٰتِ وَٱلْأَرْضَ ۖ وَلَا يَـُٔودُهُۥ حِفْظُهُمَا ۚ وَهُوَ ٱلْعَلِىُّ
ٱلْعَظِيمُ ﴿٢٥٥﴾

ALLAH ist ER. Es gibt keine Gottheit außer IHM, Der Lebendige (ohne Ende), Der Allverantwortliche; IHM kommt weder Schläfrigkeit noch Schlaf bei; IHM gehört, was in den Himmeln und was auf Erden ist. Wer ist dieser, der bei IHM Fürsprache einlegen könnte außer mit SEINER Erlaubnis?! ER weiß, was vor ihnen und was hinter ihnen ist, doch sie umfassen nichts von SEINEM Wissen außer dem, was ER will. Das Kursi (das aufeinander Gebaute, die Stütze, das Wissen) von IHM umfaßt die Himmel und die Erde, und IHM fällt es nicht schwer, sie zu bewahren. Und ER ist Der Allhöchste, Der Allerhabene.[81]

"Tauhid" bedeutet in der Praxis, daß Muslime mit Gewißheit den Iman an folgendes verinnerlichen:

1. ALLAH (*ta'ala*) ist einziger und alleiniger Schöpfer aller Dinge und außer IHM existiert kein anderer Schöpfer.

أَلَا لَهُ ٱلْخَلْقُ وَٱلْأَمْرُ ۗ تَبَارَكَ ٱللَّهُ رَبُّ ٱلْعَـٰلَمِينَ

IHM alleine gehören die Schöpfung und das Gebieten! Immer allerhabener ist ALLAH, Der Herr aller Schöpfung.[82]

Daraus folgt:

- die Anerkennung der uneingeschränkten und alleinigen Herrschaft ALLAHs über die gesamte Schöpfung und alles Geschaffene;
- die Anerkennung, daß innerhalb und außerhalb der Schöpfung nichts ohne das Wissen und ohne den Willen ALLAHs geschieht;
- die Anerkennung ALLAHs als einzigem und alleinigem wirklich Handelnden innerhalb und außerhalb der Schöpfung.

---

[81] Suratul-baqara Nr. 2, Aya Nr. 255
[82] Suratul-a'raf Nr. 7, Aya Nr. 54

2. ALLAH (*ta'ala*) ist alleiniger und einzig wahrer Gott, dem Anbetung durch die Verrichtung gottesdienstlicher Handlungen ('Ibadat, عبادة: wie Salah, Zakat, Siyam, Hadsch, ...) gebührt.

﴿وَٱعْبُدُوا۟ ٱللَّهَ وَلَا تُشْرِكُوا۟ بِهِۦ شَيْـًٔا ۖ

Und dient ALLAH und betreibt IHM gegenüber keinerlei Schirk.[83]

قُلْ إِنَّ صَلَاتِى وَنُسُكِى وَمَحْيَاىَ وَمَمَاتِى لِلَّهِ رَبِّ ٱلْعَٰلَمِينَ

﴿١٦٢﴾ لَا شَرِيكَ لَهُۥ ۖ وَبِذَٰلِكَ أُمِرْتُ وَأَنَا۠ أَوَّلُ ٱلْمُسْلِمِينَ ﴿١٦٣﴾

قُلْ أَغَيْرَ ٱللَّهِ أَبْغِى رَبًّا وَهُوَ رَبُّ كُلِّ شَىْءٍ ۚ

Sag: 'Mein rituelles Gebet, mein Opfern, mein Leben und mein Tod gehören ALLAH, Dem Herrn aller Schöpfung. ER hat keinen Partner. Und dies wurde mir geboten, und ich bin der erste der Muslime.' Sag: 'Soll ich mir etwa einen anderen Herrn außer ALLAH nehmen? - und ER ist Der Herr aller Dinge!'[84]

قُلْ إِنَّمَآ أَنَا۠ بَشَرٌ مِّثْلُكُمْ يُوحَىٰٓ إِلَىَّ أَنَّمَآ إِلَٰهُكُمْ إِلَٰهٌ وَٰحِدٌ ۖ فَمَن كَانَ

يَرْجُوا۟ لِقَآءَ رَبِّهِۦ فَلْيَعْمَلْ عَمَلًا صَٰلِحًا وَلَا يُشْرِكْ بِعِبَادَةِ رَبِّهِۦٓ أَحَدًۢا

Sag: 'Ich bin nur ein Mensch euresgleichen, dem Wahy zuteil wird, daß euer Gott nur ein einziger Gott ist. Wer dann die Begegnung seines Herrn erwartet, der soll eine gottgefällige Guttat vollbringen und dem Dienen seines Herrn gegenüber keinerlei Schirk mit einem anderen betreiben.[85]

وَمَآ أَرْسَلْنَا مِن قَبْلِكَ مِن رَّسُولٍ إِلَّا نُوحِىٓ إِلَيْهِ أَنَّهُۥ لَآ إِلَٰهَ إِلَّآ

أَنَا۠ فَٱعْبُدُونِ ﴿٢٥﴾

Und WIR entsandten vor dir keinen Gesandten, ohne daß WIR ihm Wahy zuteil werden ließen: 'Es gibt keine Gottheit außer MIR, so dient nur MIR.'[86]

Daraus folgt:

- die Verpflichtung zu Liebe, Aufrichtigkeit (*Ichlas*, إخلاص), Loyalität und Verantwortlichkeit gegenüber ALLAH (*ta'ala*)

---

[83] Suratun-nisaa Nr. 4, Aya Nr. 36
[84] Suratul-an'am Nr. 6, Ayat Nr. 162-164
[85] Suratul-kahf Nr. 18, Aya Nr. 110
[86] Suratul-anbiyaa Nr. 21, Aya Nr. 25

وَمِنَ ٱلنَّاسِ مَن يَتَّخِذُ مِن دُونِ ٱللَّهِ أَندَادًا يُحِبُّونَهُمْ كَحُبِّ ٱللَّهِ ۖ وَٱلَّذِينَ
ءَامَنُوٓا۟ أَشَدُّ حُبًّا لِّلَّهِ ۗ

Und von den Menschen sind einige, die sich anstelle von ALLAH etwas Ebenbürtiges nehmen. Sie empfinden für sie Liebe wie ihre Liebe zu ALLAH. Doch diejenigen, die den Iman verinnerlichten, lieben ALLAH noch viel mehr.[87]

قُلْ إِن كَانَ ءَابَآؤُكُمْ وَأَبْنَآؤُكُمْ وَإِخْوَٰنُكُمْ وَأَزْوَٰجُكُمْ وَعَشِيرَتُكُمْ
وَأَمْوَٰلٌ ٱقْتَرَفْتُمُوهَا وَتِجَٰرَةٌ تَخْشَوْنَ كَسَادَهَا وَمَسَٰكِنُ تَرْضَوْنَهَآ
أَحَبَّ إِلَيْكُم مِّنَ ٱللَّهِ وَرَسُولِهِۦ وَجِهَادٍ فِى سَبِيلِهِۦ فَتَرَبَّصُوا۟ حَتَّىٰ يَأْتِىَ
ٱللَّهُ بِأَمْرِهِۦ ۗ وَٱللَّهُ لَا يَهْدِى ٱلْقَوْمَ ٱلْفَٰسِقِينَ ﴿٢٤﴾

Sag: ‘Sollten euch eure Eltern, eure Kinder, eure Geschwister, eure Ehepartner, euer Stamm, Vermögenswerte, die ihr erworben habt, Handel, dessen Stagnation ihr fürchtet, und von euch bevorzugte Wohnstätten lieber sein als ALLAH, SEIN Gesandter und Dschihad auf SEINEM Weg, dann wartet ab, bis ALLAH SEINE Bestimmung (Bestrafung) vollzieht!’ ALLAH leitet gewiß die fisq-betreibenden Menschen nicht recht.[88]

- die Verpflichtung, nur vor ALLAH (*ta'ala*) Ehrfurcht zu haben.

فَإِيَّٰىَ فَٱرْهَبُونِ

Und habt vor MIR alleine Ehrfurcht![89]

وَإِن يَمْسَسْكَ ٱللَّهُ بِضُرٍّ فَلَا كَاشِفَ لَهُۥٓ إِلَّا هُوَ ۖ وَإِن يُرِدْكَ بِخَيْرٍ فَلَا رَآدَّ
لِفَضْلِهِۦ ۚ يُصِيبُ بِهِۦ مَن يَشَآءُ مِنْ عِبَادِهِۦ ۚ وَهُوَ ٱلْغَفُورُ ٱلرَّحِيمُ ﴿١٠٧﴾

Und wenn ALLAH dir Unglück zustoßen läßt, so kann niemand es beseitigen, außer IHM. Und wenn ER dir Gutes bestimmt, so kann niemand SEIN Fadl abwenden. ER trifft damit von SEINEN Dienern, wen ER will. Und ER ist Der Allvergebende, Der Allgnädige.[90]

---

[87] Suratul-baqara Nr. 2, Aya Nr. 165
[88] Suratut-tauba Nr. 9, Aya Nr. 24
[89] Suratun-nahl Nr. 16, Aya Nr. 51
[90] Suratu-yunus Nr. 10, Aya Nr. 107

✎ die Verpflichtung, einzig und allein auf ALLAH (*ta'ala*) zu vertrauen und IHN um Hilfe anzuflehen bei Dingen, die nur ER vollbringen kann [z.B. Heilung von Krankheit, materielle und immaterielle Versorgung (*Rizq*, رزق)].

وَلَا تَدْعُ مِن دُونِ ٱللَّهِ مَا لَا يَنفَعُكَ وَلَا يَضُرُّكَ ۖ فَإِن فَعَلْتَ فَإِنَّكَ إِذًا مِّنَ ٱلظَّٰلِمِينَ ﴿١٠٦﴾

Und richte nicht an das Bittgebete anstelle von ALLAH, was dir weder nutzt noch schadet. Und solltest du es tun, dann bist du sicherlich einer der Unrecht-Begehenden.[91]

قُلْ أَغَيْرَ ٱللَّهِ أَتَّخِذُ وَلِيًّا فَاطِرِ ٱلسَّمَٰوَٰتِ وَٱلْأَرْضِ وَهُوَ يُطْعِمُ وَلَا يُطْعَمُ ۗ قُلْ إِنِّىٓ أُمِرْتُ أَنْ أَكُونَ أَوَّلَ مَنْ أَسْلَمَ ۖ وَلَا تَكُونَنَّ مِنَ ٱلْمُشْرِكِينَ ﴿١٤﴾

Sag: 'Soll ich etwa anstelle von ALLAH einen anderen als Wali nehmen, Dem Schöpfer der Himmel und der Erde, Der zu speisen gibt, während ER nicht gespeist wird?!' Sag: 'Und mir wurde geboten, der Erste zu sein, der den Islam annahm/sich hingab.' Und gehöre nicht zu den Schirk-Betreibenden![92]

✎ die Verpflichtung, sich einzig und allein ALLAH (*ta'ala*) hinzugeben und zu dienen auf die von IHM gebotene Art und Weise.

وَمَن يُشْرِكْ بِٱللَّهِ فَقَدْ ضَلَّ ضَلَٰلًۢا بَعِيدًا

Und wer Schirk ALLAH gegenüber betreibt, ist gewiß weit in die Irre gegangen.[93]

وَمَا خَلَقْتُ ٱلْجِنَّ وَٱلْإِنسَ إِلَّا لِيَعْبُدُونِ ﴿٥٦﴾

Und ICH erschuf die Dschinn und die Menschen nur, um MIR zu dienen.[94]

3. ALLAH (*ta'ala*) ist alleiniger und einziger Besitzer vollkommenster Attribute und erhaben über jegliche Arten von Mangelhaftigkeiten. Daraus folgt das kategorische Ausschließen:

✎ der Annahme jeglicher Mangelhaftigkeiten und Unvollkommenheiten in Bezug auf ALLAH (*ta'ala*), SEINE Namen und SEINE Attribute.

---

[91] Suratu-yunus Nr. 10, Aya Nr. 106
[92] Suratul-an'am Nr. 6, Aya Nr. 14
[93] Suratun-nisaa Nr. 4, Aya Nr. 116
[94] Suratudh-dhariyat Nr. 51, Aya Nr. 56

✎ der Annahme einer Ähnlichkeit, der Herstellung eines Vergleichs oder der Gleichsetzung ALLAHs, SEINER Namen und Attribute mit der Schöpfung. Dies impliziert die Unzulässigkeit, ALLAH (*ta'ala*) mit Namen und Attributen zu benennen, die in ihren Bedeutungsnuancen SEINEN Namen und Attributen widersprechen, z. B.:

- Benennung mit Begriffen, die eine Zuordnung bzw. Beigesellung von Partnern zu ALLAH (*ta'ala*) ausdrücken (Sohn, Vater, ...)
- Vorstellung von Inkarnation und Anthropomorphismus
- Benennung mit Begriffen, die Unvollkommenheit ausdrücken (leidend, sterblich, müde, etc.)

Alle Namen und Attribute, die sowohl für ALLAH (*ta'ala*) als auch für die Geschöpfe verwendet werden [z. B. erhaben, mächtig, *yadd* (wörtl.: Hand)], sind folgendermaßen zu verstehen: Es besteht Gemeinsamkeit und Ähnlichkeit ausschließlich im externen sprachlichen Bereich, d. h. in der Schreibweise und Aussprache dieser Worte, jedoch besteht keinerlei Ähnlichkeit in Bezug auf die interne Substanz, d. h. im Bedeutungsinhalt dieser Worte. Imam Ibnu-hanbal[95] sagte:

"ALLAH darf nur mit Attributen beschrieben werden, mit denen ER SICH SELBST oder SEIN Gesandter IHN beschrieb. Dabei darf man nicht über den Quran oder die Sunna hinausgehen."

Aus den o. g. Gründen sagten die Gelehrten, u. a. Imam Malik[96] in Bezug auf die Interpretationsmöglichkeit dieses Quran-Verses:

"Die Bedeutung von *Istiwaa* (wörtlich: den Platz einnehmen) ist sprachlich bekannt. Die Art und Weise von *Istawaa* in diesem Zusammenhang ist jedoch unbekannt. Der Iman daran ist Pflicht und sein Hinterfragen ist eine unerlaubte Erfindung (bid'a, بدعة)"

Das absolute Primat des Iman-Artikels von Tauhid als wichtigste zentrale Iman-Grundlage wird in den Worten der Schahada (Islam-Bekenntnis) zum Ausdruck gebracht:

أشهد أن لا إله إلا الله وأشهد أن محمداً رسول الله

Ich bezeuge, daß es keine Gottheit außer ALLAH gibt und ich bezeuge, daß Muhammad ALLAHs Gesandter ist!

---

[95] Imam Ahmad Ibnu-hanbal Al-schaibani (geb. 164 - gest. 241 n. H.), war ein Schüler von Imam Asch-schafi'i. Nach ihm ist die Hanablitische Fiqh-Schule benannt.

[96] Imam Malik Bnu-anas, genannt "Imamul-madina, der Imam von Al-madina", (geb. 93 - gest. 179 n. H.). Nach ihm ist die Malikitische Fiqh-Schule benannt.

2. ALLAHs Attribute (*sifatul-lah*, صفات الله)

ALLAH (*ta'ala*) besitzt die absolut schönsten und vollkommensten Attribute und ist absolut fern von jeglichen Mangelhaftigkeiten oder Unvollkommenheiten.

2.1. Einfache Darstellung der Attribute ALLAHs

Diese wird in zwei Gruppen vorgenommen:

2.1.1. Die Attribute des Wesens (*sifatudh-dhat*, صفات الذات)
Diese Gruppe beinhaltet sämtliche Attribute ALLAHs, die mit SEINEM Wesen unzertrennlich zusammenhängen, z. B.:
das Attribut des Wesens, die Lebendigkeit, die Einzigartigkeit, die Anfangslosigkeit, die endlose Beständigkeit, die Unterschiedlichkeit zum Geschaffenen, die absolute Selbständigkeit, der grenzenlose Reichtum, die Allgnade, die vollkommene Weisheit, die unvorstellbare Erhabenheit, das Allwissen, der Wille, die Allmacht, das Sprechen, das Allhören, das Allsehen, etc.)

2.1.2. Die Attribute des Handelns (*sifatul-fi'l*, صفات الفعل)
Diese Gruppe umfaßt sämtliche Attribute ALLAHs, die mit SEINEM Willen und SEINER Allmacht zusammenhängen, z. B.:
die Zufriedenheit, Erweisung von Gnade, das Beleben, etc.)

Muslime verstehen die Attribute beider Gruppen, wie es ALLAH (*ta'ala*) gebührt, d. h. ohne Vermenschlichung, Verbildlichung, Verleugnung, Aufhebung, Entstellung, Verdrehung, auch ohne eigenmächtige Bestimmung der Eigenart dieser Attribute.

Imam Asch-Schafi'i[97] sagte:

> "Ich habe den Iman verinnerlicht an ALLAH (*ta'ala*), und an das, was ALLAH (*ta'ala*) offenbarte, wie ALLAH (*ta'ala*) es will.
> Und ich habe den Iman verinnerlicht an den Gesandten ALLAHs (*sallal-lahu 'alaihi wa sallam*), und an das, was der Gesandte ALLAHs (*sallal-lahu 'alaihi wa sallam*) verkündete, wie der Gesandte ALLAHs (*sallal-lahu 'alaihi wa sallam*) es wollte."

---

[97] Imam Muhammad Ibnu-idris Asch-schafi'i, (geb. 150 - gest. 204 n. H.), er lernte u. a. bei Imam Malik Ibnu-anas. Nach ihm ist die Schafi'itische Fiqh-Schule benannt.

2.2. Ausführliche Darstellung der Attribute ALLAHs

Gewiß besitzt ALLAH (*ta'ala*) unzählige Attribute der Vollkommenheit. Im folgenden sollen die umfassenden Vollkommenheits-Attribute näher erläutert werden. Sie werden in vier Hauptgruppen mit insgesamt 20 Hauptattributen unterteilt:

2.2.1. Das Attribut des Wesens (*as-sifatun-nafsiya*, الصفة النفسية)

2.2.2. Die antonymlosen Attribute (*as-sifatus-salbiya*, الصفات السلبية)
2.2.2.1. Die Einzigartigkeit (*al-wahdaniya*, الوحدانية)
2.2.2.2. Die Anfangslosigkeit (*al-qidam*, القدم)
2.2.2.3. Die endlose Beständigkeit (*al-baqaa*, البقاء)
2.2.2.4. Die absolute Selbständigkeit (*al-qiyamu bin-nafs*, القيام بالنفس)
2.2.2.5. Die Unterschiedlichkeit zum Geschaffenen (*muchalafatul-hawadith*, مخالفة الحوادث)

2.2.3. Die essentiellen Attribute (*sifatul-ma'ani*, صفات المعاني)
2.2.3.1. Das Allwissen (*al-'ilm*, العلم)
2.2.3.2. Der Wille (*al-irada*, الإرادة)
2.2.3.3. Die Allmacht (*al-qudra*, القدرة)
2.2.3.4. Das Sprechen (*al-kalam*, الكلام)
2.2.3.5. Das Allhören (*as-sama'*, السمع)
2.2.3.6. Das Allsehen (*al-basar*, البصر)
2.2.3.7. Die Lebendigkeit (*al-haya*, الحياة)

2.2.4. Die abgeleiteten Attribute (*as-sifatul-ma'anawiya*, الصفات المعنوية)

2.2.1. Das Attribut des Wesens (*as-sifatun-nafsiya*, الصفة النفسية)

Das Attribut des Wesens bedeutet nichts anderes als das Dasein ALLAHs (*al-wudschud*: الوجود).

Nach dem islamischen Menschenbild benötigt der Mensch keinen zusätzlichen Beweis für die Erkenntnis des Daseins ALLAHs, seines Schöpfers, da der Iman an Diesen Schöpfer durch die Schöpfung in der Natur des Menschen immanent vorhanden ist (*Al-fitra*, الفطرة).
Dies bedeutet, daß alle Menschen, unabhängig von den Einflüssen ihres sozialen Umfelds, die natürliche Fähigkeit besitzen, ALLAH (*ta'ala*) ohne fremde Hilfe zu erkennen.
Diese naturgegebene Erkenntnisfähigkeit des Daseins von ALLAH (*ta'ala*) wird vor allem in Krisen- und Grenzsituationen deutlich.
In ausweglosen Situationen flehen alle Menschen, auch diejenigen, welche das Dasein ALLAHs im normalen Leben abstreiten, ALLAH (*ta'ala*) um Hilfe an.

وَإِذَا مَسَّ ٱلْإِنسَٰنَ ٱلضُّرُّ دَعَانَا لِجَنۢبِهِۦٓ أَوْ قَاعِدًا
أَوْ قَآئِمًا فَلَمَّا كَشَفْنَا عَنْهُ ضُرَّهُۥ مَرَّ كَأَن لَّمْ يَدْعُنَآ إِلَىٰ ضُرٍّ
مَّسَّهُۥ ۚ كَذَٰلِكَ زُيِّنَ لِلْمُسْرِفِينَ مَا كَانُوا۟ يَعْمَلُونَ ﴿١٢﴾

Und wenn dem Menschen Unglück zustößt, richtet er an UNS Bittgebete im Liegen, im Sitzen oder im Stehen. Und wenn WIR von ihm sein Unglück wegnehmen, fährt er fort, als richtete er an UNS niemals Bittgebete wegen des Unglücks, das ihm zustieß. Derart wird den Maßlosen schön gemacht, was sie zu tun pflegten.[98]

وَمَا بِكُم مِّن نِّعْمَةٍ فَمِنَ ٱللَّهِ ۖ ثُمَّ إِذَا مَسَّكُمُ ٱلضُّرُّ فَإِلَيْهِ تَجْـَٔرُونَ ﴿٥٣﴾
ثُمَّ إِذَا كَشَفَ ٱلضُّرَّ عَنكُمْ إِذَا فَرِيقٌ مِّنكُم بِرَبِّهِمْ يُشْرِكُونَ ﴿٥٤﴾

Und was ihr an Gaben habt, dies ist von ALLAH. Und dann, wenn Unglück euch trifft, zu IHM alleine fleht ihr. Dann, wenn ER das Unglück von euch beseitigt, gibt es eine Gruppe von euch, die ihrem Herrn gegenüber Schirk betreibt.[99]

---

[98] Suratu-yunus Nr. 10, Aya Nr. 12
[99] Suratun-nahl Nr. 16, Ayat Nr. 53-54

Das Dasein bzw. das Wesen ALLAHs unterscheidet sich grundlegend vom Dasein der Schöpfung.

Das Dasein ALLAHs hat keinen Beginn und kein Ende und ist unabhängig von einem Schöpfungsakt, d. h. ALLAH (*ta'ala*) ist aufgrund SEINES Wesens aus SICH SELBST seiend.
Das Dasein des Geschaffenen ist dagegen zeitlich begrenzt, abhängig und erschaffen, d. h. sein Dasein kann nur durch eine Schöpfungshandlung bewirkt werden, durch welche sie vom Zustand der Nicht-Existenz in die Existenz gebracht wird und somit einen Anfang erfährt.

Ein Teil des Geschaffenen (z. B. Menschen, Dschinn) wird dann im Zustand der Existenz bleiben, und ein anderer Teil (z. B. Tiere) wird wieder in den Zustand der Nicht-Existenz zurückkehren.

Der Islam verbietet das Hinterfragen des Wesens ALLAHs, weil die Menschen mit ihren eingeschränkten geistigen Kräften und Fähigkeiten das Wesen ALLAHs nicht erfassen können. Sie sind jedoch imstande, SEIN unbedingt notwendiges Dasein zu erkennen.
Deshalb fordert der Islam die Muslime auf, statt mit dem Wesen ALLAHs sich intensiv mit der Schöpfung ALLAHs auseinanderzusetzen, weil das im Bereich ihrer eingeschränkten intellektuellen Möglichkeiten liegt und den Iman an ALLAH (*ta'ala*) vertieft.

مَن ذَا ٱلَّذِى يَشْفَعُ عِندَهُۥٓ إِلَّا بِإِذْنِهِۦ ۚ يَعْلَمُ مَا بَيْنَ أَيْدِيهِمْ وَمَا خَلْفَهُمْ ۖ
وَلَا يُحِيطُونَ بِشَىْءٍ مِّنْ عِلْمِهِۦٓ إِلَّا بِمَا شَآءَ

Wer ist dieser, der bei IHM Fürsprache einlegen könnte außer mit SEINER Erlaubnis?! ER weiß, was vor ihnen und was hinter ihnen ist, doch sie umfassen nichts von SEINEM Wissen außer dem, was ER will.[100]

لَّا تُدْرِكُهُ ٱلْأَبْصَٰرُ وَهُوَ يُدْرِكُ ٱلْأَبْصَٰرَ ۖ وَهُوَ ٱللَّطِيفُ ٱلْخَبِيرُ

Das Sehvermögen erfaßt IHN nicht, aber ER erfaßt das Sehvermögen. Und ER ist Der Allgütige, Der Allkundige.[101]

---

[100] Suratul-baqara Nr. 2, Aya Nr. 255
[101] Suratul-an'am Nr. 6, Aya Nr. 103

2.2.2. Die antonymlosen Attribute (*as-sifatus-salbiya*, الصفات السلبية)

Diese Attribute schließen kategorisch die Existenz ihrer dazugehörigen Antonyme, d. h. ihrer jeweiligen Gegenattribute, bezüglich des Daseins von ALLAH (*ta'ala*) aus.

Man unterscheidet fünf antonymlose Hauptattribute:

2.2.2.1. Die Einzigartigkeit (*al-wahdaniya*: الواحدانية)

Dieses Attribut schließt jegliche Form von Dualität, Trinität, Pluralität oder Teilbarkeit in Bezug auf das Wesen ALLAHs und SEINE Attribute aus und impliziert, daß weder ALLAH (*ta'ala*) noch SEINE Attribute aus Teilen zusammengesetzt sind.

قُلْ هُوَ ٱللَّهُ أَحَدٌ

Sag: 'ER ist ALLAH, einzig!'[102]

Würde ALLAH (*ta'ala*) aus einzelnen Teilen bestehen bzw. wäre ER Teil eines Ganzen, Teil einer Gruppe oder einer unter mehreren, könnte man die Schlußfolgerung ziehen,

- daß ER der Unterstützung anderer bedürfe und
- daß Der Schöpfer der Schöpfung ähnelte, die zusammengesetzt und nicht einzigartig ist, was eindeutig im Widerspruch zum Wesen Des Schöpfers steht.

Weiterhin bestünde die Möglichkeit und Wahrscheinlichkeit, daß Uneinigkeit entstünde unter den Einzelteilen bzw. den Einzelmitgliedern der Gruppe über die Schöpfung bzw. über die Aufgabenverteilung innerhalb der Schöpfung.

لَوْ كَانَ فِيهِمَآ ءَالِهَةٌ إِلَّا ٱللَّهُ لَفَسَدَتَا ۚ فَسُبْحَـٰنَ ٱللَّهِ رَبِّ ٱلْعَرْشِ عَمَّا يَصِفُونَ

Gäbe es in beiden (Himmel und Erde) Gottheiten außer ALLAH, gewiß wären beide verdorben. Also gepriesen-erhaben ist ALLAH, Der Herr von *Al-'arsch*, über das, was sie erdichten.[103]

---

[102] Suratul-ichlas Nr. 112, Aya Nr. 1
[103] Suratul-anbiyaa Nr. 21, Aya Nr. 22

2.2.2.2. Die Anfangslosigkeit (*al-qidam*: القدم)

Dieses Attribut schließt die Möglichkeit eines Anfangs in Bezug auf das Dasein von ALLAH (*ta'ala*) aus, d. h. ALLAHs Dasein ist ohne Anfang und ohne vorherige Nicht-Existenz.

هُوَ ٱلْأَوَّلُ وَٱلْآخِرُ وَٱلظَّٰهِرُ وَٱلْبَاطِنُ ۖ وَهُوَ بِكُلِّ شَيْءٍ عَلِيمٌ

> ER ist Der Erste (Der Immer-Dagewesene), Der Letzte (Der Immer-Bleibende), Der Offenkundige und Der Inwendige. Und ER ist über alles allwissend![104]

Das Dasein von ALLAH (*ta'ala*) gehört immanent zu SEINEM Wesen und kann auf keinen Fall auf eine irgendwie geartete Schöpfungshandlung zurückgeführt werden.

Der Iman an die Anfangslosigkeit ALLAHs, d. h. die gedankliche Vorstellung und Verinnerlichung dieses Attributs, stellt für einige Menschen ein scheinbar großes Problem dar, weil sie glauben, für alles einen Schöpfer suchen zu müssen.
Sie stellen die Frage nach dem Schöpfer von ALLAH (*ta'ala*), um die Anfangslosigkeit ALLAHs negieren zu können. Diese Fragestellung beinhaltet jedoch gravierende Fehler und große Widersprüche:

Zunächst wird mit dieser Frage die Schöpfung als solche bestätigt und als existent zugelassen, gleichzeitig wird aber die Existenz eines Schöpfers (d. h. eines Wesens mit den Eigenschaften eines Schöpfers: anfangslos, aus sich selbst seiend, unbedingt notwendig) dieser Schöpfung negiert.

Ein weiterer Widerspruch besteht darin, daß für alles Geschaffene zwar ein Schöpfer angenommen wird, dieser 'Schöpfer' jedoch geschaffen ist und somit nicht mehr Schöpfer, sondern selbst Geschaffenes ist und somit kein Anfang festgelegt werden kann.

Dieses Gedankenspiel kann bis ins Unendliche fortgeführt werden ohne jemals zum ersten wirklichen Schöpfer zu gelangen, da eine Anfangslosigkeit bei der Fragestellung ausgeschlossen wird.
Aus diesem Grund ist die Fragestellung widervernünftig.

Außerdem ignorieren die Fragesteller folgende Fakten:

---

[104] Suratul-hadid Nr. 57, Aya Nr. 3

- Der Intellekt des Menschen ist eingeschränkt bzw. begrenzt, weil er seine Erkenntnisse, Erfahrungen usw. nur mit Hilfe seiner fünf Sinne gewinnen kann.
- Es gibt Dinge, deren Existenz die Vernunft anerkennt (z. B. Atommodelle, chemische Reaktionen, Kernspaltung, Elektrizität), obwohl sie durch die fünf Sinne nicht erfaßt werden können, d. h. obwohl sie außerhalb des menschlichen Wahrnehmungs- und teilweise sogar außerhalb des Vorstellungsbereichs liegen.

Für das menschliche Vorstellungsvermögen gilt bezüglich der Attribute ALLAHs deshalb folgendes:

- Die Fähigkeit, abstrakt zu denken, ist wegen der Eingrenzung des Erfahrungsbereichs auf die Aufnahme- und Verarbeitungsfähigkeit der fünf Sinne stark eingeschränkt.
- Das abstrakte Denken kann nur in Bereichen eingesetzt werden, für die bereits Maßstäbe bzw. Denkmodelle vorhanden sind.
- Es ist beispielsweise möglich, d. h. im Bereich des Denkbaren, sich ein abstraktes Bild von der Gerechtigkeit, der Allgnade oder der Allgnade ALLAHs zu machen, weil der Mensch über eine, allerdings zwangsläufig eingeschränkte, Vorstellung dieser Werte verfügt.
- Es ist nicht möglich, d. h. im Bereich des Nicht-Denkbaren, sich ein abstraktes Bild von einigen Attributen ALLAHs zu machen, wie z. B. von der Anfangslosigkeit, von der endlosen Beständigkeit u. a., weil diese außerhalb des abstrakten Denkbereichs der Menschen liegen, da für sie keine menschliche Maßstäbe und Denkmodelle vorhanden sind.

Aus der Eingeschränktheit des eigenen Intellekts die Schlußfolgerung zu ziehen, daß alles was außerhalb der eigenen Denkfähigkeit und des Bereichs der fünf Sinne liegt, nicht existent sein kann, ist eindeutig widervernünftig.
Die einzige Lösung dieses Problems, welche diesen widervernünftigen Widerspruch beseitigt, kann nur die vernunftgemäße Annahme sein, daß das Erst-Geschaffene durch ein aus sich selbst seiendes, anfangsloses Wesen hervorgebracht wurde, d. h. die Akzeptanz der Anfangslosigkeit ALLAHs.

2.2.2.3. Die endlose Beständigkeit (*al-baqaa*: البقاء)

Dieses Attribut schließt die Möglichkeit eines Endes in Bezug auf das Dasein von ALLAH (*ta'ala*) aus, d. h. ALLAHs Dasein ist endlos beständig und absolut ohne Ende.

وَتَوَكَّلْ عَلَى ٱلْحَىِّ ٱلَّذِى لَا يَمُوتُ وَسَبِّحْ بِحَمْدِهِۦ

Und übe Tawakkul Dem Lebendigen gegenüber, Der nie stirbt, und lobpreise mit SEINEM Hamd![105]

كُلُّ مَنْ عَلَيْهَا فَانٍ ﴿٢٦﴾ وَيَبْقَىٰ وَجْهُ رَبِّكَ ذُو ٱلْجَلَٰلِ وَٱلْإِكْرَامِ ﴿٢٧﴾

Alles, was auf ihr (der Erde) ist, vergeht. Und es bleibt dein Herr, Der von der Majestät und der Würde.[106]

Ausgehend von dem unbedingt notwendigen und anfangslosen Dasein von ALLAH (*ta'ala*) ergibt sich die logische Schlußfolgerung, daß ER endlos beständig sein muß, weil sonst ein Widerspruch zu SEINEM unbedingt notwendigen Dasein entstünde.

Auch bei diesem Attribut ergibt sich das Problem, daß die Menschen sich, aufgrund ihres eingeschränkten Intellekts, keine konkrete oder abstrakte Vorstellung von der endlosen Beständigkeit machen können.

2.2.2.4. Die absolute Selbständigkeit (*al-qiyamu bin-nafs*: القيام بالنفس)

Dieses Attribut schließt jegliche Abhängigkeit von anderen Kräften und Existenzen, von Ort oder Zeit und von jeglicher Unselbständigkeit und jeglicher Hilfsbedürftigkeit in Bezug auf das Dasein von ALLAH (*ta'ala*) aus, d. h. ALLAHs Dasein und Handeln innerhalb und außerhalb der Schöpfung geschieht einzig und allein aus SEINEM Willen und durch SEINE Allmacht. ALLAH (*ta'ala*) benötigt in jeder Hinsicht absolut nichts und niemanden für SEIN Dasein, alles und jeder aber bedarf SEINER.

۞ يَٰٓأَيُّهَا ٱلنَّاسُ أَنتُمُ ٱلْفُقَرَآءُ إِلَى ٱللَّهِ ۖ وَٱللَّهُ هُوَ ٱلْغَنِىُّ ٱلْحَمِيدُ ﴿١٥﴾ إِن

يَشَأْ يُذْهِبْكُمْ وَيَأْتِ بِخَلْقٍ جَدِيدٍ ﴿١٦﴾ وَمَا ذَٰلِكَ عَلَى ٱللَّهِ بِعَزِيزٍ ﴿١٧﴾

Ihr Menschen! Ihr seid die Bedürftigen ALLAH gegenüber! Und ALLAH ist Der absolut Autarke, Der Alllobenswürdige! Wenn ER will,

---

[105] Suratul-furqan Nr. 25, Aya Nr. 58

[106] Suratur-rahman Nr. 55, Ayat Nr. 26-27

läßt ER euch vergehen und bringt eine neue Schöpfung hervor. Und dies ist für ALLAH keinesfalls unmöglich.[107]

ٱللَّهُ ٱلصَّمَدُ

ALLAH, ER ist As-samad[108]![109]

2.2.2.5. Die Unterschiedlichkeit zum Geschaffenen (*muchalafatul-hawadith*: مخالفة الحوادث)

Dieses Attribut schließt jegliche Ähnlichkeit, die Herstellung eines Vergleichs oder die Gleichsetzung ALLAHs, SEINES Wesens, SEINER Eigenschaften und Handlungen usw. mit der Schöpfung aus.
Da die Attribute der Schöpfung nichts anderes als der Ausdruck ihrer Bedürftigkeit eines Schöpfers sind, würde die Zulassung eines Vergleichs auf irgendeiner Ebene voraussetzen, daß mindestens eine einzige Gemeinsamkeit zwischen Dem Schöpfer und der Schöpfung besteht, was dem Wesen des Schöpfers absolut widerspricht. Schöpfer und Schöpfung sind nie gleich und dürfen nie gleichgesetzt werden. Aus diesem Attribut folgt die kategorische Negierung von Inkarnation, Anthropomorphismus oder Offenbarung vom Wesen ALLAHs in der Schöpfung.

لَيْسَ كَمِثْلِهِۦ شَيْءٌ ۖ وَهُوَ ٱلسَّمِيعُ ٱلْبَصِيرُ

Es gibt nichts Seinesgleichen! Und ER ist Der Allhörende, Der Allsehende.[110]

Eine Frage in diesem Zusammenhang lautet:
Wie erklären sich die Gemeinsamkeiten zwischen ALLAH (*ta'ala*) und den Menschen bei einer Reihe von Attributen wie z. B. das Wissen, der Wille, das Hören, das Sehen, etc.?

Zur Aufklärung dieses Mißverständnisses muß man zunächst den Charakter der Attribute des Menschen untersuchen.
Diese Attribute können in zwei Gruppen unterteilt werden:

- Essentielle Attribute:
  Diese sind Attribute, die unmittelbar mit dem geschaffenen Wesen des Menschen zusammenhängen und für seine Existenz unbedingt

---

[107] Suratu-fatir Nr. 35, Ayat Nr. 15-17
[108] As-samad: Der absolut Selbständige, Der niemandem bedarf, alles und jeder aber bedarf SEINER.
[109] Suratul-ichlas Nr. 112, Aya Nr. 2
[110] Suratusch-schura Nr. 42, Aya Nr. 11

notwendig sind, wie z. B. die Abhängigkeit des Menschen von Ort und Zeit, seine physischen Bedürfnisse, seine Triebe, etc.

- Nicht-essentielle Attribute:
  Diese sind Attribute, die nicht mit dem geschaffenen Wesen des Menschen zusammenhängen, sondern ihm von ALLAH (*ta'ala*) in stark eingeschränktem Umfang bzw. als minimale Bruchstücke SEINER Attribute verliehen wurden, um den Menschen dadurch zu befähigen, seine Lebensaufgaben zu bewältigen. Dazu zählen beispielsweise der Wille, das Wissen, das Erkennen, etc.

Die Verleihung dieser Attribute an den Menschen impliziert jedoch keine Gleichstellung oder eine irgendwie geartete Gemeinsamkeit oder Ähnlichkeit mit dem Verleiher [d. h. mit ALLAH (*ta'ala*)], weil:

- diese Attribute ausschließlich essentielle Attribute ALLAHs sind;
- diese Attribute in Bezug auf den Menschen eine sehr relativierte und eingeschränkte Bedeutung haben, im Vergleich mit den Attributen ALLAHs.

Beispielsweise kann man das beschränkte Wissen des Menschen niemals mit dem Allwissen ALLAHs vergleichen, oder die beschränkte Macht des Menschen niemals mit der Allmacht ALLAHs, usw.

Daraus folgt, daß, abgesehen vom externen sprachlichen Bereich (d. h. in der Schreibweise und Aussprache der Wörter), keinerlei Ähnlichkeit besteht zwischen ALLAH (*ta'ala*) und dem Geschaffenen in Bezug auf den internen spirituellen Charakter bzw. den Bedeutungsinhalt dieser Begriffe. Im Quran und in der Sunna finden sich Texte, die vordergründig den Anschein einer Ähnlichkeit zwischen ALLAH (*ta'ala*) und der Schöpfung erwecken.

Beispiele:

ٱلرَّحۡمَٰنُ عَلَى ٱلۡعَرۡشِ ٱسۡتَوَىٰ ﴿٥﴾

Der Allgnade Erweisende *istawa* (wörtl.: den Platz einnehmen) auf *Al-'arsch*.[111]

إِنَّ ٱلَّذِينَ يُبَايِعُونَكَ إِنَّمَا يُبَايِعُونَ ٱللَّهَ يَدُ ٱللَّهِ
فَوۡقَ أَيۡدِيهِمۡ

[111] Suratu-taha Nr. 20, Aya Nr. 5

> Diejenigen, die dir gegenüber Bai'a (den Treueeid) leisten, leisten eigentlich *Bai'a* (bindende Verpflichtung) ALLAH gegenüber. *Yadul-lah* (wörtl.: die Hand ALLAHs) ist über ihren Händen.[112]

Der Gesandte Muhammad (*sallal-lahu 'alaihi wa sallam*) sagte:

يَنْزِلُ رَبُّنَا تَبَارَكَ وَتَعَالَى كُلَّ لَيْلَةٍ إِلَى السَّمَاءِ الدُّنْيَا ، حِينَ يَبْقَى ثُلُثُ اللَّيْلِ الْآخِرُ ، فَيَقُولُ : مَنْ يَدْعُونِي فَأَسْتَجِيبَ لَهُ ؟ مَنْ يَسْأَلُنِي فَأُعْطِيَهُ ؟ مَنْ يَسْتَغْفِرُنِي فَأَغْفِرَ لَهُ ؟

> Unser Herr, gepriesen-erhaben und immer erhaben sei ER - *yanzil* (wörtl.: steigt herab) jede Nacht zum niedrigsten Himmel, wenn ein Drittel der Nacht bleibt, und sagt: "Gibt es einen Bittenden, damit ICH seiner Bitte entspreche? Gibt es einen Du'a-Verrichtenden, damit ICH sein Du'a annehme? Gibt es jemanden, der um Vergebung bittet, damit ICH ihm vergebe?"[113]

Derartige Textstellen werden unter Berücksichtigung dieses Attributs folgendermaßen verstanden:

- Muslime verinnerlichen den Iman an die Inhalte dieser Texte, ohne diese wortwörtlich zu verstehen oder genau definieren zu wollen, weil dies sich ihren Kenntnissen und Fähigkeiten entzieht.
- Muslime verinnerlichen den Iman daran, daß ALLAH (*ta'ala*) der Schöpfung absolut nicht ähnlich ist.
- Muslime interpretieren diese Texte möglichst nicht, weil sie wissen, daß sie das Wesen ALLAHs nicht erfassen können und nicht die Gewißheit haben können, daß ihre Interpretationen die von ALLAH (*ta'ala*) gewollten Bedeutungen und Beschreibungen wiedergeben.

Solche Texte sollten nur dann unter Berücksichtigung der Regeln der arabischen Etymologie, Grammatik und Philologie usw. interpretiert werden, wenn es unbedingt erforderlich wird (z. B. um Mißverständnissen vorzubeugen), und um dadurch mit Hilfe der Interpretation die eindeutige Unterschiedlichkeit ALLAHs zum Geschaffenen hervorzuheben.
Erwähnenswert ist, daß die arabische Etymologie z. B. die Interpretation von *yadul-lah* (wörtl.: ALLAHs Hand) mit der Allmacht ALLAHs und von *'ainul-lah* (wörtl.: ALLAHs Auge) mit dem Allsehen ALLAHs, zuläßt, was von verschiedenen Islamologen in dieser Art praktiziert wird.

---

[112] Suratul-fat-h Nr. 48, Aya Nr. 10
[113] Überlieferung von Imam Al-buchari und Imam Muslim

2.2.3. Die essentiellen Attribute ALLAHs (*sifatul-ma'ani*, صفات المعاني)

Diese Gruppe umfaßt alle Attribute, die seither unmittelbar mit dem Wesen ALLAHs zusammenhängen und in ihm immanent sind.
Zweifelsfrei besitzt ALLAH (*ta'ala*) noch unzählige weitere Attribute der Vollkommenheit. Wir beschränken uns hier auf die Aufzählung der im Quran und in der Sunna erwähnten Hauptattribute.

2.2.3.1. Das Allwissen (*al-'ilm*, العلم)

Dieses Attribut beschreibt ALLAHs Allwissen über alle Seinsarten (Notwendige, Kontingente, Unmögliche) und über alle Angelegenheiten in allen Existenz-Stadien (Vergangenheit, Gegenwart und Zukunft).
Durch das Allwissen werden die Seinsarten oder die Geschehnisse nicht beeinflußt.[114]

إِنَّ ٱللَّهَ بِكُلِّ شَيْءٍ عَلِيمٌ

ALLAH ist gewiß über alles allwissend.[115]

وَمَا تَكُونُ فِى شَأْنٍ وَمَا تَتْلُوا۟ مِنْهُ مِن قُرْءَانٍ وَلَا تَعْمَلُونَ مِنْ عَمَلٍ إِلَّا كُنَّا عَلَيْكُمْ شُهُودًا إِذْ تُفِيضُونَ فِيهِ ۚ وَمَا يَعْزُبُ عَن رَّبِّكَ مِن مِّثْقَالِ ذَرَّةٍ فِى ٱلْأَرْضِ وَلَا فِى ٱلسَّمَآءِ وَلَآ أَصْغَرَ مِن ذَٰلِكَ وَلَآ أَكْبَرَ إِلَّا فِى كِتَٰبٍ مُّبِينٍ

Und du (Muhammad) unternimmst nichts, und du trägst davon nichts an Quran vor, und ihr tut nichts, ohne daß WIR über euch Zeugen sind, gerade wenn ihr über ihn lästert. Und deinem Herrn bleibt auch nichts verborgen weder das Gewicht eines Staubkorns auf Erden noch im Himmel, noch etwas Kleineres als dies noch etwas Größeres, ohne daß dies in einer deutlichen Schrift registriert ist.[116]

وَأَسِرُّوا۟ قَوْلَكُمْ أَوِ ٱجْهَرُوا۟ بِهِۦٓ ۖ إِنَّهُۥ عَلِيمٌۢ بِذَاتِ ٱلصُّدُورِ ﴿١٣﴾

أَلَا يَعْلَمُ مَنْ خَلَقَ وَهُوَ ٱللَّطِيفُ ٱلْخَبِيرُ

Und verheimlicht euer Gesagtes oder legt es offen, ER ist allwissend über das von den Brüsten. Verfügt etwa Derjenige, Der erschuf, nicht über Wissen, während ER Der Allgütige, Der Allkundige ist?![117]

---

[114] Siehe auch VII. Kapitel: Der Iman an Al-qadaa und Al-qadar, Seite 213 ff
[115] Suratut-tauba Nr. 9, Aya Nr. 115
[116] Suratu-yunus Nr. 10, Aya Nr. 61
[117] Suratul-mulk Nr. 67, Ayat Nr. 13-14

2.2.3.2. Der Wille (*al-irada*, الإرادة)

Dieses Attribut beschreibt ALLAHs Willen, der seither mit SEINEM Wesen besteht und der dem kontingenten SEIN einen Teil des für ihn Zulässigen zuordnet.

Beispielsweise sind sowohl Existenz als auch Nicht-Existenz für einen Menschen möglich. Von diesen beiden Alternativen wählt der Wille eine Möglichkeit aus und ordnet sie diesem Menschen zu, ebenso wählt er aus, an welchen Orten dieser Mensch sich befindet, zu welcher Zeit, etc.

Der Zusammenhang zwischen dem Willen ALLAHs und den Kontingenten ist vergleichbar mit der "Planung". Der Wille plant nach dem Allwissen ALLAHs, und die Allmacht ALLAHs führt diese Planung aus.

إِنَّ ٱللَّهَ يَفۡعَلُ مَا يُرِيدُ

ALLAH macht gewiß, was ER will.[118]

Mit dem vollkommenen und absoluten Willen ALLAHs stellt sich die Frage nach dem freien Willen und der freien Wahl des Menschen. Inwieweit verfügt der Mensch über einen wirklich freien Willen und in welchem Zusammenhang steht dieser menschliche Wille zum Willen ALLAHs?

Jeder Mensch agiert in zwei Handlungsebenen:

- die Handlungsebene, die nicht seinem Willen unterliegt, d. h. in der er unbewußte Handlungen vollzieht, die nicht von seinem Willen gesteuert oder beeinflußt werden können, z. B. Geburt, Krankheit, Tod, nicht willkürlich steuerbare Körperfunktionen, wie Atmung, Herzschlag, Verdauung, etc.
- die Handlungsebene, die seinem Willen und seiner freien Wahl unterliegt. In dieser Handlungsebene besitzt der Mensch freien Willen, weil ALLAH (*ta'ala*) ihm durch SEINEN Willen diese Fähigkeit verliehen hat.

Hier ergeben sich folgende Fragen:

1. Wie soll man Verhaltensweisen von Menschen verstehen, die nach unserem Verständnis dem Willen ALLAHs nicht entsprechen können, weil sie ganz offensichtlich gegen SEINE Gebote verstoßen? bzw.
2. Ist der Mensch imstande, mit seinem freien Willen gegen den Willen ALLAHs zu verstoßen?

[118] Suratul-hadsch Nr. 22, Aya Nr. 14

Die Beantwortung dieser Fragen ergibt sich anschaulich anhand des folgenden Gleichnisses aus der Arbeitswelt:

Ein Arbeitgeber verspricht einem Arbeitnehmer eine dauerhaft gesicherte Anstellung unter der Bedingung, daß er eine begrenzte Probezeit besteht. Sinn der Probezeit ist es, zu überprüfen, ob der Arbeitnehmer die Fähigkeiten besitzt, den an ihn gestellten Ansprüchen gerecht zu werden.

Bei der Einstellung auf Probe stattet der Arbeitgeber den Arbeitnehmer mit gewissen Befugnissen aus, um ihm die Prüfung zu erleichtern.

Weiterhin kalkuliert er für das Verhalten des Arbeitnehmers während der Probezeit zwei mögliche Ergebnisse ein, d. h. zwei Ergebnisse sind vom Arbeitgeber gewollt:

- der Arbeitnehmer wird seiner Aufgabe gerecht, oder
- der Arbeitnehmer wird seiner Aufgabe nicht gerecht.

Obwohl diese Ergebnisse sich diametral gegenüberstehen entsprechen beide dem Willen des Arbeitgebers, welcher nach Ablauf der Probezeit aufgrund des (gewollten) Ergebnisses entscheiden wird, ob er den Arbeitnehmer weiterhin beschäftigt oder nicht.

Daraus ergibt sich, bezogen auf die o. a. Fragestellung, folgendes:

ALLAH (*ta'ala*) wollte, daß die Menschen einen freien Willen besitzen, d. h., ER hat von Beginn an die Möglichkeit des Verstoßes gegen SEINE Gebote zugelassen. Deshalb bewegen sich die Menschen immer im Bereich von ALLAHs Willen, unabhängig davon, welche Entscheidung sie treffen.

نَّحْنُ خَلَقْنَٰهُمْ وَشَدَدْنَآ أَسْرَهُمْ ۖ وَإِذَا شِئْنَا بَدَّلْنَآ أَمْثَٰلَهُمْ تَبْدِيلًا ﴿٢٨﴾ إِنَّ
هَٰذِهِۦ تَذْكِرَةٌ ۖ فَمَن شَآءَ ٱتَّخَذَ إِلَىٰ رَبِّهِۦ سَبِيلًا ﴿٢٩﴾ وَمَا تَشَآءُونَ إِلَّآ أَن
يَشَآءَ ٱللَّهُ ۚ إِنَّ ٱللَّهَ كَانَ عَلِيمًا حَكِيمًا ﴿٣٠﴾

WIR erschufen sie und verstärkten ihre Gelenke. Und wenn WIR wollten, hätten WIR sie mit ihresgleichen eingetauscht. Dies ist eine Ermahnung. Also wer will, schlägt einen Weg zu seinem Herrn ein. Und ihr wollt nicht außer, daß ALLAH will. ALLAH ist gewiß immer allwissend, allweise.[119]

Zum besseren Verständnis muß zusätzlich zwischen dem Willen (*al-irada,* الإرادة) und dem Befehl (*al-amr,* الأمر) differenziert werden.

---

[119] Suratul-insan Nr. 76, Ayat Nr. 28-30

In dem o. a. Gleichnis waren beide Ergebnisse der Probezeit (Erfolg und Mißerfolg) vom Arbeitgeber zwar gewollt, aber nicht befohlen oder erzwungen, d. h. obwohl der Arbeitgeber kein Versagen duldet, hat er die Möglichkeit des Versagens einkalkuliert, dabei jedoch weder Zwang ausgeübt, noch ein bestimmtes Verhalten befohlen.
Andererseits war der Arbeitnehmer (von Anfang an) über die Bedingungen der Probezeit informiert. Er wußte, was von ihm erwartet wird und unter welchen Voraussetzungen eine Weiterbeschäftigung möglich sein würde.
Dieses Wissen kann jedoch auf keinen Fall als Zwang seitens des Arbeitgebers interpretiert werden.
Im Bezug auf den Willen ALLAHs bedeutet dies, daß alle Handlungen des Menschen dem Willen ALLAHs unterliegen, daß aber nicht alle vom Menschen vollbrachten Handlungen von ALLAH (*ta'ala*) befohlen sind oder von IHM angenommen werden.

2.2.3.3. Die Allmacht (*al-qudra*, القدرة)

Dieses Attribut beschreibt ALLAHs Allmacht, die seither mit SEINEM Wesen besteht und die für das "Kontingente", das ihm durch den Willen Zugeordnete durchführt.
Bezogen auf das o. a. Beispiel der menschlichen Existenz ergibt sich für die Allmacht folgendes:
Der Wille bestimmt beispielsweise die Existenz und ordnet sie einem bestimmten Menschen zu, dann führt die Allmacht die Entscheidung des Willens aus, d. h. die Allmacht erschafft den Menschen erst dann, wenn der Wille seine Existenz vorsieht.
Der Wille und die Allmacht sehen beide die Möglichkeit von Existenz und Nicht-Existenz vor und beschränken sich deshalb ausschließlich auf die Kontingenten. Sie beziehen sich jedoch nicht auf das Notwendige und das Unmögliche, weil diese per definitionem nicht beide Existenz-Möglichkeiten beinhalten. Denn das Notwendige erfährt niemals die Nicht-Existenz und das Unmögliche erfährt niemals die Existenz.
Würde das Notwendige bzw. das Unmögliche mit beiden (Wille und Allmacht) zusammenhängen, bestünde die Möglichkeit seine Nicht-Existenz bzw. seine Existenz zu planen und durchzuführen, was zu einem Widerspruch führt.
In diesem Falle wäre das Notwendige bzw. das Unmögliche nicht mehr notwendig bzw. unmöglich, sondern nur noch kontingent.

Im Universum existiert nichts, das ALLAHs Allmacht übertrifft.

وَٱللَّهُ خَلَقَ كُلَّ دَآبَّةٍ مِّن مَّآءٍ فَمِنْهُم مَّن يَمْشِى عَلَىٰ بَطْنِهِۦ وَمِنْهُم مَّن

يَمْشِى عَلَىٰ رِجْلَيْنِ وَمِنْهُم مَّن يَمْشِى عَلَىٰٓ أَرْبَعٍ يَخْلُقُ ٱللَّهُ مَا يَشَآءُ إِنَّ

ٱللَّهَ عَلَىٰ كُلِّ شَىْءٍ قَدِيرٌ ﴿٤٥﴾

Und ALLAH erschuf jedes Auf-Erde-Bewegende aus Wasser. Also manch einer von ihnen geht auf seinem Bauch, und manch einer von ihnen geht auf zwei Beinen, und manch einer von ihnen geht auf Vieren. ALLAH erschafft, was ER will! ALLAH ist gewiß über alles allmächtig.[120]

2.2.3.4. Das Sprechen (*al-kalam*, الكلام)

Dieses Attribut beschreibt ALLAHs Sprechen, das seither mit SEINEM Wesen besteht und sich in jeder Hinsicht vom Sprechen der Geschöpfe unterscheidet. Das Wissen darüber, wie ALLAH (*ta'ala*) spricht, liegt bei IHM allein. Die Offenbarungen ALLAHs, z. B. At-taurat (die Tora), Al-indschil (das 'Isa-Evangelium) und Quran, sind Zeichen dieses Attributs. Die Worte ALLAHs sind im Quran enthalten.

وَإِنْ أَحَدٌ مِّنَ ٱلْمُشْرِكِينَ ٱسْتَجَارَكَ فَأَجِرْهُ حَتَّىٰ يَسْمَعَ كَلَٰمَ ٱللَّهِ ثُمَّ

أَبْلِغْهُ مَأْمَنَهُۥ ذَٰلِكَ بِأَنَّهُمْ قَوْمٌ لَّا يَعْلَمُونَ ﴿٦﴾

Und sollte einer von den (vertragsbrüchigen) Schirk-Betreibenden dich um Asyl bitten, dann gewähre ihm Asyl, bis er ALLAHs Worte vernommen hat, dann geleite ihn zum Ort seiner Sicherheit. Dies, weil sie Menschen sind, die nicht wissen.[121]

Der Quran bestätigt das Sprechen ALLAHs zu den Gesandten.

۞ تِلْكَ ٱلرُّسُلُ فَضَّلْنَا بَعْضَهُمْ عَلَىٰ بَعْضٍ مِّنْهُم مَّن كَلَّمَ ٱللَّهُ وَرَفَعَ

بَعْضَهُمْ دَرَجَٰتٍ

Diese Gesandten, den einen von ihnen gewährten WIR Fadl den anderen gegenüber. Zu einigen von ihnen sprach ALLAH und andere erhöhte ER um Stellungen.[122]

---

[120] Suratun-nuur Nr. 24, Aya Nr. 45
[121] Suratul-an'am Nr. 9, Aya Nr. 6
[122] Suratul-baqara Nr. 2, Aya Nr. 253

وَكَلَّمَ ٱللَّهُ مُوسَىٰ تَكْلِيمًا

Und ALLAH sprach doch zu Musa.[123]

Das Attribut des Sprechens hängt mit dem Notwendigen, dem Kontingenten und dem Unmöglichen zusammen und weist darauf hin.

Exkurs

Bei mündlichen oder schriftlichen Zitaten aus Übersetzungen des Quran, darf man auf keinen Fall mit den Worten beginnen: "ALLAH (*ta'ala*) hat gesagt", oder "ALLAH (*ta'ala*) sagt im Quran", da jede Übersetzung gleichzeitig eine Interpretation des Übersetzers bezüglich der Wortwahl und des Wortlauts enthält.
Es muß strikt unterschieden werden zwischen den selbstgewählten Formulierungen des Übersetzers und den wortwörtlich geoffenbarten Worten ALLAHs im Quran.
Bei deutschen Zitaten aus einer Quran-Übersetzung muß immer darauf hingewiesen werden, daß es sich bei den übersetzten Versen um eine **Übersetzung mit einer der möglichen Bedeutungen** des arabischen Originals handelt. Dementsprechend darf eine deutsche Übersetzung **nicht als Quran** bezeichnet werden, sondern immer nur explizit als **Tafsir**[124].
Fehlt dieser Hinweis, verstößt man gegen den Grundsatz der Unvergleichbarkeit ALLAHs (*ta'ala*) mit den Geschöpfen und beeinträchtigt den Iman an das Attribut des Sprechens und seiner Bedeutung.
Damit werden ALLAH (*ta'ala*) (z. B. deutsche) Worte zugesprochen, die ER so nicht offenbarte.
Entscheidend ist auch, daß Übersetzungen in vielen Fällen Anlaß zu Mißverständnissen bzw. Fehlinterpretationen geben. Sie ersetzen demnach keineswegs die Lesung im arabischen Original.

2.2.3.5. Das Allhören (*as-sama'*, السمع)

Dieses Attribut beschreibt ALLAHs Allhören, das seither mit SEINEM Wesen besteht und sich in jeder Hinsicht vom Hören der Geschöpfe unterscheidet. Das Wissen darüber, wie dieses Allhören erfolgt, liegt allein bei ALLAH (*ta'ala*).

---

[123] Suratun-nisaa Nr. 4, Aya Nr. 164

[124] Tafsir: Erläuterung des Quran-Inhalts in den jeweiligen Sprachen mit eigenen Worten und eigenem Stil. Quran-Exegese.

إِنَّ ٱللَّهَ سَمِيعُۢ بَصِيرٌ

ALLAH ist gewiß allhörend, allsehend.[125]

2.2.3.6. Das Allsehen (*al-basar*, البصر)

Dieses Attribut beschreibt ALLAHs Allsehen, das seither mit SEINEM Wesen besteht und sich in jeder Hinsicht vom Sehen der Geschöpfe unterscheidet.

Das Wissen darüber, wie dieses Allsehen erfolgt, liegt allein bei ALLAH (*ta'ala*).

قَالَ لَا تَخَافَآ إِنَّنِى مَعَكُمَآ أَسْمَعُ وَأَرَىٰ

ER sagte: "Fürchtet euch beide nicht! ICH bin gewiß mit euch beiden, höre und sehe."[126]

2.2.3.7. Die Lebendigkeit (*al-haya*, الحياة)

Dieses Attribut beschreibt ALLAHs Lebendigkeit, die seither mit SEINEM Wesen besteht und sich in jeder Hinsicht vom Leben der Geschöpfe unterscheidet. Sie ermöglicht alle anderen Attribute.

ٱللَّهُ لَآ إِلَـٰهَ إِلَّا هُوَ ٱلْحَىُّ ٱلْقَيُّومُ

ALLAH, es ist kein Gott außer IHM, Dem Lebendigen (ohne Ende), Dem Allverantwortlichen.[127]

هُوَ ٱلْحَىُّ لَآ إِلَـٰهَ إِلَّا هُوَ فَٱدْعُوهُ مُخْلِصِينَ لَهُ ٱلدِّينَ

ER ist Der Lebendige. Es gibt keinen Gott außer IHM, so richtet an IHN Bittgebete aufrichtig im Din IHM gegenüber.[128]

Resümee

Wir verinnerlichen den Iman an alle diese Attribute, wie es ALLAH (*ta'ala*) gebührt, und wissen, daß ALLAH (*ta'ala*) von deren Gegenteilen frei ist.

---

[125] Suratul-mudschadala Nr. 58, Aya Nr. 1
[126] Suratu-taha Nr. 20, Aya Nr. 46
[127] Suratu aali-'imran Nr. 3, Aya Nr. 2
[128] Suratu-ghafir Nr. 40, Aya Nr. 65

2.2.4. Die abgeleiteten Attribute (*as-sifatul-ma'anawiya*, الصفات المعنوية)

Diese Gruppe umfaßt alle Attribute, die aus den essentiellen Attributen als Adjektive abgeleitet werden.

ALLAH (*ta'ala*) ist allwissend (*'alim*, عليم), da ER das Allwissen besitzt.
ALLAH (*ta'ala*) ist wollend (*murid*, مريد), da ER den Willen besitzt.
ALLAH (*ta'ala*) ist allmächtig (*qadir*, قادر), da ER die Allmacht besitzt.
ALLAH (*ta'ala*) ist sprechend (*mutakallim*, متكلم), da ER das Sprechen besitzt.
ALLAH (*ta'ala*) ist allhörend (*sami'*, سميع), da ER das Allhören besitzt.
ALLAH (*ta'ala*) ist allsehend (*basir*, بصير), da ER das Allsehen besitzt.
ALLAH (*ta'ala*) ist lebendig (*hayi*, حي), da ER die Lebendigkeit besitzt.

4.3. Die schönsten Namen ALLAHs
(*asmaul-lahil-husna*: أسماء الله الحسنى)

Alle Namen ALLAHs, außer dem Eigennamen "ALLAH", unterrichten über essentielle Eigenschaften und Wesensmerkmale des islamischen Gottesbildes.
In Quran und Sunna werden zahlreiche Namen ALLAHs erwähnt, von denen 99 "die definierten Namen bzw. die festgesetzten Namen, *tauqifiya*, توقيفية" genannt werden. Neben diesen definierten Namen gibt es noch die sogenannten "übereinstimmenden Namen, *taufiqiya*, توفيقية". Darunter versteht man alle Namen, mit denen ALLAH angerufen werden darf, da sie sich mit den Attributen ALLAHs vereinbaren lassen.
ALLAH (*ta'ala*) soll mit den schönsten Namen angerufen werden.

وَلِلَّهِ ٱلْأَسْمَآءُ ٱلْحُسْنَىٰ فَٱدْعُوهُ بِهَا ۖ وَذَرُوا۟ ٱلَّذِينَ يُلْحِدُونَ فِىٓ أَسْمَٰٓئِهِۦ ۚ سَيُجْزَوْنَ مَا كَانُوا۟ يَعْمَلُونَ

> Und ALLAH hat die schönsten/besten Namen, so benennt IHN damit. Und laßt ab von denjenigen, die SEINE Namen entstellen! Ihnen wird das vergolten, was sie zu tun pflegten.[129]

Der Gesandte Muhammad (*sallal-lahu 'alaihi wa sallam*) sagte:

إِنَّ لِلَّهِ تِسْعَةً وَتِسْعِينَ اسْمًا ، مِائَةً إِلَّا وَاحِدًا ، مَنْ أَحْصَاهَا دَخَلَ الْجَنَّةَ .

> ALLAH hat gewiß neunundneunzig Namen - hundert weniger eins - wer sie beherzigt, wird in die Dschanna gehen.[130]

<u>Anmerkung:</u>
Die im folgenden aufgeführten deutschen Begriffe geben nur die sehr eingeschränkte ungefähre Bedeutung der schönsten/besten Namen ALLAHs wieder. Eine endgültige, alle Bedeutungsnuancen umfassende Übersetzung ist wegen der begrenzten Möglichkeiten der deutschen Sprache und der komplexen Bedeutungsvielfalt der arabischen Fachbegriffe nicht möglich. Weiterhin muß beachtet werden, daß diese Namen *tauqifiya* sind, d. h., diese Namen wurden von ALLAH (*ta'ala*) für uns im arabischen Original festgesetzt und übermittelt.

---

[129] Suratul-a'raf Nr. 7, Aya Nr. 180
[130] Überlieferung von Imam Al-buchari und Imam Muslim

Die 99 schönsten Namen und ihre Bedeutungen

1. ALLAH الله	Der Eigenname Des Schöpfers auf Arabisch
2. Ar-rahman الرحمن	Der Wohltäter der großen Wohltaten Der Allgnade Erweisende
3. Ar-rahim الرحيم	Der Wohltäter der kleinen Wohltaten Der Allgnädige
4. Al-malik الملك	Der absolute Herrscher Der frei Verfügende über SEIN Eigentum
5. Al-quddus القدوس	Der absolut Reine und Freie von Mängeln
6. As-salam السلام	Die Sicherheit für SEINE Schöpfung Der absolut Freie von Magel
7. Al-mumin المؤمن	Der Beschützer vor der Pein Der Einhalter SEINES Versprechens
8. Al-muhaymin المهيمن	Der Beherrschende, Dominante
9. Al-'aziz العزيز	Der Angesehenste, Allwürdige, Ehrenwerteste
10. Al-dschabbar الجبار	Der Durchsetzende SEINER Gebote/Befehle
11. Al-mutakabbir المتكبر	Der Einzige, Der die absolute Erhabenheit und Einzigartigkeit besitzt.
12. Al-chaliq الخالق	Der Schöpfer aller Geschöpfe aus dem Nichts
13. Al-bari البارىء	Der Schöpfer der Geschöpfe aus der Schöpfung
14. Al-musauwir المصور	Der Gestalter des unterschiedlichen Aussehens der Geschöpfe
15. Al-ghaffar الغفار	Der Allvergebende der Sünden
16. Al-qahhar القهار	Der Bewältigende aller Dinge Der Unterwerfende
17. Al-wahhab الوهاب	Der reichlich, großzügig und ständig Gebende
18. Ar-razzaq الرزاق	Der Gewährende von Rizq
19. Al-fattah الفتاح	Der Eröffnende der Tore SEINER Gnade
20. Al-'aliim العليم	Der Allwissende
21. Al-qabid القابض	Der Einschränkende von Rizq Der die Seelen in Empfang Nehmende
22. Al-basit الباسط	Der Erweiternde von Rizq
23. Al-chafid الخافض	Der Erniedrigende aller, welche die Erniedrigung verdienen.
24. Ar-rafi' الرافع	Der Erhöhende aller, welche die Erhöhung verdienen.

25. Al-mu'iz المعز	Der Verleiher von Ansehen, Würde und Macht
26. Al-mudhil المذل	Der Erniedrigende und Demütigende SEINER Feinde
27. As-sami' السميع	Der Allhörende, Der alles, was ER hört, umfassend und detailliert wahrnimmt.
28. Al-basir البصير	Der Allsehende, Der alles, was ER sieht, umfassend und detailliert wahrnimmt.
29. Al-hakam الحكم	Der absolute Richter
30. Al-'adl العدل	Der Allgerechte
31. Al-latif اللطيف	Der Allgütige Derjenige, Der die Regungen der Herzen kennt.
32. Al-chabir الخبير	Der Allkundige
33. Al-halim الحليم	Der Sanftmütige, Allnachsichtige, Der durch SEINEN Zorn nicht beeinflußt wird.
34. Al-'azim العظيم	Der Erhabene
35. Al-ghafur الغفور	Der Allvergebende, Der SEINEN Dienern viel mehr vergibt, als sie es jemals erwarten oder verdienen.
36. Asch-schakur الشكور	Der selbst die kleinen Guttaten reichlich Belohnende
37. Al-'aliy العلي	Der Allhöchste, DESSEN Stellung unvorstellbar ist.
38. Al-kabir الكبير	Der Große, DESSEN Größe weder wahrnehmbar noch vorstellbar ist.
39. Al-hafiz الحفيظ	Der Bewahrer der Schöpfung und aller Handlungen SEINER Diener
40. Al-muqit المقيت	Der Schöpfer der Nahrung für Seele, Geist und Körper
41. Al-hasib الحسيب	Der Abrechnende am Jüngsten Tag
42. Al-dschalil الجليل	Der Allmajestätische
43. Al-karim الكريم	Der absolut Großzügige, Der SEINE Diener beschenkt, ohne darum gebeten zu werden oder eine Gegenleistung dafür zu erwarten.
44. Ar-raqib الرقيب	Der alles Beobachtende
45. Al-mudschib المجيب	Der Erhörende der Bittgebete
46. Al-wasi' الواسع	Der, DESSEN Wissen und Gnade alles umfassen.

47. Al-hakim الحكيم	Der Allweise
48. Al-wadud الودود	Der Liebevollste
49. Al-madschid المجيد	Der Ruhmreichste
50. Al-ba'ith الباعث	Der Entsender der Gesandten Der Erweckende der Toten
51. Asch-schahid الشهيد	Der allgegenwärtige Zeuge
52. Al-haqq الحق	Der Wahrhaftigste
53. Al-wakil الوكيل	Der Treuhänder und Interessenvertreter SEINER Geschöpfe
54. Al-qawi القوي	Der Allmächtige
55. Al-matin المتين	Der absolut "Solide", Starke
56. Al-wali الولي	Der Vertraute und Beistand SEINER Geschöpfe, Der Verhelfer zum Sieg
57. Al-hamid الحميد	Der, dem alles Lob gebührt.
58. Al-muhsi المحصي	Der alles detalliert Registrierende
59. Al-mubdi المبدىء	Der Beginner der Schöpfung aus dem Nichts
60. Al-mu'id المعيد	Der Wiederholer der Schöpfung nach dem Sterben
61. Al-muhyi المحيي	Der das Leben Einhauchende
62. Al-mumit المميت	Der das Leben Nehmende
63. Al-hayi الحي	Der ewig Lebende
64. Al-qaiyum القيوم	Der absolut Selbständige
65. Al-wadschid الواجد	Der, der allem, was ER will, zur Existenz verhilft.
66. Al-madschid الماجد	Der Hochgerühmte
67. Al-wahid الواحد	Der Einzigartige
68. As-samad الصمد	Der Herr, Der absolut Unabhängige, von Dem alles abhängt.
69. Al-qadir القادر	Der absolute Könner
70. Al-muqtadir المقتدر	Der Vermögende Der absolut Fähige
71. Al-muqadim المقدم	Der Vorrang und Führung Verleihende
72. Al-muachir المؤخر	Der Herabsetzende Der an das Ende Plazierende
73. Al-auwal الأول	Der Erste (ohne Beginn)
74. Al-achir الأخر	Der Letzte (ohne Ende)
75. Az-zahir الظاهر	Der Erkennbare
76. Al-baten الباطن	Der Verborgene

77. Al-waali الوالي	Der Herrscher, der Besitzer, Der Verwalter der Schöpfung
78. Al-muta'ali المتعالي	Der Erhabene über jeglichen Mangel
79. Al-barr البر	Der Gütigste
80. At-tauwab التواب	Der die Reue Annehmende
81. Al-muntaqim المنتقم	Der angemessen Bestrafende
82. Al-'afuu العفو	Der Vergebende der Sünden der Reumütigen
83. Ar-ra-uuf الرؤوف	Der Gnädigste
84. Malikul-mulk ملك الملوك	Der Besitzer der Allmacht und Herrschaft
85. Dhul-dschalali wal-ikram ذوالجلال والإكرام	Der von der Majestät und der Würde
86. Al-muqsit المقسط	Der absolut gerecht Handelnde
87. Al-dschami' الجامع	Der Versammelnde der Schöpfung am Jüngsten Tag
88. Al-ghaniy الغني	Der absolut Autarke (Selbstgenügende)
89. Al-mughni المغني	Der Reichtum Verleihende
90. Al-mani' المانع	Der den Untergang Verhindernde
91. Ad-dar الضار	Der Schädigende SEINER Feinde
92. An-nafi' النافع	Der den Nutzen Verleihende
93. An-nuur النور	Der Licht Ausstrahlende und Verleihende
94. Al-hadi الهادي	Der Rechtleitende
95. Al-badi' البديع	Der absolut Wunderbarste
96. Al-baqi الباقي	Der endlos Beständige
97. Al-warith الوارث	Der Bleibende nach dem Vergehen der Schöpfung
98. Ar-raschid الرشيد	Der auf den richtigen Weg Leitende
99. As-sabur الصبور	Der absolut Geduldigste

III. Kapitel

al-imanu bil-malaika, الإيمان بالملائكة

Der Iman an die Engel ALLAHs

Definition

Dieser Iman bedeutet, daß Muslime mit Gewißheit die Existenz von Engeln als wahre aus Licht erschaffene Geschöpfe verinnerlichen und ihre im Quran und in der Sunna aufgeführten Eigenschaften, Fähigkeiten, Funktionen und Aufgaben für wahr halten.

ءَامَنَ ٱلرَّسُولُ بِمَآ أُنزِلَ إِلَيْهِ مِن رَّبِّهِۦ وَٱلْمُؤْمِنُونَ ۚ كُلٌّ ءَامَنَ بِٱللَّهِ

وَمَلَٰٓئِكَتِهِۦ وَكُتُبِهِۦ وَرُسُلِهِۦ لَا نُفَرِّقُ بَيْنَ أَحَدٍ مِّن رُّسُلِهِۦ ۚ وَقَالُوا۟ سَمِعْنَا

وَأَطَعْنَا ۖ غُفْرَانَكَ رَبَّنَا وَإِلَيْكَ ٱلْمَصِيرُ ﴿٢٨٥﴾

Der Gesandte verinnerlichte den Iman an das, was ihm von seinem Herrn offenbart wurde, ebenso die Mumin. Sie alle verinnerlichten den Iman an ALLAH, an SEINE Engel, an SEINE Schriften und an SEINE Gesandten: ‘Wir machen keinen Unterschied zwischen SEINEN Gesandten!’ Und sie sagten: “Wir hörten und gehorchten, (gewähre uns) DEINE Vergebung, unser Herr! Und zu DIR ist das Werden.”[131]

وَمَن يَكْفُرْ بِٱللَّهِ وَمَلَٰٓئِكَتِهِۦ وَكُتُبِهِۦ وَرُسُلِهِۦ وَٱلْيَوْمِ ٱلْءَاخِرِ فَقَدْ ضَلَّ

ضَلَٰلًۢا بَعِيدًا

Und wer Kufr betreibt ALLAH, SEINEN Engeln, SEINEN Schriften, SEINEN Gesandten und dem Jüngsten Tag gegenüber, der ist sicherlich weit in die Irre gegangen.[132]

---

[131] Suratul-baqara Nr. 2, Aya Nr. 285
[132] Suratun-nisaa Nr. 4, Aya Nr. 136

Der arabische Begriff "*Malak*, مَلَك (Singular) / *Malaika*, ملائكة (Plural)" ist eine Ableitung vom arabischen Wort *Aluk*, ألوك, Brief und bedeutet sinngemäß:
"Engel, Bote, Überbringer der Botschaft ALLAHs zu den Menschen durch die Gesandten".

Das deutsche Wort "Engel" ist eine Ableitung vom griechischen *angelos* bzw. von dem kirchenlateinischen Lehnwort *angelus*, deren sinngemäße Bedeutung ebenfalls "Bote Gottes" ist.
Die gleiche Bedeutung haben auch die entsprechenden Ausdrücke in anderen Sprachen des indogermanischen Sprachraums: englisch - angel; französisch - ange; spanisch - angel; usw.

Bemerkenswert ist, daß die Benennung dieser Geschöpfe sowohl im nicht-islamischen als auch im islamischen Kultur- und Sprachraum eindeutig abgeleitet ist von einer sehr wichtigen Funktion dieser Geschöpfe in Bezug auf den Menschen, nämlich das Überbringen der Botschaft ALLAHs zu den Menschen über die Gesandten.

Eigenschaften und Fähigkeiten der Engel

Trotz der relativ wenigen Textstellen in den authentischen Quellen zu diesem Thema können wir folgendes mit Gewißheit sagen:

- Engel sind Geschöpfe ALLAHs.

- Engel wurden aus *Nuur* (Nuur, نور: Licht, Ausstrahlung) erschaffen. Die Körper der Engel sind immateriell und mit den menschlichen Sinnen normalerweise nicht wahrnehmbar. Die Engel leben in einer anderen Dimension außerhalb des Wahrnehmungsbereichs der Menschen. Der Gesandte Muhammad (*sallal-lahu 'alaihi wa sallam*) sagte:

  خُلِقَتِ الْمَلَائِكَةُ مِنْ نُورٍ، وَخُلِقَ الْجَانُّ مِنْ مَارِجٍ مِنْ نَارٍ .

  Geschaffen wurden die Engel aus *Nuur* und die Dschinn aus Feuer.[133]

- Engel sind geschlechtslose Geschöpfe und sind weder feminin noch maskulin. Die Verwendung des männlichen Artikels bei der Benennung dieser Wesen darf nicht als Zeichen ihres Geschlechts betrachtet werden.

  وَجَعَلُوا۟ ٱلْمَلَـٰٓئِكَةَ ٱلَّذِينَ هُمْ عِبَـٰدُ ٱلرَّحْمَـٰنِ إِنَـٰثًا ۚ أَشَهِدُوا۟ خَلْقَهُمْ ۚ سَتُكْتَبُ شَهَـٰدَتُهُمْ وَيُسْـَٔلُونَ ﴿١٩﴾

  Und sie machten die Engel, welche die Diener Des Allgnade Erweisenden sind, zu Weiblichen. Waren sie etwa bei ihrer Erschaffung Zeugen? Ihr Zeugnis wird niedergeschrieben, und sie werden zur Rechenschaft gezogen.[134]

---

[133] Überlieferung von Imam Muslim und Imam Ahmad Ibnu-hanbal.
[134] Suratuz-zuchruf Nr. 43, Aya Nr. 19

❑ Die Engel wurden vor den Menschen erschaffen.

وَإِذْ قَالَ رَبُّكَ لِلْمَلَٰٓئِكَةِ إِنِّى جَاعِلٌ فِى ٱلْأَرْضِ خَلِيفَةً

Und (erinnere daran), als dein Herr zu den Engeln sagte: "ICH setze auf der Erde einen Nachfolgenden ein!"[135]

❑ Engel haben keinen eigenen Willen und keine Entscheidungsfreiheit und begehen keine Sünden.

يَخَافُونَ رَبَّهُم مِّن فَوْقِهِمْ وَيَفْعَلُونَ مَا يُؤْمَرُونَ ۩

Sie (die Engel) fürchten ihren Herrn über ihnen und tun, was ihnen geboten wird.[136]

وَلَقَدْ جَآءَتْ رُسُلُنَآ إِبْرَٰهِيمَ بِٱلْبُشْرَىٰ قَالُوا۟ سَلَٰمًا ۖ قَالَ سَلَٰمٌ ۖ
فَمَا لَبِثَ أَن جَآءَ بِعِجْلٍ حَنِيذٍ ﴿٦٩﴾ فَلَمَّا رَءَآ أَيْدِيَهُمْ لَا تَصِلُ
إِلَيْهِ نَكِرَهُمْ وَأَوْجَسَ مِنْهُمْ خِيفَةً ۚ قَالُوا۟ لَا تَخَفْ إِنَّآ أُرْسِلْنَآ إِلَىٰ قَوْمِ
لُوطٍ ﴿٧٠﴾

Und UNSERE Gesandte (Engel) kamen bereits zu Ibrahim mit der frohen Botschaft, sie grüßten ihn, dann sagte er: "Friede (auf euch)." Und er blieb nicht lange, bis er ein gegartes Kalb servierte. Als er sah, daß ihre Hände nicht danach (nach dem Essen) langten, verübelte er es ihnen und verspürte Furcht vor ihnen. Sie sagten: "Fürchte dich nicht! Wir wurden zu den Leuten Luts gesandt."[137]

❑ Die Existenz der Engel ist unabhängig von der Befriedigung rein menschlicher Bedürfnisse (essen, trinken, schlafen, etc.).

❑ Engel können mit ALLAHs Erlaubnis die Gestalt von Menschen annehmen, um spezielle Aufgaben zu erfüllen, z. B. nahm der Engel, der Maryam (*'alaihas-salam*) die Botschaft von der Geburt des Gesandten 'Isa/Jesus (*'alaihis-salam*) übermittelte, die Gestalt eines Menschen an.

---

[135] Suratul-baqara Nr. 2, Aya Nr. 30
[136] Suratun-nahl Nr. 16, Aya Nr. 50
[137] Suratu-hud Nr. 11, Ayat Nr. 69-70

فَاتَّخَذَتْ مِن دُونِهِمْ حِجَابًا فَأَرْسَلْنَآ إِلَيْهَا رُوحَنَا فَتَمَثَّلَ
لَهَا بَشَرًا سَوِيًّا ﴿١٧﴾

Und sie errichtete vor ihnen einen Sichtschutz. Dann entsandten WIR ihr den Ruhh von UNS (Dschibril), dann erschien er ihr als ein makelloser Mensch.[138]

Weiteres Beispiel:
Hadith über die Befragung des Gesandten Muhammad (*sallal-lahu ‘alaihi wa sallam*) über “Islam und Iman” durch den Engel Dschibril in Menschengestalt[139].

- Engel besitzen Flügel.

ٱلْحَمْدُ لِلَّهِ فَاطِرِ ٱلسَّمَٰوَٰتِ وَٱلْأَرْضِ جَاعِلِ ٱلْمَلَٰٓئِكَةِ رُسُلًا أُو۟لِىٓ أَجْنِحَةٍ
مَّثْنَىٰ وَثُلَٰثَ وَرُبَٰعَ ۚ يَزِيدُ فِى ٱلْخَلْقِ مَا يَشَآءُ ۚ إِنَّ ٱللَّهَ عَلَىٰ كُلِّ شَىْءٍ
قَدِيرٌ ﴿١﴾

Allhamdulillah (alles an Hamd gebührt ALLAH, Dem Schöpfer der Himmel und der Erde, Der die Engel zu Gesandten mit zwei, drei und vier Flügeln machte. ER fügt der Schöpfung, was ER will, hinzu. ALLAH ist gewiß über alles allmächtig.[140]

[138] Suratu-maryam Nr. 19, Aya Nr. 17
[139] Siehe Überlieferung Seite 61f
[140] Suratu-fatir Nr. 35, Aya Nr. 1

Die Beziehung der Engel zu ALLAH (ta'ala)

- Engel sind die vollkommenen Diener ALLAHs. Sie führen alle Anordnungen ALLAHs auf die vollkommenste Art und Weise aus.

وَقَالُوا۟ ٱتَّخَذَ ٱلرَّحْمَـٰنُ وَلَدًا ۗ سُبْحَـٰنَهُۥ ۚ بَلْ عِبَادٌ مُّكْرَمُونَ ﴿٢٦﴾ لَا
يَسْبِقُونَهُۥ بِٱلْقَوْلِ وَهُم بِأَمْرِهِۦ يَعْمَلُونَ ﴿٢٧﴾ يَعْلَمُ مَا بَيْنَ أَيْدِيهِمْ وَمَا
خَلْفَهُمْ وَلَا يَشْفَعُونَ إِلَّا لِمَنِ ٱرْتَضَىٰ وَهُم مِّنْ خَشْيَتِهِۦ مُشْفِقُونَ ﴿٢٨﴾

Und sie sagten: “Der Allgnade Erweisende nahm Sich ein Kind.” Gepriesen-erhaben ist Er! Nein, sondern (sie sind) nur ehrwürdige Diener. Sie kommen IHM hinsichtlich des Sprechens nicht zuvor, und gemäß SEINER Anweisung handeln sie. ER kennt das, was vor ihnen und was hinter ihnen ist. Und sie legen keine Fürbitte ein, außer für denjenigen, dem ER Wohlgefallen erwies. Und sie sind von der Ehrfurcht IHM gegenüber zitternd.[141]

- Die Engel sind gegenüber ALLAH (*ta'ala*) demütig und vollkommen gehorsam. Sie unterwerfen sich IHM widerspruchslos und beten IHN ununterbrochen an.

يَـٰٓأَيُّهَا ٱلَّذِينَ ءَامَنُوا۟ قُوٓا۟ أَنفُسَكُمْ وَأَهْلِيكُمْ نَارًا وَقُودُهَا ٱلنَّاسُ
وَٱلْحِجَارَةُ عَلَيْهَا مَلَـٰٓئِكَةٌ غِلَاظٌ شِدَادٌ لَّا يَعْصُونَ ٱللَّهَ مَآ أَمَرَهُمْ وَيَفْعَلُونَ
مَا يُؤْمَرُونَ ﴿٦﴾

Ihr, die den Iman verinnerlicht habt! Schützt euch selbst und die Eurigen vor einem Feuer, dessen Brennstoff die Menschen und die

[141] Suratul-anbiyaa Nr. 21, Aya Nr. 26-28

Steine sind, über ihm (dem Feuer) sind strenge, harte Engel, die sich ALLAH nicht in dem widersetzen, was ER ihnen gebot, und sie machen, was ihnen geboten wird.[142]

- Die Engel dienen ALLAH (*ta'ala*) absolut widerspruchslos und lobpreisen IHN ohne Unterbrechung.

وَمَا مِنَّآ إِلَّا لَهُۥ مَقَامٌ مَّعْلُومٌ ﴿١٦٤﴾ وَإِنَّا لَنَحْنُ ٱلصَّآفُّونَ ﴿١٦٥﴾ وَإِنَّا
لَنَحْنُ ٱلْمُسَبِّحُونَ ﴿١٦٦﴾

Und es ist keiner unter uns (Engeln), außer daß es für ihn eine bekannte Stellung gibt. Und wir sind gewiß die Reihenden. Und wir sind gewiß die Lobpreisenden.[143]

إِنَّ ٱلَّذِينَ عِندَ رَبِّكَ لَا يَسْتَكْبِرُونَ عَنْ عِبَادَتِهِۦ وَيُسَبِّحُونَهُۥ وَلَهُۥ
يَسْجُدُونَ ۩

Diejenigen bei deinem Herrn erheben sich gewiß nicht darüber, IHM zu dienen. Sie lobpreisen IHN und vollziehen IHM Sudschud.[144]

Der vollkommene Gehorsam gegenüber ALLAH (*ta'ala*) sowie die widerspruchslose und perfekte Ausführung der Befehle ALLAHs manifestiert sich deutlich in den verschiedenen Funktionen der Engel in Bezug auf ALLAH (*ta'ala*), innerhalb der Schöpfung und in Bezug auf die Menschen.

---

[142] Suratut-tahrim Nr. 66, Aya Nr. 6
[143] Suratus-saffat Nr. 37, Ayat Nr. 164-166
[144] Suratul-'araf Nr. 7, Aya Nr. 206

Funktionen der Engel innerhalb der Schöpfung

- Die Engel verwalten, pflegen und ordnen das Universum und die gesamte Schöpfung. Daraus folgt, daß auch die Menschen, als Geschöpfe ALLAHs, dem Verantwortungsbereich der Engel unterliegen, die u. a. die Aufgabe haben, über die Rahmenbedingungen des menschlichen Lebens zu wachen.

- Die Engel vollziehen ihre Aufgaben in Bezug auf ALLAH (*ta'ala*), innerhalb der Schöpfung und in Bezug auf die Menschen usw. im Einklang mit Al-qadaa, der Bestimmung ALLAHs.

- Jeder Engel hat im Rahmen einer strikten Aufgabenteilung eine spezielle Aufgabe zu erfüllen.
  Einige Engel sind z. B. beauftragt mit der Ausführung der Befehle ALLAHs in Bezug auf die Sonne und den Mond, andere sind beauftragt mit den Bergen, andere mit den Wolken, andere mit dem Regen, andere mit dem Tod, usw.
  Diese Aufgabenstellung widerspricht nicht den bekannten physikalischen Gesetzen, da auch diese Gesetze Geschöpfe ALLAHs sind, mit deren Überwachung die Engel ebenfalls beauftragt sind.

فَٱلْمُقَسِّمَٰتِ أَمْرًا ﴿٤﴾ إِنَّمَا تُوعَدُونَ لَصَادِقٌ ﴿٥﴾

(..) dann den die Angelegenheit Einteilenden, was euch versprochen wird, ist gewiß wahrhaftig![145]

فَٱلْمُدَبِّرَٰتِ أَمْرًا ﴿٥﴾

(..) dann den die Angelegenheit Regelnden![146]

---

[145] Suratudh-dhariyat Nr. 51, Ayat Nr. 4-5
[146] Suratun-nazi'at Nr. 79, Aya Nr. 5

Funktionen der Engel in Bezug auf Menschen

Wie bereits oben ausgeführt, unterliegen auch die Menschen dem Verantwortungsbereich der Engel.
Über die Funktionen der Engel in Bezug auf den Menschen wissen wir folgendes mit Gewißheit:

- Engel sind ständige Begleiter des Menschen. Sie inspirieren ihn Gutes zu tun und sprechen für ihn Bittgebete.

ٱلَّذِينَ يَحۡمِلُونَ ٱلۡعَرۡشَ وَمَنۡ حَوۡلَهُۥ يُسَبِّحُونَ بِحَمۡدِ رَبِّهِمۡ وَيُؤۡمِنُونَ
بِهِۦ وَيَسۡتَغۡفِرُونَ لِلَّذِينَ ءَامَنُواْ رَبَّنَا وَسِعۡتَ كُلَّ شَيۡءٖ رَّحۡمَةٗ وَعِلۡمٗا
فَٱغۡفِرۡ لِلَّذِينَ تَابُواْ وَٱتَّبَعُواْ سَبِيلَكَ وَقِهِمۡ عَذَابَ ٱلۡجَحِيمِ ﴿٧﴾ رَبَّنَا
وَأَدۡخِلۡهُمۡ جَنَّٰتِ عَدۡنٍ ٱلَّتِي وَعَدتَّهُمۡ وَمَن صَلَحَ مِنۡ ءَابَآئِهِمۡ وَأَزۡوَٰجِهِمۡ
وَذُرِّيَّٰتِهِمۡۚ إِنَّكَ أَنتَ ٱلۡعَزِيزُ ٱلۡحَكِيمُ ﴿٨﴾ وَقِهِمُ ٱلسَّيِّـَٔاتِۚ وَمَن
تَقِ ٱلسَّيِّـَٔاتِ يَوۡمَئِذٖ فَقَدۡ رَحِمۡتَهُۥۚ وَذَٰلِكَ هُوَ ٱلۡفَوۡزُ ٱلۡعَظِيمُ ﴿٩﴾

Diejenigen, die *Al-'arsch* tragen und die um ihn herum sind, lobpreisen mit dem Hamd ihres Herrn, verinnerlichen den Iman an IHN und erbitten Vergebung für diejenigen, die den Iman verinnerlichten: "Unser Herr! DU umfaßt alles mit Gnade und Wissen, also vergib denjenigen, die bereuten und DEINEM Weg folgten, und bewahre sie vor der Peinigung der Hölle. Unser Herr! Und laß sie eintreten in die 'Adn-Dschannat, die DU ihnen versprochen hast, sowie diejenigen, die gut wurden von ihren Eltern, ihren Ehepartnern und ihren Kindern. DU bist gewiß Der Allwürdige, Der Allweise! Und bewahre sie vor den gottmißfälligen Taten, und wen DU an jenem Tag vor den gottmißfälligen Taten bewahrst, dem hast DU gewiß Gnade erwiesen. Und dieses ist der gewaltige Erfolg."[147]

- Engel sind Überbringer der Botschaft ALLAHs zu den Gesandten, um die Geschöpfe auf den richtigen Weg zu leiten.
  Der Engel Dschibril (*'alaihis-sallam*) überbrachte z. B. die Botschaft ALLAHs zum Gesandten Muhammad (*sallal-lahu 'alaihi wa sallam*).

  وَإِنَّهُۥ لَتَنزِيلُ رَبِّ ٱلْعَـٰلَمِينَ ﴿١٩٢﴾ نَزَلَ بِهِ ٱلرُّوحُ ٱلْأَمِينُ ﴿١٩٣﴾ عَلَىٰ
  قَلْبِكَ لِتَكُونَ مِنَ ٱلْمُنذِرِينَ ﴿١٩٤﴾ بِلِسَانٍ عَرَبِيٍّ مُّبِينٍ ﴿١٩٥﴾

  Und er (der Quran) ist gewiß eine Offenbarung Des Herrn aller Schöpfung! Mit ihm kam *Ar-ruhul-amin* (der treue Ruhh: Dschibril) herunter auf dein Herz, damit du von den Warnenden wirst, mit einer erläuternden arabischen Sprache.[148]

- Engel nehmen teil an Sitzungen und Treffen, in denen ALLAH (*ta'ala*) gepriesen und der Quran rezitiert wird.
  Der Gesandte Muhammad (*sallal-lahu 'alaihi wa sallam*) sagte:

  إِنَّ لِلَّهِ مَلَائِكَةً يَطُوفُونَ فِي الطُّرُق ، يَلْتَمِسُونَ أَهْلَ الذِّكْرِ . فَإِذَا وَجَدُوا قَوْمًا يَذْكُرُونَ اللَّهَ تَنَادَوْا : هَلُمُّوا إِلَى حَاجَتِكُمْ . قَالَ : فَيَحُفُّونَهُمْ بِأَجْنِحَتِهِمْ إِلَى السَّمَاءِ الدُّنْيَا .

  "ALLAH hat Engel, die auf allen Wegen umherlaufen und *Adh-dhikr*-Leute (die ALLAH Lobpreisenden) suchen. Und wenn sie auf Leute treffen, die ALLAH lobpreisen, rufen sie einander zu: "Kommt zu eurem Ziel!" Dann umringen sie diese mit ihren Flügeln bis zum niedrigsten Himmel."[149]

- Engel fördern diejenigen Mumin, die nach Wissen streben.
  Der Gesandte Muhammad (*sallal-lahu 'alaihi wa sallam*) sagte:

  مَا مِنْ خَارِجٍ خَرَجَ مِنْ بَيْتِهِ فِي طَلَبِ الْعِلْمِ إِلَّا وَضَعَتْ لَهُ الْمَلَائِكَةُ أَجْنِحَتَهَا رِضًا بِمَا يَصْنَعُ .

  "Es gibt keinen, der sein Haus verläßt, um nach Wissen zu streben, ohne daß die Engel ihre Flügel für ihn senken als Zeichen ihrer Zufriedenheit mit dem, was er macht."[150]

---

147 Suratu-ghafir Nr. 40, Ayat Nr. 7-9
148 Suratusch-schu'araa Nr. 26, Ayat Nr. 192-195
149 Überlieferung von Imam Al-buchari
150 Überlieferung von Imam Ibnu-madscha

- Engel unterstützen diejenigen Mumin, die sich im Dschihad befinden:

إِذۡ يُوحِي رَبُّكَ إِلَى ٱلۡمَلَٰٓئِكَةِ أَنِّي مَعَكُمۡ فَثَبِّتُواْ
ٱلَّذِينَ ءَامَنُواْۚ سَأُلۡقِي فِي قُلُوبِ ٱلَّذِينَ كَفَرُواْ ٱلرُّعۡبَ فَٱضۡرِبُواْ
فَوۡقَ ٱلۡأَعۡنَاقِ وَٱضۡرِبُواْ مِنۡهُمۡ كُلَّ بَنَانٖ ﴿١٢﴾

Als dein Herr den Engeln offenbarte: "ICH bin mit euch, so festigt die Mumin! In die Herzen der Kafir werde ICH Angst einjagen, so schlagt (sie) auf die Nacken und schlagt ihnen jeden Finger ab!"[151]

- Jeder Mensch wird ständig von zwei Engeln begleitet.
  Diese Engel schreiben alle Worte und Handlungen des Menschen auf.

وَإِنَّ عَلَيۡكُمۡ لَحَٰفِظِينَ ﴿١٠﴾ كِرَامٗا كَٰتِبِينَ ﴿١١﴾ يَعۡلَمُونَ مَا تَفۡعَلُونَ ﴿١٢﴾

Und gewiß sind über euch Bewahrende, die ehrwürdig registrierend sind, sie wissen, was ihr macht.[152]

---

[151] Suratul-anfal Nr. 8, Aya Nr. 12
[152] Suratul-infitar Nr. 82, Ayat Nr. 10-12

Die Anzahl der Engel

- Die genaue Anzahl der Engel ist den Menschen nicht bekannt.
- Das Wissen über die Anzahl der Engel gehört zu dem verborgenen Wissen, über das nur ALLAH (*ta'ala*) verfügt:

وَمَا جَعَلْنَآ أَصْحَٰبَ ٱلنَّارِ إِلَّا مَلَٰٓئِكَةً وَمَا جَعَلْنَا عِدَّتَهُمْ إِلَّا فِتْنَةً لِّلَّذِينَ
كَفَرُوا۟ لِيَسْتَيْقِنَ ٱلَّذِينَ أُوتُوا۟ ٱلْكِتَٰبَ وَيَزْدَادَ ٱلَّذِينَ ءَامَنُوٓا۟ إِيمَٰنًا وَلَا
يَرْتَابَ ٱلَّذِينَ أُوتُوا۟ ٱلْكِتَٰبَ وَٱلْمُؤْمِنُونَ وَلِيَقُولَ ٱلَّذِينَ فِى قُلُوبِهِم
مَّرَضٌ وَٱلْكَٰفِرُونَ مَاذَآ أَرَادَ ٱللَّهُ بِهَٰذَا مَثَلًا كَذَٰلِكَ يُضِلُّ ٱللَّهُ مَن يَشَآءُ
وَيَهْدِى مَن يَشَآءُ وَمَا يَعْلَمُ جُنُودَ رَبِّكَ إِلَّا هُوَ

Und WIR ließen die Verantwortlichen des Feuers nichts anderes als Engel sein. Und WIR ließen ihre Anzahl nichts anderes als Fitna für diejenigen, die Kufr betrieben. Damit diejenigen, denen die Schrift zuteil wurde, Gewißheit haben, und diejenigen, die den Iman verinnerlichten, noch mehr Iman haben, und diejenigen, denen die Schrift zuteil wurde, und die Mumin nicht zweifeln. Und damit diejenigen, in deren Herzen Krankheit ist, und diejenigen, die Kufr betrieben, sagen: 'Was wollte ALLAH damit als Gleichnis?' Solcherart läßt ALLAH abirren, wen ER will, und ER leitet recht, wen ER will. Und die Soldaten deines Herrn kennt niemand außer IHM.[153]

Der Gesandte Muhammad (*sallal-lahu 'alaihi wa sallam*) sagte:

أَطَّتِ السَّمَاءُ وَحَقَّ لَهَا أَنْ تَئِطَّ، مَا فِيهَا مَوْضِعُ أَرْبَعِ أَصَابِعَ إِلَّا عَلَيْهِ مَلَكٌ سَاجِدٌ .

"Der Himmel wurde schwer, und er ist berechtigt, schwer zu werden, denn in ihm gibt es keinen vierfingerbreiten Platz, ohne daß es darauf ein sudschud-vollziehender Engel ist.[154]

---

[153] Suratul-mud-dath-thir Nr. 74, Aya Nr. 31
[154] Überlieferung von Imam Ahmad und Imam At-tirmidhi

Eigennamen der Engel und ihre Funktionen

Folgende Engel sind uns mit ihrem Namen und ihrer Funktion bekannt:

- Der Engel Dschibril
  Weitere Namen von Dschibril (*'alaihis-salam*) sind *Ar-ruhul-amin*, الروح الأمين (der treue Geist) und *Ar-ruhul-qudus*, الروح القدس (der reine Geist).
  Die Übersetzung von *Ar-ruhul-qudus* mit "dem heiligen Geist" ist falsch, weil *al-qudus 'at-tahir,* الطاهر, der Reine' bedeutet.
  Die Bezeichnung "der Heilige Geist" ist eine christliche Bezeichnung und beschreibt die dritte Person in der christlichen Trinität. Diese Bezeichnung widerspricht eindeutig dem Tauhid und ist dem Islam absolut fremd.
  Dschibril (*'alaihis-salam*) ist der Überbringer von ALLAHs Botschaften zu den Gesandten und zu anderen Menschen.
  Er überbrachte z. B. ALLAHs Botschaft zum Gesandten Muhammad (*sallal-lahu 'alaihi wa sallam*) über seine Prophetenschaft und die frohe Botschaft zu Maryam (*'alaihas-salam*) über die Geburt des Gesandten 'Isa (*'alaihis-salam*).

  قُلْ مَن كَانَ عَدُوًّا لِّجِبْرِيلَ فَإِنَّهُۥ نَزَّلَهُۥ عَلَىٰ قَلْبِكَ بِإِذْنِ ٱللَّهِ مُصَدِّقًا لِّمَا
  بَيْنَ يَدَيْهِ وَهُدًى وَبُشْرَىٰ لِلْمُؤْمِنِينَ ﴿٩٧﴾

  Sag: 'Wer ein Feind von Dschibril war, (der soll es lassen), denn er war es gewiß, der ihn (den Quran) auf dein Herz mit ALLAHs Erlaubnis nach und nach herunterbrachte, bestätigend dessen, was vor ihm war, und eine Rechtleitung und eine frohe Botschaft für die Mumin.'[155]

[155] Suratul-baqara Nr. 2, Aya Nr. 97

فَاتَّخَذَتْ مِن دُونِهِمْ حِجَابًا فَأَرْسَلْنَا إِلَيْهَا رُوحَنَا فَتَمَثَّلَ

لَهَا بَشَرًا سَوِيًّا ﴿١٧﴾

Und sie errichtete vor ihnen einen Sichtschutz. Dann entsandten WIR ihr den Ruhh von UNS (Dschibril), dann erschien er ihr als ein makelloser Mensch.[156]

- Der Engel Mikail

  Er ist der Beauftragte für Regen.

مَن كَانَ عَدُوًّا لِّلَّهِ وَمَلَائِكَتِهِ وَرُسُلِهِ وَجِبْرِيلَ وَمِيكَالَ فَإِنَّ اللَّهَ عَدُوٌّ

لِّلْكَافِرِينَ ﴿٩٨﴾

Wer ein Feind für ALLAH, SEINE Engel, SEINE Gesandten, Dschibril und Mikail war, (der soll es lassen), denn ALLAH ist gewiß ein Feind für die Kafir.[157]

- Der Engel Israfil

  Er ist der Engel, der am Jüngsten Tag in das Horn blasen wird, um die Geschöpfe wieder zum Leben zu erwecken. Sein Name wird in vielen Hadithen erwähnt.

- Der Engel Malik

  Er ist der Beauftragte mit Dschahannam.

وَنَادَوْا يَا مَالِكُ لِيَقْضِ عَلَيْنَا رَبُّكَ قَالَ إِنَّكُم مَّاكِثُونَ ﴿٧٧﴾

Und sie riefen: "Malik! Laß deinen Herrn uns töten!" Er sagte: "Ihr müsst zweifellos bleiben!"[158]

---

[156] Suratu-maryam Nr. 19, Aya Nr. 17
[157] Suratul-baqara Nr. 2, Aya Nr. 98
[158] Suratuz-zuchruf Nr. 43, Aya Nr. 77

Funktionale Benennung einzelner Engel

Folgende fünf Engel sind uns mit ihrer Funktion bekannt:

- Die edlen Schreibenden.

أَمْ يَحْسَبُونَ أَنَّا لَا نَسْمَعُ سِرَّهُمْ وَنَجْوَاهُم ۚ بَلَىٰ وَرُسُلُنَا لَدَيْهِمْ يَكْتُبُونَ

Oder denken sie etwa, daß WIR ihr Geheimnis und ihre heimliche Unterredung nicht hören? Doch, mit Sicherheit! Und UNSERE Boten bei ihnen schreiben es auf.[159]

- Der Engel, der mit dem Tod beauftragt ist.

۞ قُلْ يَتَوَفَّاكُم مَّلَكُ الْمَوْتِ الَّذِي وُكِّلَ بِكُمْ ثُمَّ إِلَىٰ رَبِّكُمْ تُرْجَعُونَ ﴿١١﴾

Sag: 'Der Engel des Todes, der für euch zuständig gemacht wurde, wird eure (Seelen) vollständig nehmen, dann werdet ihr zu eurem Herrn zurückgebracht.'[160]

- Die Tragenden des Throns

وَالْمَلَكُ عَلَىٰ أَرْجَائِهَا ۚ وَيَحْمِلُ عَرْشَ رَبِّكَ فَوْقَهُمْ يَوْمَئِذٍ ثَمَانِيَةٌ ﴿١٧﴾

(..) und die Engel sind an seinen Rändern. Und *Al-'arsch* von deinem Herrn tragen über ihnen an diesem Tag acht.[161]

- Die Beauftragten mit Dschahannam

عَلَيْهَا تِسْعَةَ عَشَرَ ﴿٣٠﴾ وَمَا جَعَلْنَا أَصْحَابَ النَّارِ إِلَّا مَلَائِكَةً

Über ihr (der Hölle) sind neunzehn. Und WIR ließen die Verantwortlichen des Feuers nichts anderes als Engel sein.[162]

- Die Beauftragten mit der Dschanna

[159] Suratuz-zuchruf Nr. 43, Aya Nr. 80
[160] Suratus-sadschda Nr. 32, Aya Nr. 11
[161] Suratul-haq-qa Nr. 69, Aya Nr. 17
[162] Suratul-mud-dath-thir Nr. 74, Ayat Nr. 30-31

Die Auswirkungen dieses Iman auf die Mumin

- Dieser Iman bietet den Muslimen rationale Erklärungsmöglichkeiten für übernatürliche Phänomene.
  Er macht sie immun gegen Aberglauben, Legenden, Mythen usw.

- Dieser Iman bewirkt bei den Muslimen Aufrichtigkeit, Selbstkontrolle und Verantwortungsbewußtsein bei allen offenen und geheimen Handlungen, weil sie die Gewißheit haben, daß alle Taten von den Engeln beobachtet und für die Abrechnung am Jüngsten Tag aufgezeichnet werden.

- Dieser Iman fördert die Standhaftigkeit und die Geduld der Mumin, weil sie die Gewißheit haben, daß sie von Engeln begleitet werden, die sie behüten und bewachen und mit ihnen gemeinsam ALLAH (*ta'ala*) preisen.

- Dieser Iman bestärkt die Einsatzbereitschaft und die Ausdauer der Muslime bei ihrem aktiven Widerstand gegen Unrecht und Unterdrückung, weil sie die Gewißheit haben, daß sie in ihrem Widerstand nicht alleine stehen, sondern von vielen Engeln umgeben sind und auf deren Unterstützung sie zählen können.

Die Dschinn, الجن

Der Iman an Dschinn beinhaltet, daß Muslime mit Gewißheit die Existenz der Dschinn, als wahre aus Feuer erschaffene Geschöpfe verinnerlichen, und ihre im Quran und in der Sunna aufgeführten Eigenschaften und Fähigkeiten für wahr halten. Das Wissen über die Dschinn gehört zu dem verborgenen Wissen, über das nur ALLAH (*ta'ala*) verfügt.

وَإِذْ صَرَفْنَآ إِلَيْكَ نَفَرًا مِّنَ ٱلْجِنِّ يَسْتَمِعُونَ ٱلْقُرْءَانَ فَلَمَّا حَضَرُوهُ قَالُوٓا۟ أَنصِتُوا۟ ۖ فَلَمَّا قُضِىَ وَلَّوْا۟ إِلَىٰ قَوْمِهِم مُّنذِرِينَ ﴿٢٩﴾

Und (erinnere daran), als WIR dir eine Gruppe von den Dschinn zuwandten, die dem Quran zuhörten. Und als sie bei ihm anwesend wurden, sagten sie: "Hört zu!" Und dann, als damit aufgehört wurde, kehrten sie zu ihren Leuten als Warnende zurück.[163]

1. Eigenschaften und Fähigkeiten der Dschinn

- Dschinn wurden aus Feuer erschaffen.

وَٱلْجَآنَّ خَلَقْنَـٰهُ مِن قَبْلُ مِن نَّارِ ٱلسَّمُومِ

Und die Dschinn erschufen WIR zuvor aus dem Samum-Feuer (Hitze bzw. Feuer ohne Rauch, welche die Hautporen durchdringt).[164]

- Die Körper der Dschinn sind immateriell und mit den menschlichen Sinnen normalerweise nicht wahrnehmbar. Sie haben die Fähigkeit, in die Dimension der Menschen einzudringen, die Gestalt von Menschen anzunehmen und die Menschen mit ihren Sinnen wahrzunehmen.
- Dschinn leben in Gemeinschaften, aber in einer für die Menschen nicht wahrnehmbaren Dimension. ALLAH (*ta'ala*) sandte ihnen Gesandte, die ihnen die Rechtleitung brachten und sie zum Islam einluden.

---

[163] Suratul-ahqaf Nr. 46, Aya Nr. 29
[164] Suratul-hidschr Nr. 15, Aya Nr. 27

يَٰمَعْشَرَ ٱلْجِنِّ وَٱلْإِنسِ أَلَمْ يَأْتِكُمْ رُسُلٌ مِّنكُمْ يَقُصُّونَ عَلَيْكُمْ ءَايَٰتِى

وَيُنذِرُونَكُمْ لِقَآءَ يَوْمِكُمْ هَٰذَا ۚ قَالُوا۟ شَهِدْنَا عَلَىٰٓ أَنفُسِنَا ۖ

Ihr Gesellschaft von Dschinn und Menschen! Sind von euch keine Gesandten zu euch gekommen, um euch MEINE Ayat vorzutragen und euch vor dem Zusammentreffen mit diesem eurigen Tag zu warnen?! Sie sagen: "Wir bezeugen es gegen uns selbst."[165]

- Dschinn verfügen über Urteilsfähigkeit und Entscheidungsfreiheit für Gut und Böse, deshalb wird ihnen am Jüngsten Tag entsprechend ihren Handlungen vergolten. Unter ihnen sind Muslime und Nicht-Muslime.

وَأَنَّا مِنَّا ٱلصَّٰلِحُونَ وَمِنَّا دُونَ ذَٰلِكَ ۖ كُنَّا طَرَآئِقَ قِدَدًا

(.. und), daß unter uns die gottgefällig Guttuenden sind - und unter uns sind manche unter diesem (Niveau) - wir gehörten verschiedenen Konfessionen an.[166]

- Dschinn, die Kafir sind, nennt man "*Schaitan,* شيطان", z. B. der Satan (*Iblis*, إبليس). Er widersprach ALLAH (*ta'ala*) und beharrte darauf.

وَإِذْ قُلْنَا لِلْمَلَٰٓئِكَةِ ٱسْجُدُوا۟ لِـَٔادَمَ فَسَجَدُوٓا۟ إِلَّآ إِبْلِيسَ كَانَ

مِنَ ٱلْجِنِّ فَفَسَقَ عَنْ أَمْرِ رَبِّهِۦٓ ۗ

Und (erinnere daran), als WIR den Engeln sagten: "Vollzieht Sudschud für Adam!" Dann vollzogen sie Sudschud; außer Iblis, er war von den Dschinn, so widersprach er dem Gebot seines Herrn.[167]

2. Allgemeine Definition von "Satan"

Satane sind Menschen und Dschinn, welche Kafir sind und andere Menschen und Dschinn zum Kufr verführen und zu schlechten Taten verleiten.

وَكَذَٰلِكَ جَعَلْنَا لِكُلِّ نَبِىٍّ عَدُوًّا شَيَٰطِينَ ٱلْإِنسِ وَٱلْجِنِّ يُوحِى بَعْضُهُمْ

إِلَىٰ بَعْضٍ زُخْرُفَ ٱلْقَوْلِ غُرُورًا ۚ

Und solcherart haben WIR jedem Gesandten einen Feind bestimmt - die Satane der Menschen und der Dschinn; die einen von ihnen geben den anderen schön erscheinendes Gerede als Täuschung ein.[168]

---

[165] Suratul-an'am Nr. 6, Aya Nr. 130
[166] Suratul-dschinn Nr. 72, Aya Nr. 11
[167] Suratul-kahf Nr. 18, Aya Nr. 50
[168] Suratul-an'am Nr. 6, Aya Nr. 112

IV. Kapitel

al-imanu bir-rusul, الإيمان بالرسل

Der Iman an die Gesandten ALLAHs

Definition

Dieser Iman bedeutet, daß Muslime den Iman an alle im Quran namentlich erwähnten Gesandten und Propheten verinnerlichen, und die Gewißheit darüber haben, daß ALLAH (*ta'ala*) andere Gesandten und Propheten entsandte, deren Anzahl und Namen nur ER kennt.

وَلِكُلِّ أُمَّةٍ رَّسُولٌ ۖ فَإِذَا جَاءَ رَسُولُهُمْ قُضِيَ بَيْنَهُم بِالْقِسْطِ وَهُمْ
لَا يُظْلَمُونَ ﴿٤٧﴾

Und für jede Umma gibt es einen Gesandten. Und wenn ihr Gesandter eintrifft, wird zwischen ihnen gerecht gerichtet, und sie werden keinerlei Unrecht unterliegen.[169]

Die Islamologen unterscheiden zwei Arten von ALLAHs Gesandten:

a. An-nabi, النبي:
Dies ist die Bezeichnung für Menschen, die eine Offenbarung von ALLAH (*ta'ala*) empfangen haben und nicht mit ihrer öffentlichen Verkündigung an die Menschen beauftragt wurden.
Es ist auch eine Bezeichnung für Menschen, die keine neue Botschaft von ALLAH (*ta'ala*) erhielten, sondern die Offenbarung und Botschaft vorhergehender Gesandter bestätigten.
Beispiele von Propheten sind Adam, Idris und die Propheten der Juden, die nach Musa kamen (*'alaihimus-salam*).

b. Ar-rasul, الرسول:
Dies ist die Bezeichnung für Menschen, die eine Offenbarung von ALLAH (*ta'ala*) empfangen haben und zusätzlich mit ihrer öffent-

[169] Suratu-yunus Nr. 10, Aya Nr. 47

lichen Verkündigung an die Menschen beauftragt wurden, z. B. Ibrahim, Musa, Isa, Muhammad (*'alaihimus-salam*).

Aus den Definitionen ergibt sich, daß jeder Rasul gleichzeitig auch in die Kategorie eines Nabi eingeordnet werden kann.
In der Kategorie der Gesandten wird insbesondere die Rolle von "*Ulul-'azm*: أولو العزم", d. h. den Standhaften, hervorgehoben. Zu ihnen zählen nach den meisten Islamologen: Nuh, Ibrahim, Musa, 'Isa und Muhammad (*'alaihimus-salam*).

وَإِذۡ أَخَذۡنَا مِنَ ٱلنَّبِيِّـۧنَ مِيثَٰقَهُمۡ وَمِنكَ وَمِن نُّوحٖ وَإِبۡرَٰهِيمَ وَمُوسَىٰ

وَعِيسَى ٱبۡنِ مَرۡيَمَۖ وَأَخَذۡنَا مِنۡهُم مِّيثَٰقًا غَلِيظٗا ٧

Und (erinnere daran), als WIR von den Propheten ihr Gelöbnis entgegennahmen, von dir und von Nuh, Ibrahim, Musa und 'Isa, Maryams Sohn. Und WIR nahmen von ihnen ein äußerst verbindliches Gelöbnis entgegen.[170]

[170] Suratul-ahzab Nr. 33, Aya Nr. 7

Quran- und Sunna-Aussagen über die Propheten

- Sie waren von ALLAH (*ta'ala*) auserwählte Menschen, ohne übernatürliche oder göttliche Attribute.

قَالَتْ لَهُمْ رُسُلُهُمْ إِن نَّحْنُ إِلَّا بَشَرٌ مِّثْلُكُمْ وَلَٰكِنَّ ٱللَّهَ يَمُنُّ عَلَىٰ مَن يَشَآءُ

مِنْ عِبَادِهِۦ ۖ وَمَا كَانَ لَنَآ أَن نَّأْتِيَكُم بِسُلْطَٰنٍ إِلَّا بِإِذْنِ ٱللَّهِ ۚ

Ihre Gesandten sagten ihnen: "Wir sind gewiß nur Menschen wie ihr. Doch ALLAH erweist Gnade, wem von SEINEN Dienern ER will. Und uns steht es nicht zu, euch eine Bestätigung zu erbringen, es sei denn mit ALLAHs Erlaubnis.[171]

- Die Gesamtzahl der Gesandten und deren Namen sind nicht bekannt.

وَلَقَدْ أَرْسَلْنَا رُسُلًا مِّن قَبْلِكَ مِنْهُم مَّن قَصَصْنَا عَلَيْكَ وَمِنْهُم

مَّن لَّمْ نَقْصُصْ عَلَيْكَ ۗ

Und bereits entsandten WIR Gesandte vor dir. Von ihnen sind manche, über die WIR dir berichteten, und von ihnen sind manche, über die WIR dir nicht berichteten.[172]

- Zu jeder Gemeinschaft wurden Gesandte entsandt, um die Rechtleitung von ALLAH (*ta'ala*) zu überbringen.

وَإِن مِّنْ أُمَّةٍ إِلَّا خَلَا فِيهَا نَذِيرٌ

Und es gibt keine Umma, außer daß bei ihr ein Warner war.[173]

- Sie waren frei (unversklavt) und männlich.

وَمَآ أَرْسَلْنَا مِن قَبْلِكَ إِلَّا رِجَالًا نُّوحِىٓ إِلَيْهِمْ ۚ

Und vor dir entsandten WIR als Gesandte nur Männer, denen WIR Wahy zuteil werden ließen.[174]

---

[171] Suratu-ibrahim Nr. 14, Aya Nr. 11
[172] Suratu-ghafir Nr. 40, Aya Nr. 78
[173] Suratu-fatir Nr. 35, Aya Nr. 24
[174] Suratun-nahl Nr. 16, Aya Nr. 43

Die im Quran erwähnten Propheten

quranischer Name	deutsche Umschrift	biblischer Name
أدم	Adam	Adam
نوح	Nuh	Noah
إدريس	Idris	Henoch
صالح	Salih	
إبراهيم	Ibrahim	Abraham
هود	Hud	
زكريا	Zakariya	Zacharias
يونس	Yunus	Jonas
إسماعيل	Isma'il	Ismael
إسحاق	Ishaq	Isaak
يعقوب	Ja'qub	Jakob
يوسف	Yusuf	Joseph
أيوب	Ayyub	Hiob
شعيب	Schu'aib	
موسى	Musa	Moses
هارون	Harun	Aaron
اليسع	Alyas'	Elisa
ذو الكفل	Dhul-kifl	
داود	Dawud	David
لوط	Lut	Lot
سليمان	Sulayman	Salomo
إلياس	Ilyas	Elias
يحيى	Yahya	Johannes
عيسى	'Isa	Jesus
محمد	Muhammad	

Das Wissen über die Gesamtzahl der Gesandten und Propheten gehört zu dem verborgenen Wissen, über das nur ALLAH (*ta'ala*) verfügt. Im Quran wurden von der uns unbekannten Gesamtzahl der Gesandten und Propheten nur die o. g. 25 namentlich genannt.

وَتِلْكَ حُجَّتُنَآ ءَاتَيْنَٰهَآ إِبْرَٰهِيمَ عَلَىٰ قَوْمِهِۦ ۚ نَرْفَعُ دَرَجَٰتٍ مَّن نَّشَآءُ ۗ إِنَّ
رَبَّكَ حَكِيمٌ عَلِيمٌ ﴿٨٣﴾ وَوَهَبْنَا لَهُۥٓ إِسْحَٰقَ وَيَعْقُوبَ ۚ كُلًّا هَدَيْنَا ۚ
وَنُوحًا هَدَيْنَا مِن قَبْلُ ۖ وَمِن ذُرِّيَّتِهِۦ دَاوُۥدَ وَسُلَيْمَٰنَ وَأَيُّوبَ وَيُوسُفَ
وَمُوسَىٰ وَهَٰرُونَ ۚ وَكَذَٰلِكَ نَجْزِى ٱلْمُحْسِنِينَ ﴿٨٤﴾ وَزَكَرِيَّا
وَيَحْيَىٰ وَعِيسَىٰ وَإِلْيَاسَ ۖ كُلٌّ مِّنَ ٱلصَّٰلِحِينَ ﴿٨٥﴾ وَإِسْمَٰعِيلَ
وَٱلْيَسَعَ وَيُونُسَ وَلُوطًا ۚ وَكُلًّا فَضَّلْنَا عَلَى ٱلْعَٰلَمِينَ ﴿٨٦﴾

Das ist UNSER Argument, welches WIR Ibrahim seinen Leuten gegenüber gaben. WIR erhöhen um Stellungen, wen WIR wollen. Dein Herr ist gewiß allweise, allwissend. Und WIR schenkten ihm Ishak und Ya'qub. Beide leiteten WIR recht. und WIR leiteten davor Nuh recht und von seinen Nachkommen Dawud, Sulaiman, Ayyub, Jusuf, Musa und Harun. So belohnen WIR die Ihsan-Handelnden. Und Zakaria, Jahia, 'Isa und Elias, sie alle gehörten zu den gottgefällig Guttuenden. Und Isma'il, Alys', Junus und Lut. Und sie alle erwählten WIR vor den Menschen aus.[175]

وَإِلَىٰ عَادٍ أَخَاهُمْ هُودًا ۚ

Und zu 'Aad (entsandten WIR) ihren Bruder Hud.[176]

﴿ وَإِلَىٰ ثَمُودَ أَخَاهُمْ صَٰلِحًا ۚ

Und zu Thamud (entsandten WIR) ihren Bruder Salih.[177]

﴿ وَإِلَىٰ مَدْيَنَ أَخَاهُمْ شُعَيْبًا ۚ

Und zu Madyan (entsandten WIR) ihren Bruder Schu'aib.[178]

---

175 Suratul-an'am Nr. 6, Ayat Nr. 83-86
176 Suratu-hud Nr. 11, Aya Nr. 50
177 Suratu-hud Nr. 11, Aya Nr. 61
178 Suratul-hud Nr. 11, Aya Nr. 84

۞ إِنَّ ٱللَّهَ ٱصۡطَفَىٰٓ ءَادَمَ وَنُوحٗا وَءَالَ إِبۡرَٰهِيمَ وَءَالَ عِمۡرَٰنَ عَلَى ٱلۡعَٰلَمِينَ

Gewiß erwählte ALLAH Adam, Nuh, die Familie Ibrahims und die Familie Imrans vor allen Menschen aus.[179]

وَإِسۡمَٰعِيلَ وَإِدۡرِيسَ وَذَا ٱلۡكِفۡلِۖ كُلّٞ مِّنَ ٱلصَّٰبِرِينَ

Ebenfalls Isma'il, Idris und Dhal-kifl - sie alle waren von den sich in Geduld Übenden.[180]

مُّحَمَّدٞ رَّسُولُ ٱللَّهِۚ

Muhammad ist ALLAHs Gesandter.[181]

Die Bezeichnung anderer Menschen außer den 25 o. g. Propheten und Gesandten als Propheten oder Gesandten ALLAHs liegt im Bereich der Spekulationen und ist deshalb nicht erlaubt und stellt eine Verletzung dieses Iman dar.

---

[179] Suratu aali-'imran Nr. 3, Aya Nr. 33
[180] Suratul-anbiyaa Nr. 21, Aya Nr. 85
[181] Suratul-fat-h Nr. 48, Aya Nr. 29

Eigenschaften und Fähigkeiten der Propheten

- Sie waren in jeder Hinsicht die vollkommensten menschlichen Geschöpfe ALLAHs und auch ihr Äußeres war makellos.

ٱللَّهُ يَصۡطَفِي مِنَ ٱلۡمَلَٰٓئِكَةِ رُسُلٗا وَمِنَ ٱلنَّاسِۚ

ALLAH erwählt aus den Engeln Gesandte und aus den Menschen.[182]

- Sie verkörperten die besten moralisch-ethischen Werte und erfüllten die ihnen anvertrauten Aufgaben auf die beste und vollkommenste Art. Sie waren echte vertrauenswürdige Leitbilder.

إِذۡ قَالَ لَهُمۡ أَخُوهُمۡ نُوحٌ أَلَا تَتَّقُونَ ﴿١٠٦﴾ إِنِّي لَكُمۡ رَسُولٌ أَمِينٞ ﴿١٠٧﴾ فَٱتَّقُواْ ٱللَّهَ وَأَطِيعُونِ ﴿١٠٨﴾ وَمَآ أَسۡـَٔلُكُمۡ عَلَيۡهِ مِنۡ أَجۡرٍۖ إِنۡ أَجۡرِيَ إِلَّا عَلَىٰ رَبِّ ٱلۡعَٰلَمِينَ ﴿١٠٩﴾

Als ihnen ihr Bruder Nuh sagte: "Wollt ihr keine Taqwa beherzigen? Ich bin für euch ein treuer Gesandter, so beherzigt Taqwa ALLAH gegenüber und gehorcht mir. Und ich bitte euch dafür um keinen Lohn. Mein Lohn obliegt nur Dem Herrn aller Schöpfung.[183]

- Als Geschöpfe ALLAHs waren sie Menschen mit menschlichen Eigenschaften und Fähigkeiten, ohne göttliche Attribute.

وَلَقَدۡ أَرۡسَلۡنَا رُسُلٗا مِّن قَبۡلِكَ وَجَعَلۡنَا لَهُمۡ أَزۡوَٰجٗا وَذُرِّيَّةٗۚ وَمَا كَانَ لِرَسُولٍ أَن يَأۡتِيَ بِـَٔايَةٍ إِلَّا بِإِذۡنِ ٱللَّهِۗ لِكُلِّ أَجَلٖ كِتَابٞ ﴿٣٨﴾

---

[182] Suratul-hadsch Nr. 22, Aya Nr. 75
[183] Suratusch-schu'araa Nr. 26, Aya Nr. 106-109

Und bereits entsandten WIR vor dir Gesandte und gaben ihnen Ehefrauen und Nachwuchs. Und kein Gesandter ist befugt eine Aya zu bringen, außer mit der Erlaubnis ALLAHs. Für jede Zeitspanne gibt es gewiß eine Schrift.[184]

Auch 'Isa (*'alaihis-salam*) und seine Mutter Maryam stellten in dieser Beziehung keine Ausnahme dar. Sie waren wie alle anderen Menschen Geschöpfe ALLAHs, die gegessen und getrunken haben.

مَّا ٱلْمَسِيحُ ٱبْنُ مَرْيَمَ إِلَّا رَسُولٌ قَدْ خَلَتْ
مِن قَبْلِهِ ٱلرُّسُلُ وَأُمُّهُۥ صِدِّيقَةٌ كَانَا يَأْكُلَانِ ٱلطَّعَامَ

Der Masih, Maryams Sohn, war gewiß nur ein Gesandter, vor dem andere Gesandte bereits dahingingen, und seine Mutter war eine Wahrheitsliebende. Beide haben die Speisen gegessen![185]

- Sie verkündeten und bestätigten den reinen Tauhid, d. h. sie forderten die Menschen auf, einzig und allein ALLAH (*ta'ala*) zu dienen, sich IHM zu unterwerfen und IHN anzubeten.

وَمَآ أَرْسَلْنَا مِن قَبْلِكَ مِن رَّسُولٍ إِلَّا نُوحِىٓ إِلَيْهِ أَنَّهُۥ لَآ إِلَٰهَ إِلَّآ
أَنَا۠ فَٱعْبُدُونِ ﴿٢٥﴾

Und WIR entsandten vor dir keinen Gesandten, ohne daß WIR ihm Wahy zuteil werden ließen: 'Es gibt keine Gottheit außer MIR, so dient nur MIR.'[186]

- ALLAH (*ta'ala*) gab einigen von ihnen Vorrang über andere.

۞ تِلْكَ ٱلرُّسُلُ فَضَّلْنَا بَعْضَهُمْ عَلَىٰ بَعْضٍ مِّنْهُم مَّن كَلَّمَ ٱللَّهُ وَرَفَعَ
بَعْضَهُمْ دَرَجَٰتٍ وَءَاتَيْنَا عِيسَى ٱبْنَ مَرْيَمَ ٱلْبَيِّنَٰتِ وَأَيَّدْنَٰهُ بِرُوحِ
ٱلْقُدُسِ

[184] Suratur-ra'd Nr. 13, Aya Nr. 38
[185] Suratul-ma-ida Nr. 5, Aya Nr. 75
[186] Suratul-anbiyaa Nr. 21, Aya Nr. 25

Diese Gesandten, den einen von ihnen gewährten WIR Fadl den anderen gegenüber. Zu einigen von ihnen sprach ALLAH und andere erhöhte ER um Stellungen. Und WIR ließen ‘Isa, Maryams Sohn, die Wunderzeichen zukommen und unterstützten ihn mit *Ruhhul-qudus* (dem reinen Geist, Dschibril).[187]

- Sie waren aufrichtig, sündenfrei und unfehlbar in Bezug auf die Verkündung der Botschaft ALLAHs.

أُو۟لَـٰٓئِكَ ٱلَّذِينَ ءَاتَيْنَـٰهُمُ ٱلْكِتَـٰبَ وَٱلْحُكْمَ وَٱلنُّبُوَّةَ ۚ فَإِن يَكْفُرْ
بِهَا هَـٰٓؤُلَآءِ فَقَدْ وَكَّلْنَا بِهَا قَوْمًا لَّيْسُوا۟ بِهَا بِكَـٰفِرِينَ ﴿٨٩﴾ أُو۟لَـٰٓئِكَ
ٱلَّذِينَ هَدَى ٱللَّهُ ۖ فَبِهُدَىٰهُمُ ٱقْتَدِهْ ۗ قُل لَّآ أَسْـَٔلُكُمْ عَلَيْهِ أَجْرًا ۖ إِنْ هُوَ
إِلَّا ذِكْرَىٰ لِلْعَـٰلَمِينَ ﴿٩٠﴾

Diese sind diejenigen, denen WIR die Schrift zuteil werden ließen, die Weisheit und das Prophetentum. Und sollten diese (deine Leute) demgegenüber Kufr betreiben, werden WIR dann dafür (für diese Botschaft) eine Gemeinschaft als Wakil einsetzen, die demgegenüber keinen Kufr betreibt. Dies sind diejenigen, die ALLAH rechtleitete, so folge ihrer Rechtleitung. Sag: ‘Ich erbitte von euch dafür keinen Lohn.’ Es ist gewiß nichts anderes als eine Ermahnung für die Menschen.[188]

- Sie vollbrachten mit der Erlaubnis ALLAHs Wunder, zur Bestätigung ihrer Prophetenschaft.

Beispiele dieser Wunder aus dem Quran:

قَالُوا۟ حَرِّقُوهُ وَٱنصُرُوٓا۟ ءَالِهَتَكُمْ إِن كُنتُمْ فَـٰعِلِينَ ﴿٦٨﴾ قُلْنَا يَـٰنَارُ كُونِى
بَرْدًا وَسَلَـٰمًا عَلَىٰٓ إِبْرَٰهِيمَ ﴿٦٩﴾

Sie sagten: “Verbrennt ihn und unterstützt eure Götter, solltet ihr dies tun wollen!” WIR sagten: “Feuer! Sei etwas Kühlendes und Friede für Ibrahim!”[189]

---

[187] Suratul-baqara Nr. 2, Aya Nr. 253
[188] Suratul-an’am Nr. 6, Ayat Nr. 89-90
[189] Suratul-anbiyaa Nr. 21, Ayat Nr. 68-69

۞ وَإِذِ ٱسْتَسْقَىٰ مُوسَىٰ لِقَوْمِهِۦ فَقُلْنَا ٱضْرِب بِّعَصَاكَ ٱلْحَجَرَ ۖ فَٱنفَجَرَتْ
مِنْهُ ٱثْنَتَا عَشْرَةَ عَيْنًا ۖ

Und (erinnere daran), als Musa für seine Leute um Wasser bat, dann sagten WIR: "Schlag mit deinem Stock an den Felsen!" Dann entsprangen daraus zwölf Quellen.[190]

وَأُنَبِّئُكُم بِمَا تَأْكُلُونَ وَمَا تَدَّخِرُونَ فِى بُيُوتِكُمْ ۚ إِنَّ فِى ذَٰلِكَ لَءَايَةً
لَّكُمْ إِن كُنتُم مُّؤْمِنِينَ

und ich teile euch mit, was ihr esst und was ihr in euren Häusern speichert. Darin ist sicherlich eine Aya für euch, wenn ihr Mumin seid.[191]

وَإِذْ قَالَ إِبْرَٰهِـۧمُ رَبِّ أَرِنِى كَيْفَ تُحْىِ ٱلْمَوْتَىٰ ۖ قَالَ أَوَلَمْ
تُؤْمِن ۖ قَالَ بَلَىٰ وَلَٰكِن لِّيَطْمَئِنَّ قَلْبِى ۖ قَالَ فَخُذْ أَرْبَعَةً مِّنَ
ٱلطَّيْرِ فَصُرْهُنَّ إِلَيْكَ ثُمَّ ٱجْعَلْ عَلَىٰ كُلِّ جَبَلٍ مِّنْهُنَّ جُزْءًا ثُمَّ
ٱدْعُهُنَّ يَأْتِينَكَ سَعْيًا ۚ وَٱعْلَمْ أَنَّ ٱللَّهَ عَزِيزٌ حَكِيمٌ ﴿٢٦٠﴾

Und (erinnere daran,) als Ibrahim sagte: "Mein Herr, zeig mir, wie DU die Toten belebst!" ER sagte: "Hast du etwa den Iman noch nicht verinnerlicht?!" Er sagte: "Doch, mit Sicherheit! Aber damit mein Herz Ruhe findet." ER sagte: "Nimm dir vier Vögel und zerstückle sie, dann lege auf jeden Berg einen Teil von ihnen, dann rufe sie, kommen sie eilends zu dir. Und wisse, daß ALLAH allwürdig, allweise ist!"[192]

إِذْ قَالَ ٱللَّهُ يَٰعِيسَى ٱبْنَ مَرْيَمَ ٱذْكُرْ نِعْمَتِى عَلَيْكَ وَعَلَىٰ وَٰلِدَتِكَ إِذْ
أَيَّدتُّكَ بِرُوحِ ٱلْقُدُسِ تُكَلِّمُ ٱلنَّاسَ فِى ٱلْمَهْدِ وَكَهْلًا ۖ وَإِذْ عَلَّمْتُكَ ٱلْكِتَٰبَ
وَٱلْحِكْمَةَ وَٱلتَّوْرَىٰةَ وَٱلْإِنجِيلَ ۖ وَإِذْ تَخْلُقُ مِنَ ٱلطِّينِ كَهَيْـَٔةِ ٱلطَّيْرِ
بِإِذْنِى فَتَنفُخُ فِيهَا فَتَكُونُ طَيْرًۢا بِإِذْنِى ۖ وَتُبْرِئُ ٱلْأَكْمَهَ وَٱلْأَبْرَصَ بِإِذْنِى ۖ
وَإِذْ تُخْرِجُ ٱلْمَوْتَىٰ بِإِذْنِى ۖ وَإِذْ كَفَفْتُ بَنِىٓ إِسْرَٰٓءِيلَ عَنكَ إِذْ جِئْتَهُم
بِٱلْبَيِّنَٰتِ فَقَالَ ٱلَّذِينَ كَفَرُوا۟ مِنْهُمْ إِنْ هَٰذَآ إِلَّا سِحْرٌ مُّبِينٌ ﴿١١٠﴾

190 Suratul-baqara Nr. 2, Aya Nr. 60
191 Suratu aali-'imran Nr. 3, Aya Nr. 49
192 Suratul-baqara Nr. 2, Aya Nr. 260

(Und erinnere daran), als ALLAH sagte: “Isa, Maryams Sohn! Gedenke MEINER Gabe an dich und an deine Mutter, als ICH dich mit *Ruhhul-qudus* (dem reinen Geist, Dschibril) stärkte - du sprachst zu den Menschen sowohl (als Kind) in der Wiege als auch als Erwachsener, und als ICH dich die Schrift, die Weisheit, At-taurat und Al-indschil lehrte, und als du mit MEINER Erlaubnis aus Ton Gleiches wie Vögel formtest und in dieses dann einhauchtest, dann wurde dieses mit MEINER Erlaubnis zu (wirklichen) Vögeln, und du hast die Blinden und die Aussätzigen geheilt mit MEINER Erlaubnis, und als du die Toten mit MEINER Erlaubnis erwecktest, und als ICH die Kinder Israils von dir abgehalten habe, als du zu ihnen mit den deutlichen Zeichen kamst und diejenigen Kafir unter ihnen sagten: “Dies ist nichts anderes als mächtige Magie.”[193]

قَالَ عِيسَى ٱبْنُ مَرْيَمَ ٱللَّهُمَّ رَبَّنَآ أَنزِلْ عَلَيْنَا مَآئِدَةً مِّنَ ٱلسَّمَآءِ تَكُونُ لَنَا
عِيدًا لِّأَوَّلِنَا وَءَاخِرِنَا وَءَايَةً مِّنكَ وَٱرْزُقْنَا وَأَنتَ خَيْرُ ٱلرَّٰزِقِينَ ﴿١١٤﴾ قَالَ
ٱللَّهُ إِنِّى مُنَزِّلُهَا عَلَيْكُمْ فَمَن يَكْفُرْ بَعْدُ مِنكُمْ فَإِنِّىٓ أُعَذِّبُهُۥ عَذَابًا
لَّآ أُعَذِّبُهُۥٓ أَحَدًا مِّنَ ٱلْعَٰلَمِينَ ﴿١١٥﴾

‘Isa, Maryams Sohn sagte: “ALLAH! Unser Herr! Sende uns einen (mit Speisen gedeckten) Tisch vom Himmel herab, damit dieser ein immer wiederkehrendes Fest für uns wird - für die Ersten und für die Letzten von uns, und als Aya von DIR, und gewähre uns Rizq, denn DU bist Der Beste, Der Rizq gewährt.” ALLAH sagte: “ICH lasse ihn zu euch herabsenden. Wer aber von euch danach Kufr betreibt, den werde ICH mit einer Peinigung peinigen, mit der ICH sonst keinen anderen der Menschen peinigen werde.”[194]

۞ وَأَوْحَيْنَآ إِلَىٰ مُوسَىٰٓ أَنْ أَلْقِ عَصَاكَ فَإِذَا هِىَ
تَلْقَفُ مَا يَأْفِكُونَ ﴿١١٧﴾

Und WIR ließen Musa durch Wahy zuteil werden: “Nun wirf deinen Stock!” Dann schluckte er alles, was sie (die Magier) vortäuschten.[195]

---

[193] Suratul-ma-ida Nr. 5, Aya Nr. 110
[194] Suratul-ma-ida Nr. 5, Aya Nr. 114-115
[195] Suratul-a’raf Nr. 7, Aya Nr. 117

سُبۡحَٰنَ ٱلَّذِىٓ أَسۡرَىٰ بِعَبۡدِهِۦ لَيۡلًا مِّنَ ٱلۡمَسۡجِدِ ٱلۡحَرَامِ
إِلَى ٱلۡمَسۡجِدِ ٱلۡأَقۡصَا ٱلَّذِى بَٰرَكۡنَا حَوۡلَهُۥ لِنُرِيَهُۥ
مِنۡ ءَايَٰتِنَآۚ

Gepriesen-erhaben ist Derjenige, Der SEINEN Diener nachts reisen ließ - in einem Teil der Nacht von *Al-masdschidil-haram* (Mekka-Moschee) zur *Al-masdschidil-aqsa* (Al-aqsa Moschee in Al-quds/Jerusalem), um die herum WIR *Baraka* austeilten, um ihm von UNSEREN Ayat zu zeigen.[196]

وَقَالُواْ لَوۡلَآ أُنزِلَ عَلَيۡهِ ءَايَٰتٌ مِّن رَّبِّهِۦۖ قُلۡ إِنَّمَا ٱلۡأٓيَٰتُ عِندَ ٱللَّهِ
وَإِنَّمَآ أَنَا۠ نَذِيرٌ مُّبِينٌ ﴿٥٠﴾ أَوَلَمۡ يَكۡفِهِمۡ أَنَّآ أَنزَلۡنَا عَلَيۡكَ ٱلۡكِتَٰبَ
يُتۡلَىٰ عَلَيۡهِمۡۚ إِنَّ فِى ذَٰلِكَ لَرَحۡمَةً وَذِكۡرَىٰ لِقَوۡمٍ يُؤۡمِنُونَ ﴿٥١﴾

Und sie sagten: “Würden ihm doch Ayat von seinem Herrn offenbart!” Sag: ‘Die Ayat sind nur bei ALLAH und ich bin ausschließlich ein erläuternder Warner.’ War es ihnen denn nicht genug, daß WIR dir die Schrift offenbarten, die ihnen vorgetragen wird?! Darin ist gewiß Gnade und Ermahnung für Leute, die den Iman verinnerlichen.[197]

وَقَوۡلِهِمۡ إِنَّا قَتَلۡنَا ٱلۡمَسِيحَ عِيسَى ٱبۡنَ مَرۡيَمَ رَسُولَ ٱللَّهِ وَمَا قَتَلُوهُ وَمَا
صَلَبُوهُ وَلَٰكِن شُبِّهَ لَهُمۡۚ وَإِنَّ ٱلَّذِينَ ٱخۡتَلَفُواْ فِيهِ لَفِى شَكٍّ مِّنۡهُۚ مَا لَهُم بِهِۦ
مِنۡ عِلۡمٍ إِلَّا ٱتِّبَاعَ ٱلظَّنِّۚ وَمَا قَتَلُوهُ يَقِينَۢا ﴿١٥٧﴾ بَل رَّفَعَهُ ٱللَّهُ إِلَيۡهِۚ وَكَانَ
ٱللَّهُ عَزِيزًا حَكِيمًا ﴿١٥٨﴾

Und wegen ihrer Äußerung: ‘wir haben den Masih (Messias), ‘Isa, Maryams Sohn, den Gesandten ALLAHs, getötet.’ Aber sie haben ihn doch weder getötet noch gekreuzigt, sondern dies wurde ihnen nur ähnlich erschienen. Und diejenigen, die über ihn uneinig sind, sind sicherlich im Zweifel darüber. Sie haben kein Wissen davon, außer dem Befolgen einer Spekulation. Und sie töteten ihn gewiß nicht! Sondern ALLAH hat ihn zu SEINEM (Himmel) emporgehoben. Und ALLAH bleibt gewiß allwürdig, allweise.[198]

---

[196] Suratul-israa Nr. 17, Aya Nr. 1
[197] Suratul-'ankabut Nr. 29, Ayat Nr. 50-51
[198] Suratun-nisaa Nr. 4, Ayat Nr. 157-158

Aufgaben der Gesandten und Propheten

- Empfänger der göttlichen Offenbarung auf die Art und Weise, die ALLAH (*ta'ala*) für jeden von ihnen bestimmt hat.

  ﴿إِنَّآ أَوۡحَيۡنَآ إِلَيۡكَ كَمَآ أَوۡحَيۡنَآ إِلَىٰ نُوحٖ وَٱلنَّبِيِّـۧنَ مِنۢ بَعۡدِهِۦۚ

  WIR ließen dir Wahy zuteil werden, wie WIR Wahy Nuh und den Propheten nach ihm zuteil werden ließen.[199]

- Verkünder der göttlichen Offenbarung.

  ﴿يَـٰٓأَيُّهَا ٱلرَّسُولُ بَلِّغۡ مَآ أُنزِلَ إِلَيۡكَ مِن رَّبِّكَۖ وَإِن لَّمۡ تَفۡعَلۡ فَمَا بَلَّغۡتَ رِسَالَتَهُۥۚ

  Gesandter! Verkünde, was dir von deinem Herrn offenbart wurde! Und wenn du dies nicht tust, dann hast du SEINE Botschaft nicht verkündet.[200]

- Übermittler der Offenbarung mit Weisheit und schönen Worten.

  ٱدۡعُ إِلَىٰ سَبِيلِ رَبِّكَ بِٱلۡحِكۡمَةِ وَٱلۡمَوۡعِظَةِ ٱلۡحَسَنَةِۖ وَجَٰدِلۡهُم بِٱلَّتِي هِيَ أَحۡسَنُۚ

  Lade zum Weg deines Herrn mit Weisheit und schöner Ermahnung ein, und disputiere mit ihnen auf die beste Art.[201]

- Lehrer der Offenbarung (d. h. sie erläutern die Offenbarung).

  بِٱلۡبَيِّنَٰتِ وَٱلزُّبُرِۗ وَأَنزَلۡنَآ إِلَيۡكَ ٱلذِّكۡرَ لِتُبَيِّنَ لِلنَّاسِ مَا نُزِّلَ إِلَيۡهِمۡ وَلَعَلَّهُمۡ يَتَفَكَّرُونَ ﴿٤٤﴾

---

[199] Suratun-nisaa Nr. 4, Aya Nr. 163
[200] Suratul-ma-ida Nr. 5, Aya Nr. 67
[201] Suratun-nahl Nr. 16, Aya Nr. 125

(WIR entsandten sie) mit klaren Zeichen und mit den Schriften, und WIR offenbarten dir *Adh-dhikr* (den Quran), damit du den Menschen das erläuterst, was ihnen offenbart wurde, und damit sie sich besinnen.[202]

❑ Beispiel und Vorbild für die Menschen.

لَّقَدْ كَانَ لَكُمْ فِى رَسُولِ ٱللَّهِ أُسْوَةٌ حَسَنَةٌ لِّمَن كَانَ يَرْجُوا۟ ٱللَّهَ وَٱلْيَوْمَ
ٱلْءَاخِرَ وَذَكَرَ ٱللَّهَ كَثِيرًا ﴿٢١﴾

Für euch gab es bereits mit ALLAHs Gesandten gewiß ein hervorragendes Vorbild für jeden, der auf ALLAH und den jenseitigen Tag hofft und ALLAHs öfters gedenkt.[203]

❑ Warner vor dem Jüngsten Tag

يَٰمَعْشَرَ ٱلْجِنِّ وَٱلْإِنسِ أَلَمْ يَأْتِكُمْ رُسُلٌ مِّنكُمْ يَقُصُّونَ عَلَيْكُمْ ءَايَٰتِى
وَيُنذِرُونَكُمْ لِقَآءَ يَوْمِكُمْ هَٰذَا ۚ قَالُوا۟ شَهِدْنَا عَلَىٰٓ أَنفُسِنَا ۖ

Ihr Gesellschaft von Dschinn und Menschen! Sind von euch keine Gesandten zu euch gekommen, um euch MEINE Ayat vorzutragen und euch vor dem Zusammentreffen mit diesem eurigen Tag zu warnen?! Sie sagen: “Wir bezeugen es gegen uns selbst.”[204]

❑ Lehrer und Erzieher der Mumin.

هُوَ ٱلَّذِى بَعَثَ فِى ٱلْأُمِّيِّۦنَ رَسُولًا مِّنْهُمْ يَتْلُوا۟ عَلَيْهِمْ ءَايَٰتِهِۦ وَيُزَكِّيهِمْ
وَيُعَلِّمُهُمُ ٱلْكِتَٰبَ وَٱلْحِكْمَةَ وَإِن كَانُوا۟ مِن قَبْلُ لَفِى ضَلَٰلٍ مُّبِينٍ ﴿٢﴾

ER ist Derjenige, Der unter die Analphabeten einen Gesandten von ihnen schickte, der ihnen SEINE Ayat vorträgt, sie reinigt und sie die Schrift und die Weisheit lehrt. Und sie waren vorher gewiß in einem eindeutigen Irregehen.[205]

---

[202] Suratun-nahl Nr. 16, Aya Nr. 44
[203] Suratul-ahzab Nr. 33, Aya Nr. 21
[204] Suratul-an'am Nr. 6, Aya Nr. 130
[205] Suratul-dschumu'a Nr. 62, Aya Nr. 2

Der Iman an Muhammad (*sallal-lahu ʻalaihi wa sallam*) als den letzten Gesandten und Propheten

Dieser Iman bedeutet, daß Muslime die Gewißheit verinnerlichen, daß der Gesandte Muhammad (*sallal-lahu ʻalaihi wa sallam*) der letzte in der Reihe der Gesandten und Propheten ALLAHs ist und daß nach ihm kein anderer Prophet oder Gesandter kommen wird.
Für Muslime sind alle Propheten und Gesandten gleichwertig. Sie sind sich jedoch sicher, daß ALLAH (*ta'ala*) manchen von ihnen den Vorrang über andere gab.

وَلَقَدْ فَضَّلْنَا بَعْضَ ٱلنَّبِيِّـۧنَ عَلَىٰ بَعْضٍۖ

Und WIR begünstigten einige der Propheten vor anderen.[206]

Aussagen aus dem Quran und der Sunna über den Gesandten Muhammad (*sallal-lahu ʻalaihi wa sallam*):

- Er hat die höchste Rangstufe unter den Gesandten ALLAHs und somit unter allen Menschen.
  Der Gesandte Muhammad (*sallal-lahu ʻalaihi wa sallam*) sagte:

  أَنَا سَيِّدُ وَلَدِ آدَمَ يَوْمَ الْقِيَامَةِ ، وَأَوَّلُ مَنْ يَنْشَقُّ عَنْهُ الْقَبْرُ، وَأَوَّلُ شَافِعٍ، وَأَوَّلُ مُشَفَّعٍ .

  "Ich bin der Gebieter aller Kinder Adams am Jüngsten Tag, der erste, dessen Grab geöffnet wird, der erste Fürbittende und der erste, dessen Fürbitte angenommen wird."[207]

- Er war ein Gesandter und ein Diener ALLAHs. Er war ALLAH (*ta'ala*) gegenüber absolut ergeben und er hat niemals, keinen einzigen Augenblick, Schirk betrieben oder jemals Götzen angebetet.

---

[206] Suratul-israa Nr. 17, Aya Nr. 55
[207] Überlieferung von Imam Muslim und Ahmad Ibnu-hanbal

- Er hat niemals kleine, leichte oder schwere Sünde begangen.
- Er war **der letzte** in der langen Reihe aller Gesandten ALLAHs.

مَّا كَانَ مُحَمَّدٌ أَبَآ أَحَدٍ مِّن رِّجَالِكُمْ وَلَـٰكِن رَّسُولَ ٱللَّهِ وَخَاتَمَ ٱلنَّبِيِّـۧنَ

Muhammad war nie der Vater eines eurer Männer, sondern er ist ALLAHs Gesandter und der Abschließende aller Propheten.[208]

Der Gesandte Muhammad (*sallal-lahu 'alaihi wa sallam*) sagte:

وَإِنَّهُ سَيَكُونُ فِي أُمَّتِي ثَلَاثُونَ كَذَّابُونَ كُلُّهُمْ يَزْعُمُ أَنَّهُ نَبِيٌّ وَأَنَا خَاتَمُ النَّبِيِّينَ لَا نَبِيَّ بَعْدِي .

"Es werden unter meiner Umma 30 Lügner erscheinen, wobei jeder von ihnen behauptet, daß er ein Prophet sei. Ich aber bin der letzte aller Propheten. (Es kommt) kein Prophet nach mir."[209]

Gruppierungen und Personen, welche die These vertreten, daß nach dem letzten Propheten Muhammad (*sallal-lahu 'alaihi wa sallam*) einer oder mehrere "Gesandte" oder "Propheten" bereits gekommen sind oder noch kommen werden, lehnen damit einen Teil der Iman-Inhalte ab und sind deshalb per definitionem als "nicht-Islamisch" bzw. "nicht zur Gemeinschaft des Islam zugehörig" zu bewerten.
Zum Beispiel bestand und besteht weltweit Konsens unter allen Islamologen, daß die sog. "Ahmadiyya Muslim Jamaat" nicht zur Gemeinschaft des Islam gerechnet werden kann, da ihre Stifter und Anhänger die These vertreten: "Der Gründer dieser neuen Glaubensgemeinschaft, Mirza Ghulam Ahmad, sei ein Prophet mit einer neuen Offenbarung."

- Er ist Imam und Vorbild aller Mumin und der Gesandte für die gesamte Menschheit.

وَمَآ أَرْسَلْنَـٰكَ إِلَّا كَآفَّةً لِّلنَّاسِ بَشِيرًا وَنَذِيرًا وَلَـٰكِنَّ أَكْثَرَ ٱلنَّاسِ لَا يَعْلَمُونَ ﴿٢٨﴾

Und nicht entsandten WIR dich außer für alle Menschen als Überbringer froher Botschaft und als Warner. Doch die meisten Menschen wissen es nicht.[210]

---

[208] Suratul-ahzab Nr. 33, Aya Nr. 40
[209] Überlieferung von Imam Ahmad Ibnu-hanbal, Imam At-tirmidhi und Imam Abu-dawud
[210] Suratu-sabaa Nr. 34, Aya Nr. 28

Auch die Dschinn sind verpflichtet, seiner Botschaft zu folgen.

يَـٰقَوْمَنَآ أَجِيبُواْ دَاعِىَ ٱللَّهِ وَءَامِنُواْ بِهِۦ يَغْفِرْ لَكُم مِّن ذُنُوبِكُمْ وَيُجِرْكُم مِّنْ عَذَابٍ أَلِيمٍ ﴿٣١﴾

Unsere Leute! Entsprecht ALLAHs Da'wa-Machenden und verinnerlicht den Iman an IHN. ER vergibt euch eure Verfehlungen und schützt euch vor qualvoller Peinigung.[211]

Der Gesandte Muhammad (*sallal-lahu 'alaihi wa sallam*) sagte:

فُضِّلْتُ عَلَى الْأَنْبِيَاءِ بِسِتٍّ : أُعْطِيتُ جَوَامِعَ الْكَلِمِ، وَنُصِرْتُ بِالرُّعْبِ، وَأُحِلَّتْ لِيَ الْغَنَائِمُ، وَجُعِلَتْ لِيَ الْأَرْضُ طَهُورًا وَمَسْجِدًا، وَأُرْسِلْتُ إِلَى الْخَلْقِ كَافَّةً، وَخُتِمَ بِيَ النَّبِيُّونَ .

"Ich wurde den anderen Propheten gegenüber mit sechs (Sachen) begünstigt: Mir wurden die ausdrucksvollsten Worte gewährt, mir wurde mit dem Schrecken zum Sieg verholfen, mir wurde die Kriegsbeute für halal erklärt, mir wurde die Erde zur Reinigung und als Moschee gemacht, ich wurde zu allen Geschöpfen allesamt entsandt und mit mir wurde die (Reihe) der Propheten abgeschlossen."[212]

Die Muslime lieben den Gesandten (*sallal-lahu 'alaihi wa sallam*) nach ALLAH (*ta'ala*) über alles und stellen diese Liebe über die Liebe zu ihren Eltern, Kindern, Ehegatten oder zu sich selbst.

Der Gesandte Muhammad (*sallal-lahu 'alaihi wa sallam*) sagte:

لَا يُؤْمِنُ أَحَدُكُمْ حَتَّى أَكُونَ أَحَبَّ إِلَيْهِ مِنْ وَالِدِهِ وَوَلَدِهِ وَالنَّاسِ أَجْمَعِينَ .

"Der eine von euch wird nicht den Iman verinnerlicht haben, bis ich ihm lieber bin als sein Vater, seine Kinder und alle Menschen."[213]

Muslime haben die Gewißheit, daß der Gesandte Muhammad (*sallal-lahu 'alaihi wa sallam*) mit ALLAHs Erlaubnis viele Wunder (arab.: *Mu'dschiza*, معجزة) vollbracht hat.
Die Überlieferungen darüber sind in der Sunna enthalten.

---

[211] Suratul-ahqaf Nr. 46, Aya Nr. 31
[212] Überlieferung von Imam Muslim und Imam Ahmad Ibnu-hanbal
[213] Überlieferung von Imam Al-buchari, Imam Muslim und Imam Ahmad Ibnu-hanbal

Beispiele dieser Wunder:

- Er speiste auf wundersame Art eine große Menschenmenge mit einer sehr kleinen Menge Speise.
- Er berichtete über verborgene (damals) noch nicht eingetretene Dinge, die sich im Nachhinein als wahr erwiesen.
- Sein größtes bis heute erhaltenes Wunder ist der Quran.

وَإِن كُنتُمْ فِى رَيْبٍ مِّمَّا نَزَّلْنَا عَلَىٰ عَبْدِنَا فَأْتُوا۟ بِسُورَةٍ مِّن مِّثْلِهِۦ وَٱدْعُوا۟
شُهَدَآءَكُم مِّن دُونِ ٱللَّهِ إِن كُنتُمْ صَٰدِقِينَ ﴿٢٣﴾ فَإِن لَّمْ تَفْعَلُوا۟ وَلَن
تَفْعَلُوا۟ فَٱتَّقُوا۟ ٱلنَّارَ ٱلَّتِى وَقُودُهَا ٱلنَّاسُ وَٱلْحِجَارَةُ ۖ أُعِدَّتْ لِلْكَٰفِرِينَ

> Und solltet ihr Zweifel haben über das, was WIR UNSEREM Diener nach und nach offenbarten, so bringt (nur) eine Sura seinesgleichen her und ruft eure Dabeistehenden anstelle von ALLAH auf, solltet ihr wahrhaftig sein! Und wenn ihr es nicht tut, und ihr werdet es gewiß niemals tun, so beherzigt Taqwa dem Feuer gegenüber, dessen Brennstoff Menschen und Steine sind, das für die Kafir vorbereitet wurde![214]

Dieser quranischen Herausforderung konnte bis heute nicht entsprochen werden und wird in Zukunft auch nicht entsprochen werden können.
Weil der Quran nicht nur sprachlich und stilistisch, sondern auch inhaltlich unnachahmbar ist, konnten und können weder Araber noch Nicht-Araber eine ähnliche Schrift bzw. einen einzigen Vers vergleichbar mit dem Quran verfassen.
Die Eigenschaften des Quran werden ausführlicher im Kapitel "Der Iman an die geoffenbarten Schriften ALLAHs" beschrieben.

---

[214] Suratul-baqara Nr. 2, Ayat Nr. 23-24

V. Kapitel

al-imanu bil-kutub, الإيمان بالكتب

Der Iman an die geoffenbarten Schriften ALLAHs

Definition

Dieser Iman bedeutet, daß Muslime den Iman an alle im Quran namentlich erwähnten Offenbarungsschriften verinnerlichen, und die Gewißheit darüber haben, daß ALLAH (*ta'ala*) auch andere Schriften offenbarte, deren Anzahl und Namen nur ER kennt.

Der Iman an die namentlich bekannten Offenbarungsschriften

1. At-taurat (die Tora): Sie wurde den Gesandten der Juden offenbart.

إِنَّآ أَنزَلۡنَا ٱلتَّوۡرَىٰةَ فِيهَا هُدٗى وَنُورٞۚ يَحۡكُمُ بِهَا ٱلنَّبِيُّونَ ٱلَّذِينَ أَسۡلَمُواْ
لِلَّذِينَ هَادُواْ وَٱلرَّبَّٰنِيُّونَ وَٱلۡأَحۡبَارُ بِمَا ٱسۡتُحۡفِظُواْ مِن كِتَٰبِ ٱللَّهِ
وَكَانُواْ عَلَيۡهِ شُهَدَآءَۚ

WIR offenbarten *At-taurat*, darin ist Rechtleitung und *Nuur* enthalten. Danach richteten die Propheten, die sich hingaben/ Muslime waren, zwischen den Juden, (und richteten) die Gelehrten und die Rabbiner aufgrund dessen, was ihnen von ALLAHs Schrift anvertraut wurde und (weil) sie deren Zeugen waren.[215]

2. Al-indschil (Das 'Isa/Jesus-Evangelium): Es wurde dem Gesandten 'Isa (*'alaihis-salam*) offenbart.

وَقَفَّيۡنَا عَلَىٰٓ ءَاثَٰرِهِم بِعِيسَى ٱبۡنِ مَرۡيَمَ مُصَدِّقٗا لِّمَا
بَيۡنَ يَدَيۡهِ مِنَ ٱلتَّوۡرَىٰةِۖ وَءَاتَيۡنَٰهُ ٱلۡإِنجِيلَ فِيهِ هُدٗى
وَنُورٞ وَمُصَدِّقٗا لِّمَا بَيۡنَ يَدَيۡهِ مِنَ ٱلتَّوۡرَىٰةِ وَهُدٗى وَمَوۡعِظَةٗ
لِّلۡمُتَّقِينَ ﴿٤٦﴾

---

[215] Suratul-ma-ida Nr. 5, Aya Nr. 44

Und WIR ließen auf ihren Spuren ʻIsa, Maryams Sohn folgen (als) Bestätiger dessen, was ihm in *At-taurat* vorangegangen war, und WIR ließen ihm *Al-indschil* zuteil werden, darin ist Rechtleitung, *Nuur* und Bestätigung dessen, was ihm in *At-taurat* voranging, und (als) Rechtleitung und Ermahnung für die Taqwa-Beherzigenden.[216]

3. Az-zabur (Der Psalter): Er wurde dem Gesandten David (*ʻalaihis-salam*) offenbart.

وَلَقَدْ فَضَّلْنَا بَعْضَ ٱلنَّبِيِّـۧنَ عَلَىٰ بَعْضٍ ۖ وَءَاتَيْنَا دَاوُۥدَ زَبُورًا

Und WIR begünstigten einige der Propheten vor anderen und ließen Dawud einen *Zabur* zuteil werden.[217]

4. As-suhuf (Die Schriften): Sie wurden den Gesandten Ibrahim und Musa (ʻalaihimus-salam) offenbart.

أَمْ لَمْ يُنَبَّأْ بِمَا فِى صُحُفِ مُوسَىٰ ﴿٣٦﴾ وَإِبْرَٰهِيمَ ٱلَّذِى وَفَّىٰٓ ﴿٣٧﴾

Wurde ihm nicht mitgeteilt über das, was in den *Suhuf* von Musa ist, sowie von Ibrahim, der (das ihm Gebotene) einhielt?![218]

قَدْ أَفْلَحَ مَن تَزَكَّىٰ ﴿١٤﴾ وَذَكَرَ ٱسْمَ رَبِّهِۦ فَصَلَّىٰ ﴿١٥﴾ بَلْ تُؤْثِرُونَ
ٱلْحَيَوٰةَ ٱلدُّنْيَا ﴿١٦﴾ وَٱلْءَاخِرَةُ خَيْرٌ وَأَبْقَىٰٓ ﴿١٧﴾ إِنَّ هَٰذَا لَفِى ٱلصُّحُفِ
ٱلْأُولَىٰ ﴿١٨﴾ صُحُفِ إِبْرَٰهِيمَ وَمُوسَىٰ ﴿١٩﴾

Gewiß ist erfolgreich derjenige, der sich läuterte und des Namens seines Herrn gedachte, dann das rituelle Gebet verrichtete. Nein, sondern, ihr bevorzugt das diesseitige Leben! Doch das Jenseits ist besser und bleibender. Dies ist gewiß in den ersten *Suhuf* (Schriftblättern), den *Suhuf* (Schriftblättern) von Ibrahim und Musa![219]

---

[216] Suratul-ma-ida Nr. 5, Aya Nr. 46
[217] Suratul-israa Nr. 17, Aya Nr. 55
[218] Suratun-nadschm Nr. 53, Ayat Nr. 36-37
[219] Suratul-aʼla Nr. 87, Ayat Nr. 14-19

Allgemeine Aussagen über die Offenbarungsschriften

Alle Offenbarungsschriften
- wurden als Rechtleitung für die Menschen geoffenbart.
- wurden durch die Gesandten unverfälscht übermittelt.
- enthielten die gleiche Botschaft ALLAHs an die Menschen.
- verkündeten den reinen Tauhid als die wichtigste Botschaft.

Alle Aussagen in diesen Schriften, die den genannten Punkten zuwiderlaufen bzw. widersprechen sind folglich menschliche Veränderungen und Entstellungen der Originale.

1. Allgemeine Aussagen über At-taurat und Al-indschil

Besonderheiten von At-taurat und Al-indschil, die beim Umgang mit diesen Schriften beachtet werden müssen:

- Die den Gesandten der Juden, u. a. Musa und 'Isa ('alaihimus-salam), ursprünglich geoffenbarten Originaltexte von At-taurat und Al-indschil sind bedingt durch historische Gegebenheiten, im Gegensatz zum Quran, nicht mehr komplett vorhanden und auch nicht mehr rekonstruierbar. Alle Texte, Schriftstücke und Fragmente dieser Offenbarungsschriften, die bis heute erhalten sind, können nicht eindeutig auf ihre Quelle, d. h. ihren Offenbarungs-Empfänger, den jeweiligen Gesandten Ibrahim, Musa oder 'Isa (*'alaihimus-salam*) zurückgeführt werden und sind deshalb nicht authentisch.
  Die ältesten vollständigen Handschriften des Alten Testaments (A.T.) stammen aus dem 10. Jhd. (Kodex von Aleppo) und dem Jahre 1008 (Codex Leningradensis). Einige wenige Fragmente gehen bis ins 9. Jhd. zurück und nur ganz wenige Teile sind älter (z. B. die Funde von Kairo und Qumran). Die ältesten vollständigen Handschriften des (von

Anfang an) griechisch, d. h. nicht in der Sprache 'Isa geschriebenen Neuen Testamenst (N.T.), reichten am Beginn des 20. Jhd. bis ins 4. Jhd. zurück, z. B. Codex Vaticanus (Mitte 4. Jhd.), Codex Sinaiticus (4. Jhd.), Codex Alexandrinus (Anfang 4. Jhd.). Papyrusfunde haben diese Zeitgrenze zurückgeschoben, jedoch enthalten diese Papyri nur kleinere oder größere Fragmente des N. T., z. B. enthält die älteste Handschrift des N.T. (Papyrus 52) nur ein Fragment eines Kapitels eines einzigen Evangeliums.

Die heute als kanonisch geltenden Evangelien (Evangelium von Markus, Matthäus, Lukas und Johannes) wurden erst gegen Ende des 2. Jhd. von einem Gremium der Kirche aus der zu dieser Zeit vorhandenen Vielzahl von Evangelien bzw. Schriften ausgewählt und in den Kanon (Verzeichnis, der als maßgeblich erklärten Schriften des N.T.) aufgenommen. Alle anderen (d. h. die Mehrzahl) nicht als kanonisch erklärten Evangelien und Schriften mußten vernichtet werden. Aus diesem Grund sind nur noch sehr wenige der sog. apokryphen Evangelien erhalten. Es ist ein historischer Fakt, daß die Evangelien vor ihrer Kanonisierung noch nicht als unantastbar galten, so daß ihr Inhalt und die darin enthaltene Botschaft je nach Interessen und Meinungen der verschiedenen Glaubensrichtungen durch Einfügungen, Interpretationen, Kommentare usw. verändert wurde. Selbst nach dem Kanon wurden nachweislich weiterhin Veränderungen jeder Art in ihnen vorgenommen:

> "Die Kopisten setzen zuweilen nicht das ein, was tatsächlich im Text vorhanden war, sondern was ihrer Meinung nach darin enthalten sein sollte. Sie verließen sich auf ein nicht ganz lückenloses Gedächtnis, oder brachten den Text mit dem Standpunkt der Schule in Einklang, der sie angehörten. Außer den Versionen und Zitaten der Kirchväter wußte man um die Existenz von ca. 4000 griechischen Manuskripten des Testaments, infolgedessen gibt es eine beträchtliche Anzahl von Lesarten."[220]

يَٰٓأَهۡلَ ٱلۡكِتَٰبِ لِمَ تَلۡبِسُونَ ٱلۡحَقَّ بِٱلۡبَٰطِلِ وَتَكۡتُمُونَ ٱلۡحَقَّ وَأَنتُمۡ
تَعۡلَمُونَ ٧١

---

[220] Commentary on the Holy Bible; Prof. Dummelow

Ihr Schriftbesitzer! Weshalb vermengt ihr die Wahrheit mit der Unwahrheit und verschweigt die Wahrheit, während ihr wißt?![221]

- Die heutzutage im Umlauf und Gebrauch befindlichen Versionen der jüdischen und christlichen Schriften (Hebräische Bibel, Altes/Neues Testament) beinhalten neben Fragmenten der Originaltexte nachträgliche Einfügungen verschiedener Kopisten, Übersetzer und Schreiber. Diese Nachträge aus unterschiedlichen Epochen spiegeln das sehr eingeschränkte Gottes-, Menschen- und Weltbild der jeweiligen Zeit wieder und enthalten deshalb zahlreiche Widersprüche, insbesondere in den Attributen ALLAHs und SEINER Gesandten.
  Beispiele aus dem Alten Testament (A.T.):
  - ◊ ALLAH (*ta'ala*) wird im A.T. wie ein Mensch geschildert, der seine Taten bereut. Ibrahim (*'alaihis-salam*) wird als Lügner dargestellt.
  - ◊ Lut (*'alaihis-salam*) wird beschuldigt, mit seinen beiden Töchtern Inzest verübt zu haben.
  - ◊ Sulaiman (*'alaihis-salam*) wird als Götzenverherrlicher dargestellt.

  Solche ungeheuerlichen haltlosen Aussagen und Anschuldigungen sind für Muslime eindeutig Falschaussagen und Verfälschungen der Originaltexte und als solche mit Kufr gleichzustellen.
- Eine exakte Trennung zwischen göttlichen Offenbarungstexten und menschlichen Nachträgen ist zur Zeit nicht mehr möglich im Gegensatz zum Quran, der hingegen von jeglichen Widersprüchen frei ist:

أَفَلَا يَتَدَبَّرُونَ ٱلْقُرْءَانَ ۚ وَلَوْ كَانَ مِنْ عِندِ غَيْرِ ٱللَّهِ لَوَجَدُوا۟ فِيهِ ٱخْتِلَـٰفًا

كَثِيرًا ﴿٨٢﴾

Denken sie nicht über den Quran nach?! Und wenn er von einem anderen als ALLAH wäre, bestimmt hätten sie darin viele Widersprüche gefunden.[222]

2. Der Iman an die namentlich bekannten Offenbarungsschriften in ihrer heutigen Form

Dieser Iman-Aspekt bedeutet, daß Muslime den Iman an alle im Quran erwähnten Offenbarungsschriften verinnerlichen. In Bezug auf die heutzu-

[221] Suratu aali-'imran Nr. 3, Aya Nr. 71
[222] Suratun-nisaa Nr. 4, Aya Nr. 82

tage im Umlauf befindlichen Versionen dieser Schriften gilt für Muslime folgendes:

Muslime haben die Gewißheit darüber, daß

- die Urschriften dieser Texte direkt von ALLAH (*ta'ala*) offenbart wurden, um die Menschen den richtigen Din zu lehren.
- vom heutigen Inhalt dieser Schriften nur das authentisch ist, was ALLAH (*ta'ala*) SELBST im Quran oder durch SEINEN Gesandten (*sallal-lahu alaihi wa sallam*) in der Sunna bestätigt hat.

3. Der Iman an die nicht namentlich bekannten Offenbarungsschriften

Dieser Iman-Aspekt bedeutet, daß Muslime den Iman daran verinnerlichen, daß ALLAH (*ta'ala*) auch anderen Gesandten Schriften offenbarte, die im Quran nicht namentlich erwähnt werden und deren Anzahl und Namen nur ER kennt.

كَانَ ٱلنَّاسُ أُمَّةً وَٰحِدَةً فَبَعَثَ ٱللَّهُ ٱلنَّبِيِّـۧنَ مُبَشِّرِينَ
وَمُنذِرِينَ وَأَنزَلَ مَعَهُمُ ٱلْكِتَٰبَ بِٱلْحَقِّ لِيَحْكُمَ بَيْنَ ٱلنَّاسِ
فِيمَا ٱخْتَلَفُوا۟ فِيهِ ۚ وَمَا ٱخْتَلَفَ فِيهِ إِلَّا ٱلَّذِينَ أُوتُوهُ مِنۢ بَعْدِ مَا
جَآءَتْهُمُ ٱلْبَيِّنَٰتُ بَغْيًۢا بَيْنَهُمْ ۖ فَهَدَى ٱللَّهُ ٱلَّذِينَ ءَامَنُوا۟ لِمَا ٱخْتَلَفُوا۟ فِيهِ
مِنَ ٱلْحَقِّ بِإِذْنِهِۦ ۗ وَٱللَّهُ يَهْدِى مَن يَشَآءُ إِلَىٰ صِرَٰطٍ مُّسْتَقِيمٍ ﴿٢١٣﴾

Die Menschen waren eine einzige Umma. Dann entsandte ALLAH die Propheten als Überbringer froher Botschaft und als Ermahner, und offenbarte ihnen die Schrift mit der Wahrheit, damit sie (die Schrift) zwischen den Menschen über das richtet, worüber sie uneins waren. Und uneins darüber wurden nur diejenigen, denen sie zuteil wurde, nachdem zu ihnen die deutlichen Zeichen kamen, aus Übertretung von ihnen. Dann leitete ALLAH diejenigen recht, die den Iman verinnerlichten, zu dem vom Wahren, worüber sie uneins waren, mit SEINER Erlaubnis. Und ALLAH leitet recht, wen ER will, zu einem geradlingen Weg.[223]

---

[223] Suratul-baqara Nr. 2, Aya Nr. 213

Der Iman an den Quran als die letzte Offenbarung

Dieser Iman-Aspekt bedeutet, daß Muslime den Iman an den Quran als die endgültig letzte Offenbarungsschrift verinnerlichen und die Gewißheit darüber haben, daß er mit Besonderheiten ausgezeichnet ist, die ihm den Vorrang über alle anderen Schriften geben.

Der Quran wird im Quran selbst mit folgenden Attributen erwähnt: *Adh-dhikr*, الذكر (die Ermahnung), *Al-furqan*, الفرقان (das Unterscheidende zwischen Recht und Unrecht), *Al-kitab*, الكتاب (die Schrift, das Buch), *At-tanzil*, التنزيل (das Herabgesandte).

1. Aussagen zur Offenbarung des Quran

- Der Quran ist die letzte und abschließende Offenbarung und Rechtleitung ALLAHs (*ta'ala*) und die alle früheren Schriften bestätigende und alles umfassende Offenbarung. Er enthält die gleiche Botschaft ALLAHs, wie SEINE früheren Schriften.

وَأَنزَلْنَآ إِلَيْكَ ٱلْكِتَـٰبَ بِٱلْحَقِّ مُصَدِّقًا لِّمَا بَيْنَ يَدَيْهِ مِنَ ٱلْكِتَـٰبِ وَمُهَيْمِنًا

عَلَيْهِ ۖ فَٱحْكُم بَيْنَهُم بِمَآ أَنزَلَ ٱللَّهُ ۖ وَلَا تَتَّبِعْ أَهْوَآءَهُمْ عَمَّا جَآءَكَ

مِنَ ٱلْحَقِّ ۚ لِكُلٍّ جَعَلْنَا مِنكُمْ شِرْعَةً وَمِنْهَاجًا ۚ

Und WIR offenbarten dir die Schrift mit der Wahrheit (als) Bestätigung dessen, was ihr von der Schrift voranging, und (als) Hüter über sie. So richte zwischen ihnen nach dem, was ALLAH offenbarte, und folge nicht ihren Neigungen anstelle dessen, was zu dir von der Wahrheit kam. Für jeden von euch bestimmten WIR eine Schari'a und eine Vorgehensweise.[224]

---

[224] Suratul-ma-ida Nr. 5, Aya Nr. 48

- Der Quran enthält als die einzige Offenbarungsschrift ALLAHs eine umfassende Gesetzgebung, welche die anderen vorhergehenden Gesetzgebungen anderer Offenbarungsschriften aufhebt.

هُوَ ٱلَّذِىٓ أَرْسَلَ رَسُولَهُۥ بِٱلْهُدَىٰ وَدِينِ ٱلْحَقِّ لِيُظْهِرَهُۥ عَلَى ٱلدِّينِ كُلِّهِۦ

Gewiß ist ER Derjenige, Der SEINEN Gesandten mit der Rechtleitung und dem Din der Wahrheit entsandte, damit ER ihn sämtliche Din übertreffen läßt.[225]

- Der Quran enthält keine Fehler, Widersprüche oder andere Mängel.

إِنَّ ٱلَّذِينَ كَفَرُوا۟ بِٱلذِّكْرِ لَمَّا جَآءَهُمْ ۖ وَإِنَّهُۥ لَكِتَٰبٌ عَزِيزٌ ﴿٤١﴾ لَّا يَأْتِيهِ

ٱلْبَٰطِلُ مِنۢ بَيْنِ يَدَيْهِ وَلَا مِنْ خَلْفِهِۦ ۖ تَنزِيلٌ مِّنْ حَكِيمٍ حَمِيدٍ ﴿٤٢﴾

Diejenigen, die Kufr *Adh-dhikr* (dem Quran) gegenüber betrieben, als er zu ihnen kam, (bleiben UNS gewiß nicht verborgen). Und gewiß ist er eine würdige Schrift. Das Unwahre kommt an ihn weder von vor ihm, noch von hinter ihm heran. Er ist eine sukzessive Offenbarung von Einem Allweisen, Alllobenswürdigen.[226]

- Der Quran verkündet den Tauhid als die wichtigste Botschaft.

- Die Echtheit des Qurans und seine Herkunft ist geschichtlich nachgewiesen. Der Inhalt des Quran ist authentisch. SEINE Authentizität wird durch eine Vielzahl von Mutawatir-Überlieferungen untermauert und bewiesen. Er wurde durch den Gesandten Muhammad (*sallal-lahu 'alaihi wa sallam*) unverfälscht übermittelt und seit seiner Offenbarung mündlich und schriftlich durch Mutawatir-Überlieferungen unverfälscht an die nachfolgenden Generationen weitergegeben.

- Der Quran ist die wortgetreue Niederschrift der Verbalinspiration des Gesandten Muhammad (*sallal-lahu 'alaihi wa sallam*) und enthält keine nachträglichen Kommentare, Interpretationen, Ergänzungen, Erklärungen o. ä. von Menschenhand. Der heute im Umlauf und Gebrauch befindliche komplette Text des Quran entspricht wortwörtlich dem (vor mehr als 1400 Jahren) geoffenbarten Original.

---

225 Suratul-fat-h Nr. 48, Aya Nr. 28
226 Suratu-fus-silat Nr. 41, Ayat Nr. 41-42

2. Inhalte des Quran

- Er enthält die Iman-Inhalte und allgemeingültige Verordnungen und Gebote für alle Lebensbereiche und alle Zeitepochen.

- Er enthält überzeitlich absolut korrekte Aussagen zur Ordnung innerhalb der Schöpfung, die unabhängig vom jeweiligen wissenschaftlichen Kenntnisstand sind.

- Er enthält Berichte über Entstehung, Sinn und Zweck der Schöpfung.

- Er beschreibt Gesetzmäßigkeiten innerhalb der Schöpfung in einer Art und Weise, die dem damaligen wissenschaftlichen Kenntnisstand und dem damaligen Welt- und Menschenbild um Jahrhunderte voraus war, z. B. die Embryonalentwicklung im Mutterleib.

  وَلَقَدْ خَلَقْنَا ٱلْإِنسَٰنَ مِن سُلَٰلَةٍ مِّن طِينٍ ﴿١٢﴾ ثُمَّ
  جَعَلْنَٰهُ نُطْفَةً فِى قَرَارٍ مَّكِينٍ ﴿١٣﴾ ثُمَّ خَلَقْنَا ٱلنُّطْفَةَ عَلَقَةً فَخَلَقْنَا
  ٱلْعَلَقَةَ مُضْغَةً فَخَلَقْنَا ٱلْمُضْغَةَ عِظَٰمًا فَكَسَوْنَا ٱلْعِظَٰمَ لَحْمًا ثُمَّ
  أَنشَأْنَٰهُ خَلْقًا ءَاخَرَ فَتَبَارَكَ ٱللَّهُ أَحْسَنُ ٱلْخَٰلِقِينَ ﴿١٤﴾

  Und bereits erschufen WIR den Menschen aus einem Auszug aus Lehm. Dann machten WIR ihn als *Nutfa* (minimale Menge Flüssigkeit) in einem gefestigten Aufenthaltsort. Dann ließen WIR die *Nutfa* zu einer *'Alaqa* (etwas, das sich anklammert) werden. So ließen WIR die *'Alaqa* zu einer *Mudgha* (etwas, wie ein Stück durchgekaute Fleischmasse) werden, und WIR ließen die *Mudgha* zu Knochen werden, und die Knochen bedeckten WIR mit Fleisch, dann ließen WIR ihn als eine andere Schöpfung entstehen. Also immer gepriesen-erhaben ist ALLAH, Der Beste aller Schöpfer![227]

- Er enthält Berichte über die Menschheitsgeschichte von ihrem Beginn bis zur Zeit des Gesandten (*sallal-lahu 'alaihi wa sallam*).

- Er enthält Berichte über die Gesandten, Propheten und Voraussagen über zukünftige Ereignisse - von denen einige bereits eintraten und andere noch erfolgen werden - insbesondere im Hinblick auf das Jenseits.

---

[227] Suratul-muminun Nr. 23, Ayat Nr. 12-14

3. Spezielle Eigenschaften des Quran

Der Quran hat absoluten Vorrang über die anderen bekannten und unbekannten Offenbarungsschriften, weil er Besonderheiten aufweist, die keine andere Offenbarungsschrift vorweisen kann.

- Der Quran ist die einzige Offenbarungsschrift, zu deren Bewahrung vor Veränderung ALLAH (*ta'ala*) Sich Selbst verpflichtet hat.

  إِنَّا نَحْنُ نَزَّلْنَا ٱلذِّكْرَ وَإِنَّا لَهُۥ لَحَـٰفِظُونَ

  Gewiß sind WIR Derjenige, Der *Adh-dhikr* (den Quran) offenbarte, und gewiß sind WIR ihm gegenüber bewahrend![228]

- Sprache, Stil und Inhalt des Quran sind einmalig, einzigartig und unnachahmbar.

  قُل لَّئِنِ ٱجْتَمَعَتِ ٱلْإِنسُ وَٱلْجِنُّ عَلَىٰٓ أَن يَأْتُوا۟ بِمِثْلِ هَـٰذَا ٱلْقُرْءَانِ لَا
  يَأْتُونَ بِمِثْلِهِۦ وَلَوْ كَانَ بَعْضُهُمْ لِبَعْضٍ ظَهِيرًا ﴿٨٨﴾

  Sag: 'Würden sich die Menschen und die Dschinn vereinigen, damit sie ein diesem Quran Gleiches hervorbringen, würden sie gewiß nicht Seinesgleichen hervorbringen, selbst dann nicht, sollten die einen den anderen beistehen.'[229]

- Syntax, Rhythmik und Phonetik sind so einprägsam und dem natürlichen Sprachempfinden des Menschen angepaßt, daß er mit Leichtigkeit von allen Menschen auswendig gelernt werden kann; auch von Personen, die der arabischen Sprache nicht mächtig sind. So findet man z. B. unter den türkischen, pakistanischen, indonesischen, und anderen Muslimen hunderttausende, die den gesamten Quran auswendig gelernt haben, obwohl sie kein Arabisch können.

- Die Rezitation des Quran (selbstverständlich im Originaltext) ist an sich eine gottesdienstliche Handlung, die von ALLAH (ta'ala) reichlich belohnt wird.

---

[228] Suratul-hidschr Nr. 15, Aya Nr. 9
[229] Suratul-israa Nr. 17, Aya Nr. 88

VI. Kapitel

al-imanu bil-yaumil-achir, الإيمان باليوم الآخر

Der Iman an den Jüngsten Tag

Definition

Dieser Iman-Aspekt beinhaltet, daß Muslime mit Gewißheit den Iman verinnerlichen an die verborgenen nach dem Tod eintretenden Ereignisse und an den Jüngsten Tag, seine Vorzeichen und seine Geschehnisse, über die im Quran und in der Sunna berichtet wurde.

Zu den oben Genannten gehören u. a.:

- Die Prüfung im Grab (*fitnatul-qabr*: فتنة القبر)
- Die Auferweckung (*al-ba'th*: البعث)
- Die Versammlung (*al-haschr*: الحشر)
- Das Register der Taten (*as-suhuf*: الصحف)
- Die Abrechnung (*al-hisab*: الحساب)
- Die Waage der Taten (*al-mizan*: الميزان)
- *al-haud*: الحوض (wörtl.: das Becken) des Gesandten Muhammad (*sallal-lahu 'alaihi wa sallam*)
- Die Brücke über Dschahannam (*as-sirat*: الصراط)
- Die Fürbitte des Gesandten Muhammad (*sallal-lahu 'alaihi wa sallam*) (*asch-schafa'a*: الشفاعة)
- *al-dschanna*: الجنة (das Paradies)
- *Dschahannam*: جهنم (das Höllenfeuer)

Im Quran wird dieser Iman an vielen Stellen erwähnt und öfters mit dem Iman an ALLAH (*ta'ala*) verbunden.

إِنَّ ٱلَّذِينَ ءَامَنُوا۟ وَٱلَّذِينَ هَادُوا۟ وَٱلنَّصَٰرَىٰ وَٱلصَّٰبِـِٔينَ مَنْ
ءَامَنَ بِٱللَّهِ وَٱلْيَوْمِ ٱلْءَاخِرِ وَعَمِلَ صَٰلِحًا فَلَهُمْ أَجْرُهُمْ عِندَ رَبِّهِمْ
وَلَا خَوْفٌ عَلَيْهِمْ وَلَا هُمْ يَحْزَنُونَ ﴿٦٢﴾

Gewiß diejenigen, die den Iman bekundeten, die Juden, die Nazarener und die Sabäer, wer den Iman an ALLAH und den Jüngsten Tag verinnerlichte und gottgefällig Gutes tat, diese haben ihre Belohnung bei ihrem Herrn und weder Angst gibt es um sie, noch werden sie traurig sein.[230]

وَإِلَىٰ مَدْيَنَ أَخَاهُمْ شُعَيْبًا فَقَالَ يَٰقَوْمِ ٱعْبُدُوا۟ ٱللَّهَ وَٱرْجُوا۟ ٱلْيَوْمَ ٱلْءَاخِرَ

وَلَا تَعْثَوْا۟ فِى ٱلْأَرْضِ مُفْسِدِينَ ﴿٣٦﴾

Und zu Madyan (entsandten WIR) ihren Bruder Schu'aib. Er sagte dann: “Meine Leute! Dient ALLAH, hofft auf den Jüngsten Tag und handelt auf Erden nicht als Verderben-Anrichtende!”[231]

Im Quran findet man eine Vielzahl von Benennungen für diesen Tag, woraus der ungefähre Ablauf, die Geschehnisse und die Eigenschaften dieses Tages abgeleitet werden können:

♦ *yaumul-qiyama*, يوم القيامة	Tag der Auferstehung
♦ *as-sa'a*, الساعة	Die Stunde
♦ *al-achira*, الآخرة	Die Letzte
♦ *yaumud-din*, يوم الدين	Tag des Din, Tag der Vergeltung
♦ *yaumul-hisab*, يوم الحساب	Tag der Abrechnung
♦ *yaumul-fat-h*, يوم الفتح	Tag des Sieges
♦ *yaumut-talaqi*, يوم التلاق	Tag des Zusammentreffens
♦ *yaumul-dscham'*, يوم الجمع	Tag der Versammlung
♦ *yaumut-taghabun*, يوم التغابن	Der Tag, an dem die betrogenen Menschen ihre Betrüger anklagen.
♦ *yaumul-chulud*, يوم الخلود	Tag der Ewigkeit
♦ *yaumul-churudsch*, يوم الخروج	Tag des Verlassens der Gräber
♦ *yaumul-hasra*, يوم الحسرة	Tag des Kummers, der Seufzer, der Betrübnisse, des Bedauerns.
♦ *yaumut-tanad*, يوم التناد	Tag des Rufens
♦ *al-azifa*, الأزفة	Die sich Nähernde oder Heranrückende
♦ *at-tamma*, الطامة	Das Unheil
♦ *as-sachcha*, الصاخة	Der betäubende Ruf
♦ *al-waqi'a*, الواقعة	Die wahrhaftig sich Ereignende

[230] Suratul-baqara Nr. 2, Aya Nr. 62
[231] Suratul-’ankabut Nr. 29, Aya Nr. 36

Die Notwendigkeit dieses Iman

Dieser Iman ist aus folgenden Gründen unverzichtbar,

- um die Selbstkontrolle des Menschen zu verstärken.
- um die Menschen anzuspornen, für sich und andere mehr Gutes zu tun.
- um der Veranlagung entgegenzuwirken, egoistische Tendenzen auszuleben, d. h., für sich selbst nur Vorteilhaftes anzustreben und Nachteilhaftes abzuwehren.

Im Quran wird an sehr vielen Stellen der Iman an ALLAH (*ta'ala*) und an den Jüngsten Tag mit der Verrichtung guter Taten verbunden.

إِنَّمَا يَعْمُرُ مَسَـٰجِدَ ٱللَّهِ مَنْ ءَامَنَ بِٱللَّهِ وَٱلْيَوْمِ ٱلْـَٔاخِرِ وَأَقَامَ ٱلصَّلَوٰةَ وَءَاتَى
ٱلزَّكَوٰةَ وَلَمْ يَخْشَ إِلَّا ٱللَّهَ ۖ فَعَسَىٰٓ أُو۟لَـٰٓئِكَ أَن يَكُونُوا۟ مِنَ ٱلْمُهْتَدِينَ ﴿١٨﴾

Ausschließlich sucht ALLAHs Masdschids (Moscheen) zum Gottesdienst derjenige auf, der den Iman an ALLAH und an den Jüngsten Tag verinnerlicht, das Gebet stets verrichtet, die Zakat entrichtet und keinen außer ALLAH fürchtet. Diese mögen unter den Rechtgeleiteten sein.[232]

أَرَءَيْتَ ٱلَّذِى يُكَذِّبُ بِٱلدِّينِ ﴿١﴾ فَذَٰلِكَ ٱلَّذِى يَدُعُّ ٱلْيَتِيمَ ﴿٢﴾ وَلَا
يَحُضُّ عَلَىٰ طَعَامِ ٱلْمِسْكِينِ ﴿٣﴾

Teile mir mit über denjenigen, der den Din ableugnet! Also dieser ist derjenige, der die Waise wegstößt und zur Speisung des Bedürftigen nicht anspornt.[233]

لَّا تَجِدُ قَوْمًا يُؤْمِنُونَ بِٱللَّهِ وَٱلْيَوْمِ ٱلْـَٔاخِرِ يُوَآدُّونَ مَنْ حَآدَّ ٱللَّهَ وَرَسُولَهُۥ

---

[232] Suratut-tauba Nr. 9, Aya Nr. 18
[233] Suratul-ma'un Nr. 107, Ayat Nr. 1-3

Du findest keine Leute, die den Iman an ALLAH und an den Jüngsten Tag verinnerlichen, diejenigen lieben, die sich ALLAH und SEINEM Gesandten widersetzen,[234]

لَا يَسْتَـْٔذِنُكَ ٱلَّذِينَ يُؤْمِنُونَ بِٱللَّهِ وَٱلْيَوْمِ ٱلْـَٔاخِرِ أَن يُجَـٰهِدُوا۟ بِأَمْوَٰلِهِمْ وَأَنفُسِهِمْ ۗ وَٱللَّهُ عَلِيمٌۢ بِٱلْمُتَّقِينَ ﴿٤٤﴾ إِنَّمَا يَسْتَـْٔذِنُكَ ٱلَّذِينَ لَا يُؤْمِنُونَ بِٱللَّهِ وَٱلْيَوْمِ ٱلْـَٔاخِرِ وَٱرْتَابَتْ قُلُوبُهُمْ فَهُمْ فِى رَيْبِهِمْ يَتَرَدَّدُونَ ﴿٤٥﴾

Um Erlaubnis bitten dich nicht diejenigen, die den Iman an ALLAH und an den Jüngsten Tag verinnerlichten, keinen Dschihad mit ihrem Vermögen und mit sich selbst zu leisten! Und ALLAH kennt genauestens die Taqwa-Beherzigenden. Dich um Erlaubnis (zurückzubleiben) bitten nur diejenigen, die keinen Iman an ALLAH und an den Jüngsten Tag verinnerlichten und deren Herzen voller Zweifel sind, so daß sie durch ihren Zweifel hin- und herschwanken.[235]

لَقَدْ كَانَ لَكُمْ فِيهِمْ أُسْوَةٌ حَسَنَةٌ لِّمَن كَانَ يَرْجُوا۟ ٱللَّهَ وَٱلْيَوْمَ ٱلْـَٔاخِرَ ۚ

Bereits gab es für euch in ihnen ein schönes Vorbild, für jeden, der auf ALLAH und auf den Jüngsten Tag hofft.[236]

- um die Unterdrückten in der Gewißheit zu bestärken, daß kein Unrecht ungesühnt bleibt und daß alle Menschen ohne Ansehen ihrer Staatsangehörigkeit, Hautfarbe, Rasse, oder Herkunft ihre Handlungen vor dem Gerechtesten verantworten müssen.

فَكَيْفَ إِذَا جَمَعْنَـٰهُمْ لِيَوْمٍ لَّا رَيْبَ فِيهِ وَوُفِّيَتْ كُلُّ نَفْسٍ مَّا كَسَبَتْ وَهُمْ لَا يُظْلَمُونَ ﴿٢٥﴾

Aber wie, wenn WIR sie versammeln zu einem Tag - über den es keinen Zweifel gibt, und jeder Seele vergolten wird, was sie erworben hat, und sie kein Unrecht erleiden![237]

---

234 Suratul-mudschadala Nr. 58, Aya Nr. 22
235 Suratut-tauba Nr. 9, Ayat Nr. 44-45
236 Suratul-mumtahana Nr. 60, Aya Nr. 6
237 Suratu aali-'imran Nr. 3, Aya Nr. 25

- um den Menschen in Erinnerung zu rufen, daß alle irdischen Güter vergänglich sind und folglich das Streben danach nicht zum eigentlichen Lebenszweck werden darf.

يَٰٓأَيُّهَا ٱلَّذِينَ ءَامَنُواْ مَا لَكُمۡ إِذَا قِيلَ لَكُمُ ٱنفِرُواْ فِى سَبِيلِ ٱللَّهِ
ٱثَّاقَلۡتُمۡ إِلَى ٱلۡأَرۡضِۚ أَرَضِيتُم بِٱلۡحَيَوٰةِ ٱلدُّنۡيَا مِنَ ٱلۡأٓخِرَةِۚ فَمَا مَتَٰعُ
ٱلۡحَيَوٰةِ ٱلدُّنۡيَا فِى ٱلۡأٓخِرَةِ إِلَّا قَلِيلٌ ﴿٣٨﴾

Ihr, die den Iman verinnerlicht habt! Weshalb, als euch gesagt wurde: “Brecht auf fi-sabilil-lah!”, wart ihr träge an der Stelle haftend?! Seid ihr etwa zufrieden mit dem diesseitigen Leben anstelle des Jenseits?! Die Freuden und Gebrauchsgüter des diesseitigen Lebens sind neben dem Jenseits sicherlich unbedeutend![238]

- um die vorgeschobenen Argumente der Kafir für ihren Kufr zu entkräften und den Kafir durch anschauliche und drastische Beispiele ihre fehlerhaften Denkansätze vor Augen zu führen und ihre Fragen zu beantworten.

بَلۡ عَجِبُوٓاْ أَن جَآءَهُم مُّنذِرٞ مِّنۡهُمۡ فَقَالَ ٱلۡكَٰفِرُونَ هَٰذَا
شَىۡءٌ عَجِيبٌ ﴿٢﴾ أَءِذَا مِتۡنَا وَكُنَّا تُرَابٗاۖ ذَٰلِكَ رَجۡعُۢ بَعِيدٞ ﴿٣﴾

Nein, sondern sie staunen, daß zu ihnen ein Warner von ihnen kam. Dann sagten die Kafir: “Dies ist etwas Erstaunliches! Wenn wir etwa starben und zu Erde wurden, (werden wir wiederkehren)? Dies ist eine weit entfernte Wiederkehr!”[239]

وَضَرَبَ لَنَا مَثَلٗا وَنَسِىَ خَلۡقَهُۥۖ قَالَ مَن يُحۡىِ ٱلۡعِظَٰمَ وَهِىَ رَمِيمٞ ﴿٧٨﴾
قُلۡ يُحۡيِيهَا ٱلَّذِىٓ أَنشَأَهَآ أَوَّلَ مَرَّةٖۖ وَهُوَ بِكُلِّ خَلۡقٍ عَلِيمٌ ﴿٧٩﴾ ٱلَّذِى جَعَلَ
لَكُم مِّنَ ٱلشَّجَرِ ٱلۡأَخۡضَرِ نَارٗا فَإِذَآ أَنتُم مِّنۡهُ تُوقِدُونَ ﴿٨٠﴾ أَوَلَيۡسَ ٱلَّذِى
خَلَقَ ٱلسَّمَٰوَٰتِ وَٱلۡأَرۡضَ بِقَٰدِرٍ عَلَىٰٓ أَن يَخۡلُقَ مِثۡلَهُمۚ بَلَىٰ وَهُوَ ٱلۡخَلَّٰقُ
ٱلۡعَلِيمُ ﴿٨١﴾ إِنَّمَآ أَمۡرُهُۥٓ إِذَآ أَرَادَ شَيۡـًٔا أَن يَقُولَ لَهُۥ كُن فَيَكُونُ ﴿٨٢﴾

---

[238] Suratut-tauba Nr. 9, Aya Nr. 38
[239] Suratu-qaaf Nr. 50, Aya Nr. 2-3

Und er prägte UNS ein Gleichnis und vergaß seine Erschaffung. Er sagte: “Wer belebt denn die Knochen, während sie etwas Verwestes sind?” Sag: ‘Es belebt sie Derjenige, Der sie erstmals erschuf! Und ER ist über alle Schöpfung allwissend. ER ist Derjenige, Der für euch von den grünen Bäumen Feuer machte, sogleich zündet ihr es davon an. Ist Derjenige, Der die Himmel und die Erde erschuf, etwa nicht mächtig, ihresgleichen zu erschaffen?! Doch, mit Sicherheit! Und ER ist Der Erschaffende, Der Allwissende. SEINE Anweisung ist nur, wenn ER irgendetwas will, daß ER diesem sagt: “Sei!” Und es ist.[240]

وَمِنْ ءَايَـٰتِهِۦٓ أَنَّكَ تَرَى ٱلْأَرْضَ خَـٰشِعَةً فَإِذَآ أَنزَلْنَا عَلَيْهَا ٱلْمَآءَ ٱهْتَزَّتْ
وَرَبَتْ ۚ إِنَّ ٱلَّذِىٓ أَحْيَاهَا لَمُحْىِ ٱلْمَوْتَىٰٓ ۚ إِنَّهُۥ عَلَىٰ كُلِّ شَىْءٍ قَدِيرٌ ﴿٣٩﴾ إِنَّ
ٱلَّذِينَ يُلْحِدُونَ فِىٓ ءَايَـٰتِنَا لَا يَخْفَوْنَ عَلَيْنَآ ۗ أَفَمَن يُلْقَىٰ فِى ٱلنَّارِ خَيْرٌ أَم
مَّن يَأْتِىٓ ءَامِنًا يَوْمَ ٱلْقِيَـٰمَةِ ۚ ٱعْمَلُوا۟ مَا شِئْتُمْ ۖ إِنَّهُۥ بِمَا تَعْمَلُونَ بَصِيرٌ ﴿٤٠﴾

Und von SEINEN Ayat ist, daß du die Erde leblos siehst, dann wenn WIR Wasser auf sie fallen lassen, regt sie sich und schwillt. Derjenige, Der sie belebte, wird gewiß die Toten beleben! ER ist über alles allmächtig. Diejenigen, die UNSERE Ayat entstellen, bleiben UNS gewiß nicht verborgen. Ist etwa derjenige, der ins Feuer geworfen wird, besser oder derjenige, der am Tage der Auferstehung sicher kommt?! Tut, was ihr wollt! ER ist dessen, was ihr tut, allsehend.[241]

---

[240] Suratu-ya-sin Nr. 36, Ayat Nr. 78-82
[241] Suratu-fus-silat Nr. 41, Ayat Nr. 39-40

Das Verborgene nach dem Tod

Der Iman an das Verborgene nach dem Tod bedeutet, daß Muslime die Gewißheit an folgendes verinnerlichen:

- Kein Geschöpf (Menschen, Dschinn, Tiere ...) wird vor oder nach der Zeit sterben, die ALLAH (*ta'ala*) für es bestimmte.

  قُل لَّآ أَمْلِكُ لِنَفْسِى ضَرًّا وَلَا نَفْعًا إِلَّا مَا شَآءَ ٱللَّهُ ۗ لِكُلِّ أُمَّةٍ أَجَلٌ ۚ إِذَا جَآءَ
  أَجَلُهُمْ فَلَا يَسْتَـْٔخِرُونَ سَاعَةً ۖ وَلَا يَسْتَقْدِمُونَ ﴿٤٩﴾

  Sag: 'Ich kann mir selbst weder Schaden noch Nutzen zufügen außer dem, was ALLAH will.' Für jede Umma ist eine Frist festgelegt. Wenn ihre Frist abgelaufen ist, können sie (diese) weder um eine Stunde verschieben, noch vorverlegen.[242]

- Der Jüngste Tag beginnt bereits in dem Moment, wenn der Engel des Todes und seine Helfer die Seele des Menschen mit der Erlaubnis ALLAHs dem Körper entnehmen.
  Bereits zu diesem Zeitpunkt wird jedes Individuum wissen, wo sein zukünftiger Platz sein wird, in der Dschanna oder in 'Dschahannam.

  ٱلَّذِينَ تَتَوَفَّىٰهُمُ ٱلْمَلَـٰٓئِكَةُ طَيِّبِينَ ۙ يَقُولُونَ سَلَـٰمٌ عَلَيْكُمُ ٱدْخُلُوا۟ ٱلْجَنَّةَ
  بِمَا كُنتُمْ تَعْمَلُونَ ﴿٣٢﴾

  (..) denjenigen, deren Leben die Engel beenden, während sie rein sind, sie (die Engel) sagen: "Friede ist auf euch, tretet in die Dschanna ein wegen dem, was ihr zu tun pflegtet!"[243]

  Den Frevlern wird jedoch Übel und Schande verheißen:

---

[242] Suratu-yunus Nr. 10, Aya Nr. 49
[243] Suratun-nahl Nr. 16, Aya Nr. 32

وَلَوْ تَرَىٰٓ إِذِ ٱلظَّٰلِمُونَ فِى غَمَرَٰتِ ٱلْمَوْتِ وَٱلْمَلَٰٓئِكَةُ بَاسِطُوٓا۟ أَيْدِيهِمْ أَخْرِجُوٓا۟ أَنفُسَكُمُ ۖ ٱلْيَوْمَ تُجْزَوْنَ عَذَابَ ٱلْهُونِ بِمَا كُنتُمْ تَقُولُونَ عَلَى ٱللَّهِ غَيْرَ ٱلْحَقِّ وَكُنتُمْ عَنْ ءَايَٰتِهِۦ تَسْتَكْبِرُونَ

Und würdest du nur wahrnehmen können, wenn die Unrecht-Begehenden sich mitten im Todeskampf befinden, während die Engel auf sie einschlagen (und sagen): "Liefert eure Seelen aus! Heute werdet ihr mit der erniedrigenden Peinigung für das entlohnt, was ihr an Unwahrem über ALLAH gesprochen habt und weil ihr euch SEINEN Ayat gegenüber hochmütig verhalten habt."[244]

Der Gesandte Muhammad (*sallal-lahu 'alaihi wa sallam*) sagte:

إِنَّ الْقَبْرَ أَوَّلُ مَنْزِلٍ مِنْ مَنَازِلِ الْآخِرَةِ ، فَإِنْ نَجَا مِنْهُ فَمَا بَعْدَهُ أَيْسَرُ مِنْهُ ، وَإِنْ لَمْ يَنْجُ مِنْهُ فَمَا بَعْدَهُ أَشَدُّ مِنْهُ .

Das Grab ist die erste Station der Stationen des Jenseits. Wenn man es heil übersteht, so ist leichter, was nach ihm kommt. Wenn man es aber nicht heil übersteht, so ist das, was nach ihm kommt, noch härter als es.[245]

- Nur ALLAH (*ta'ala*) kennt den Todeszeitpunkt aller Geschöpfe.

Der Gesandte Muhammad (*sallal-lahu 'alaihi wa sallam*) sagte:

خَمْسٌ لا يَعْلَمُهُنَّ إلا الله (ثم تلى):

إِنَّ ٱللَّهَ عِندَهُۥ عِلْمُ ٱلسَّاعَةِ وَيُنَزِّلُ ٱلْغَيْثَ وَيَعْلَمُ مَا فِى ٱلْأَرْحَامِ ۖ وَمَا تَدْرِى نَفْسٌ مَّاذَا تَكْسِبُ غَدًا ۖ وَمَا تَدْرِى نَفْسٌۢ بِأَىِّ أَرْضٍ تَمُوتُ ۚ إِنَّ ٱللَّهَ عَلِيمٌ خَبِيرٌۢ ﴿٣٤﴾

Fünf (Sachen) kennt nur ALLAH, (dann rezitierte er):
"Gewiß ALLAH verfügt bei SICH über das Wissen der Stunde, ER läßt den helfenden (Regen) nieder und ER weiß, was in den Mutterschößen ist! Und kein Lebewesen weiß, was es morgen erwirbt, und kein Lebewesen weiß, in welchem Lande es stirbt. ALLAH ist gewiß allwissend, allkundig.[246]"[247]

---

[244] Suratul-an'am Nr. 6, Aya Nr. 93
[245] Überlieferung von Imam At-tirmidhi
[246] Suratu-luqman Nr. 31, Aya Nr. 34
[247] Überlieferung von Imam Al-buchari und Imam Muslim

Die Geschehnisse im Grab

1. Die Prüfung (*fitnatul-qabr*: فتنة القبر) und die Befragung (*as-sual*: السؤال) durch die Engel

Engel werden die Verstorbenen nach ihrem Gott, Din und Gesandten befragen. Der Gesandte (*sallal-lahu ‘alaihi wa sallam*) sagte:

الْعَبْدُ إِذَا وُضِعَ فِي قَبْرِهِ وَتُوُلِّيَ وَذَهَبَ أَصْحَابُهُ ، حَتَّى إِنَّهُ لَيَسْمَعُ قَرْعَ نِعَالِهِمْ ، أَتَاهُ مَلَكَانِ ، فَأَقْعَدَاهُ ، فَيَقُولَانِ لَهُ : مَا كُنْتَ تَقُولُ فِي هَذَا الرَّجُلِ مُحَمَّدٍ صَلَّى اللَّهم عَلَيْهِ وَسَلَّمَ ؟ فَيَقُولُ : أَشْهَدُ أَنَّهُ عَبْدُ اللَّهِ وَرَسُولُهُ . فَيُقَالُ : انْظُرْ إِلَى مَقْعَدِكَ مِنَ النَّارِ ، أَبْدَلَكَ اللَّهُ بِهِ مَقْعَدًا مِنَ الْجَنَّةِ . قَالَ النَّبِيُّ صَلَّى اللَّهم عَلَيْهِ وَسَلَّمَ : فَيَرَاهُمَا جَمِيعاً . وَأَمَّا الْكَافِرُ أَوِ الْمُنَافِقُ فَيَقُولُ : لَا أَدْرِي كُنْتُ أَقُولُ مَا يَقُولُ النَّاسُ . فَيُقَالُ : لَا دَرَيْتَ وَلَا تَلَيْتَ . ثُمَّ يُضْرَبُ بِمِطْرَقَةٍ مِنْ حَدِيدٍ ضَرْبَةً بَيْنَ أُذُنَيْهِ ، فَيَصِيحُ صَيْحَةً يَسْمَعُهَا مَنْ يَلِيهِ إِلَّا الثَّقَلَيْنِ .

“Der Mensch, nachdem er in sein Grab gelegt wird und seine Gefährten sich von ihm abwenden - und gewiß hört er das Geräusch ihrer Schuhe (beim Weggehen), kommen zu ihm zwei Engel. Sie lassen ihn sitzen, dann fragen sie ihn: “Welche Meinung hattest du von diesem Mann, Muhammad (*sallal-lahu ‘alaihi wa sallam*)?” Er (der Mumin) antwortet: “Ich bezeuge, daß er ALLAHs Diener und SEIN Gesandter ist.” Dann wird gesagt: “Sieh deinen Platz im Höllenfeuer, ALLAH gab dir an seiner Stelle einen Platz in der Dschanna.” Der Gesandte (*sallal-lahu ‘alaihi wa sallam*) sagte: “Dann sieht er beide (Plätze).” Der Kufr- oder der Nifaq-Betreibende wird dagegen antworten: “Ich weiß nicht, ich sagte, was die Menschen zu sagen pflegten!” Dann wird gesagt: “Weder hast du gewußt noch hast du gefolgt!” Dann wird ihm mit Eisenhämmern ein Schlag zwischen seine Ohren versetzt, daß er von sich einen Schrei ausstößt, den alle hören, die in seiner Umgebung sind, außer den beiden Welten (Menschen und Dschinn).”[248]

---

[248] Überlieferung von Imam Al-buchari und Imam Muslim

2. Die Peinigung (*'adhabul-qabr*: عذاب القبر) oder die Glückseligkeit (*na'imul-qabr*: نعيم القبر) im Grab

Muslime verinnerlichen den Iman, daß alle Menschen in der Zeit zwischen Eintritt des Todes und dem Jüngsten Tag (diese Zeit heißt *hayatul-barzach*: حياة البرزخ) entweder die Peinigung oder die Glückseligkeit im Grab erfahren werden. Dabei spielt die Todesart (Ertrinken, Verbrennen, usw.) und die Art der Bestattung keine Rolle. Zur Veranschaulichung dieser Vorgänge könnte man den Zustand des Verstorbenen mit dem eines Schlafenden vergleichen. Ein Schlafender kann sowohl angenehme als auch schlechte Träume haben, durch die er im metaphorischen Sinn Peinigung oder Glückseligkeit im Schlaf erfährt, ohne daß nicht schlafende Anwesende dies bemerken. Die Peinigung der Leute des Pharaos in ihren Gräbern wird im Quran beschrieben:

فَوَقَىٰهُ ٱللَّهُ سَيِّـَٔاتِ مَا مَكَرُواْ ۖ وَحَاقَ بِـَٔالِ فِرْعَوْنَ سُوٓءُ ٱلْعَذَابِ ﴿٤٥﴾ ٱلنَّارُ يُعْرَضُونَ عَلَيْهَا غُدُوًّا وَعَشِيًّا ۖ وَيَوْمَ تَقُومُ ٱلسَّاعَةُ أَدْخِلُوٓاْ ءَالَ فِرْعَوْنَ أَشَدَّ ٱلْعَذَابِ ﴿٤٦﴾

Dann schützte ALLAH ihn vor den Bosheiten dessen, was sie an List planten. Und Pharaos Leute umgab das Schlimme der Peinigung, das Feuer. Sie werden ihm morgens und abends ausgesetzt. Und an dem Tag, wenn die Stunde anbricht: "Lasst Pharaos Leute zur qualvollsten Peinigung eintreten."[249]

Der Gesandte Muhammad (*sallal-lahu 'alaihi wa sallam*) sagte:

لَوْلَا أَنْ لَا تَدَافَنُوا لَدَعَوْتُ اللَّهَ أَنْ يُسْمِعَكُمْ مِنْ عَذَابِ الْقَبْرِ .

(Hätte ich die Befürchtung nicht,) daß ihr euch nicht mehr bestatten würdet, hätte ich ALLAH darum gebeten, euch von der Peinigung im Grab mithören zu lassen.[250]

مَرَّ النَّبِيُّ ﷺ عَلَى قَبْرَيْنِ ، فَقَالَ : إِنَّهُمَا لَيُعَذَّبَانِ وَمَا يُعَذَّبَانِ مِنْ كَبِيرٍ . ثُمَّ قَالَ : بَلَى . أَمَّا أَحَدُهُمَا فَكَانَ يَسْعَى بِالنَّمِيمَةِ ، وَأَمَّا أَحَدُهُمَا فَكَانَ لَا يَسْتَتِرُ مِنْ بَوْلِهِ .

"Als der Prophet (*sallal-lahu 'alaihi wa sallam*) an zwei Gräbern vorbeiging, sagte er: "Sie werden gepeinigt, aber sie werden nicht wegen Schwerwiegendem gepeinigt." Dann sagte er: "Doch, sicher! Der eine hat üble Nachrede (*nami-ma*, نميمة) verbreitet, und der andere hat sich vor seinem Urin nicht geschützt."[251]

---

[249] Suratu-ghafir Nr. 40, Ayat Nr. 45-46
[250] Überlieferung von Imam Muslim, Imam Ahmad und Imam An-nasai
[251] Überlieferung von Imam Al-buchari und Imam Muslim

Der Jüngste Tag

Der Jüngste Tag wird zweifellos kommen.
Die Zeit seines Eintreffens kennt jedoch nur ALLAH (*ta'ala*).

يَسْـَٔلُونَكَ عَنِ ٱلسَّاعَةِ أَيَّانَ مُرْسَىٰهَا ۖ قُلْ إِنَّمَا عِلْمُهَا عِندَ رَبِّى ۖ لَا يُجَلِّيهَا لِوَقْتِهَآ إِلَّا هُوَ ۚ ثَقُلَتْ فِى ٱلسَّمَٰوَٰتِ وَٱلْأَرْضِ ۚ لَا تَأْتِيكُمْ إِلَّا بَغْتَةً ۗ يَسْـَٔلُونَكَ كَأَنَّكَ حَفِىٌّ عَنْهَا ۖ قُلْ إِنَّمَا عِلْمُهَا عِندَ ٱللَّهِ وَلَٰكِنَّ أَكْثَرَ ٱلنَّاسِ لَا يَعْلَمُونَ ﴿١٨٧﴾

Sie fragen dich nach der Stunde (dem Jüngsten Tag): 'Wann ereignet sie sich?' Sag: 'Das Wissen darüber ist nur bei meinem Herrn. Keiner kann sie zu ihrer Zeit offenlegen außer ER. Schwer lastet sie in den Himmeln und auf der Erde. Sie überkommt euch nur plötzlich.' Sie fragen dich, als ob du davon genaueste Kenntnis besäßest. Sag: 'Das Wissen über sie ist nur bei ALLAH; doch die meisten Menschen wissen es nicht.''[252]

Der Gesandte Muhammad (*sallal-lahu 'alaihi wa sallam*) erwähnte jedoch Merkmale als Warnung für das Heranrücken dieses Tages, und zwar:

- Die Vorboten des Jüngsten Tages (*al-'alamatus-sughra*,العلامات الصغرى), die das relativ baldige Herannahen des Jüngsten Tages ankündigen.
- Die Zeichen des Jüngsten Tages (*al-'alamatul-kubra*, العلامات الكبرى), die das unmittelbare Eintreffen des Jüngsten Tages ankündigen.

---

[252] Suratul-a'raf Nr. 7, Aya Nr. 187

1. Die Vorboten des Jüngsten Tages
(*al-'alamatus-sughra*, العلامات الصغرى)

In vielen Hadithen werden die Vorboten des Jüngsten Tages erwähnt und die Zustände der Menschen am Ende der Zeit und ihr Abirren vom rechten Weg beschrieben.

Der Gesandte Muhammad (*sallal-lahu 'alaihi wa sallam*) sagte:

بُعِثْتُ أَنَا وَالسَّاعَةُ كَهَاتَيْنِ . وَضَمَّ السَّبَّابَةَ وَالْوُسْطَى .

Entsandt wurde ich und die Stunde wie diese. Dann fügte er Zeige- und Mittelfinger zusammen."[253]

Aus diesem Hadith entnehmen wir, daß die Entsendung unseres Gesandten Muhammad Ibnu-'abdillah (*sallal-lahu 'alaihi wa sallam*) das Heranrücken des Jüngsten Tages kennzeichnet. Weiterhin bestätigt dieser Hadith, daß zwischen dem Gesandten (*sallal-lahu 'alaihi wa sallam*) und der Stunde kein weiterer Gesandter kommen wird.

لَا تَقُومُ السَّاعَةُ حَتَّى تَقْتَتِلَ فِئَتَانِ عَظِيمَتَانِ ، يَكُونُ بَيْنَهُمَا مَقْتَلَةٌ عَظِيمَةٌ ، دَعْوَتُهُمَا وَاحِدَةٌ . وَحَتَّى يُبْعَثَ دَجَّالُونَ كَذَّابُونَ ، قَرِيبٌ مِنْ ثَلَاثِينَ ، كُلُّهُمْ يَزْعُمُ أَنَّهُ رَسُولُ اللَّهِ . وَحَتَّى يُقْبَضَ الْعِلْمُ ، وَتَكْثُرَ الزَّلَازِلُ ، وَيَتَقَارَبَ الزَّمَانُ ، وَتَظْهَرَ الْفِتَنُ ، وَيَكْثُرَ الْهَرْجُ : وَهُوَ الْقَتْلُ . وَحَتَّى يَكْثُرَ فِيكُمُ الْمَالُ فَيَفِيضَ ، حَتَّى يُهِمَّ رَبَّ الْمَالِ مَنْ يَقْبَلُ صَدَقَتَهُ ، وَحَتَّى يَعْرِضَهُ عَلَيْهِ، فَيَقُولَ الَّذِي يَعْرِضُهُ عَلَيْهِ : لَا أَرَبَ لِي بِهِ . وَحَتَّى يَتَطَاوَلَ النَّاسُ فِي الْبُنْيَانِ. وَحَتَّى يَمُرَّ الرَّجُلُ بِقَبْرِ الرَّجُلِ فَيَقُولُ : يَا لَيْتَنِي مَكَانَهُ . وَحَتَّى تَطْلُعَ الشَّمْسُ مِنْ مَغْرِبِهَا فَإِذَا طَلَعَتْ وَرَآهَا النَّاسُ يَعْنِي آمَنُوا أَجْمَعُونَ ، فَذَلِكَ حِينَ (لَا يَنْفَعُ نَفْسًا إِيمَانُهَا لَمْ تَكُنْ آمَنَتْ مِنْ قَبْلُ أَوْ كَسَبَتْ فِي إِيمَانِهَا خَيْرًا) . وَلَتَقُومَنَّ السَّاعَةُ وَقَدْ نَشَرَ الرَّجُلَانِ ثَوْبَهُمَا بَيْنَهُمَا فَلَا يَتَبَايَعَانِهِ ، وَلَا يَطْوِيَانِهِ . وَلَتَقُومَنَّ السَّاعَةُ وَقَدِ انْصَرَفَ الرَّجُلُ بِلَبَنِ لِقْحَتِهِ فَلَا يَطْعَمُهُ . وَلَتَقُومَنَّ السَّاعَةُ وَهُوَ يُلِيطُ حَوْضَهُ فَلَا يَسْقِي فِيهِ . وَلَتَقُومَنَّ السَّاعَةُ وَقَدْ رَفَعَ أُكْلَتَهُ إِلَى فِيهِ فَلَا يَطْعَمُهَا .

"Die Stunde wird sich nicht ereignen, bis zwei mächtige Gruppen sich bekämpfen, wobei unter ihnen ein großes Gemetzel stattfindet - beide haben gleiches Anliegen; und bis etwa dreißig Schwindler und Lügner entstehen, wobei jeder von ihnen behauptet, er sei ALLAHs Gesandter; und bis das Wissen abberufen wird, die Erdbeben häufiger werden, die Zeit zusammenrückt, die Zwistigkeiten zum Vorschein kommen und das

[253] Überlieferung von Imam Al-buchari und Imam Muslim

Töten mehr wird; und bis das Vermögen unter euch viel wird und im Überfluß vorhanden ist, so daß der Vermögende sich darüber Sorgen macht, ob jemand seine Sadaqa (Zakat oder freiwillige Spende) annimmt; und bis dieser es (das Vermögen) (jemandem) anbietet, und derjenige, dem es angeboten wurde, sagt: "Ich habe kein Verlangen danach."; und bis die Menschen die Hochhäuser bauen; und bis man an dem Grab des anderen vorbeigeht, und sagt: "Wäre ich doch an seiner Stelle!"; und bis die Sonne von ihrem Untergang aufgeht, und wenn sie aufging, und die Menschen sie alle sahen, werden allesamt Mumin. Nur dann nutzt keiner Seele ihr Iman, wenn sie vorher nicht Mumin war, oder mit ihrem Iman Gutes verrichtete. Und gewiß wird die Stunde sich ereignen, während zwei Männer ihren Kleiderstoff zwischen sich bereits entfalteten, so werden sie ihn weder kaufen noch verkaufen noch zusammenfalten können! Und gewiß wird die Stunde sich ereignen, während man die Milch seines Kamelweibchens holte, so wird man sie aber nicht mehr kosten können Und gewiß wird die Stunde sich ereignen, während man seine Tränke verputzt, so wird man davon nicht tränken können! Und gewiß wird die Stunde sich ereignen, während man seine Speise zu seinem Mund führt, so wird man sie aber nicht mehr essen können!"[254]

قال (عن علامات الساعة الصغرى) : أَنْ تَلِدَ الْأَمَةُ رَبَّتَهَا ، وَأَنْ تَرَى الْحُفَاةَ الْعُرَاةَ الْعَالَةَ رِعَاءَ الشَّاءِ يَتَطَاوَلُونَ فِي الْبُنْيَانِ .

"(Die Vorboten der Stunde sind), daß die Sklavin ihre Herrin gebärt und daß du siehst, daß die barfüßigen, nackten und armen Schafhirten die Hochhäuser bauen."[255]

إِنَّ مِنْ أَشْرَاطِ السَّاعَةِ: أَنْ يُرْفَعَ الْعِلْمُ ، وَيَكْثُرَ الْجَهْلُ ، وَيَكْثُرَ الزِّنَا ، وَيَكْثُرَ شُرْبُ الْخَمْرِ ، وَيَقِلَّ الرِّجَالُ وَيَكْثُرَ النِّسَاءُ حَتَّى يَكُونَ لِخَمْسِينَ امْرَأَةً الْقَيِّمُ الْوَاحِدُ .

"Zu den Vorboten der Stunde zählt, daß das Wissen (über ALLAH und Din) entzogen wird, das Unwissen sich verbreitet, die Unzucht (Zina) sich ausbreitet, daß Alkohol (im Übermaß) getrunken wird und die Frauen mehr und die Männer weniger werden, so daß es für fünfzig Frauen nur einen Versorger gibt."[256]

---

[254] Überlieferung von Imam Al-buchari
[255] Überlieferung von Imam Muslim
[256] Überlieferung von den Imamen: Al-buchari, Muslim , At-tirmidhi, Ibnu-madscha und Ahmad

إِذَا ضُيِّعَتِ الْأَمَانَةُ فَانْتَظِرِ السَّاعَةَ . قَالَ : كَيْفَ إِضَاعَتُهَا يَا رَسُولَ اللَّهِ ؟ قَالَ : إِذَا أُسْنِدَ الْأَمْرُ إِلَى غَيْرِ أَهْلِهِ فَانْتَظِرِ السَّاعَةَ .

"Wenn das Anvertraute (amana) verloren geht, so warte auf die Stunde. Er (der Mann) fragte: "Wie wird das Anvertraute verloren gehen?" Der Gesandte (*sallal-lahu 'alaihi wa sallam*) sagte: "Wenn die Verantwortung den Ungeeigneten überlassen wird, so warte auf die Stunde."[257]

مِنِ اقْتِرَابِ السَّاعَةِ كَثْرَةُ الْقُرَّاءِ وقِلَّةُ الفُقَهَاءِ وكَثْرَةُ الأُمَرَاءِ وقِلَّةُ الأُمَنَاءِ .

"Zu (den Vorboten) des Heranrückens der Stunde gehört: die Vielzahl an Lesekundigen (bzw. an Quran-Rezitatoren), die Knappheit an Wissenden (bzw. an Gelehrten), die Vielzahl an Anführern und die Knappheit an vertrauenswürdigen Menschen."[258]

بَيْنَ يَدَيِ السَّاعَةِ تَسْلِيمُ الْخَاصَّةِ ، وَفُشُوُّ التِّجَارَةِ حَتَّى تُعِينَ الْمَرْأَةُ زَوْجَهَا عَلَى التِّجَارَةِ .

"(Zu den Vorboten) der Stunde gehört: die ausschließliche Begrüßung der engen Bekannten, die Verbreitung des Handelns, bis auch die Frau ihrem Mann beim Handeln hilft."[259]

مِنْ اقْتِرَابِ السَّاعَةِ تَشَبُّهُ الرِجَالِ بِالنِّسَاءِ والنِّسَاءِ بِالْرِجَالِ .

"Zu (den Vorboten) des Heranrückens der Stunde gehört die Nachahmung der Frauen durch die Männer und der Männer durch die Frauen."[260]

إِنَّ مِنْ أَعْلاَمِ السَّاعَةِ وَأَشْرَاطِهَا : أَنْ يَكْتَفِي الرِجَالُ بالرِجَالِ والنِّسَاءُ بالنِّسَاءِ .

"Zu den Merkmalen und Vorboten der Stunde gehört, daß die Männer sich mit Männern begnügen und die Frauen mit Frauen (d. h. die Verbreitung der Homosexualität)."[261]

إِذَا اقْتَرَبَ الزَمَانُ يُرَبِّي الرَجُلُ جَرْواً خَيرٌ لَهُ مِنْ أَنْ يُرَبِّي وَلَداً لَهُ ، ولا يُوَقَّرُ كَبِيرٌ ، ولا يُرْحَمُ صَغِيرٌ ، ويَكْثُرُ أَوْلاَدُ الزِنَا ، حَتَّى أَنَّ الرَجُلَ لَيَغْشَى المَرْأَةَ عَلَى قَارِعَةِ الطَرِيقِ .

---

[257] Überlieferung von Imam Al-buchari und Imam Ahmad

[258] Überlieferung von Imam At-tabarani (Sulaiman Bnu-ahmad), Hadith-Wissenschaftler, (geb. 260 - gest. 360 n. H.)

[259] Überlieferung von Imam Ahmad, Imam At-tabarani und Imam Al-hakim (Muhammad Bnu-'abdillah Bnul-bai-yi', Richter und Hadith-Wissenschaftler, geb. 321 n. H. - gest. 405 n. H.)

[260] Überlieferung von Imam Abu-na'im Ahmad Bnu-'abdillah Al-asbahani, Hadith-Wissenschaftler, (geb. 336 - gest. 430 n. H.)

[261] Überlieferung von Imam At-tabarani

“Wenn die Zeit (des Jüngsten Tages) sich nähert, wird die Aufzucht eines Welpen besser sein für jemanden als das Aufziehen eines eigenen Kindes, und die Betagten werden nicht respektiert, und den Jungen wird keine Barmherzigkeit erwiesen, und die Anzahl der durch Unzucht gezeugten Kinder wird sich stark vermehren, so daß der Mann die Frau inmitten der Straße beschläft.”[262]

مِنْ اقْتِرَابِ السَّاعَةِ مَوتُ الفَجْأَةِ .

“Zu (den Vorboten) des Heranrückens der Stunde gehört der plötzliche Tod.”[263]

سَيَكُونُ فِي أُمَّتِي اخْتِلَافٌ وَفُرْقَةٌ ، قَوْمٌ يُحْسِنُونَ الْقِيلَ وَيُسِيئُونَ الْفِعْلَ .

“Und es werden sich unter meiner Umma Streit und Teilung ausbreiten, (es wird geben) Leute, die gut reden können, aber schlecht handeln.”[264]

سَتَكُونُ فِتَنٌ يُفَارِقُ الرَجُلُ فِيهَا أَخَاهُ وَأَبَاهُ ، تَطِيرُ الفِتْنَةُ فِي قُلُوبِ الرِجَالِ مِنْهُم إِلَى يَومِ القِيَامَةِ ، حَتَّى يُعَيِّرُ الرَجُلُ فِيهَا بِصَلَاتِهِ كَمَا تُعَيِّرُ الزَانِيَةُ بِزِنَاهَا .

“Es werden Zwieträchtigkeiten und Versuchungen auftreten, durch die man sich von seinem Bruder und von seinem Vater trennen wird. Die Fitna wird sich im Herzen der Männer unter ihnen bis zum Tag der Auferstehung einnisten, bis man in dieser Zeit wegen seines Gebetes geschmäht wird, wie eine Unzuchttreibende wegen ihrer Unzucht geschmäht wird.”[265]

مِنْ أَشْرَاطِ السَّاعَةِ سُوءُ الجِوَارِ ، وقَطِيعَةُ الأَرْحَامِ .

“Zu den Vorboten der Stunde gehört die schlechte Nachbarschaft und der Abbruch der verwandtschaftlichen Beziehungen.”[266]

لا تَقُومُ السَّاعَةُ حَتَّى تَتَبَاكَى القُلُوبُ وتَخْتَلِفَ الأَقَاوِيلُ ، ويَخْتَلِفَ الأَخَوانُ مِنَ الأَبِ والأُمِ فِي الدِّينِ.

“Die Stunde wird sich nicht ereignen, bis die Herzen in tiefer Trauer versinken, die Lehrmeinungen weit auseinanderklaffen und die Geschwister vom (gleichen) Vater und der (gleichen) Mutter verschiedenem Din angehören.”[267]

---

[262] Überlieferung von Imam At-tabarani und Imam Al-hakim
[263] Überlieferung von Imam Ibnu-abi-schaiba, Im Wissenschaftler (gest. 235 n. H.)
[264] Überlieferung von Imam Abu-dawud
[265] Überlieferung von Imam At-tabarani
[266] Überlieferung von Imam Abu-na’im
[267] Überlieferung von Imam Ad-dailami

Es ist durchaus angebracht, Parallelen zu ziehen zwischen den Schilderungen dieser Überlieferungen und den negativen Verhaltensmustern und Mißständen der heutigen Gesellschaften fast aller Länder. Die Tatsache, daß viele der beschriebenen Mißstände sich bereits etabliert haben und von der großen Mehrheit als "gesellschaftliche Norm" akzeptiert und praktiziert werden, darf jedoch keinesfalls zur Resignation oder gar Anpassung der Minderheit der Gottergebenen Menschen führen.

Der Gesandte (*sallal-lahu 'alaihi wa sallam*) hat ausdrücklich erwähnt, daß auch in dieser Zeit eine relativ kleine Gruppe von Muslimen existiert, die nach den Geboten ALLAHs lebt.

لَا تَزَالُ طَائِفَةٌ مِنْ أُمَّتِي ظَاهِرِينَ عَلَى الْحَقِّ لَا يَضُرُّهُمْ مَنْ خَذَلَهُمْ حَتَّى يَأْتِيَ أَمْرُ اللَّهِ .

"Eine Gruppe von meiner Gemeinschaft wird beharrlich am Wahren festhalten. Ihnen wird nicht schaden, wer sie im Stich läßt, bis ALLAHs Bestimmung eintrifft."[268]

الْمُتَمَسِّكُ بِسُنَّتِي عِنْدَ فَسَادِ أُمَّتِي لَهُ أَجْرُ شَهِيدٍ .

"Wer an meiner Sunna zur Zeit der Verderbtheit meiner Umma festhält, erhält die Belohnung eines Schahids (Märtyrer)."[269]

---

[268] Überlieferung von Imam Muslim
[269] Überlieferung von Imam At-tabarani

2. Die direkten Zeichen des Jüngsten Tages (*al-'alamatul-kubra*, العلامات الكبرى)

Muslime verinnerlichen den Iman daran, daß die direkten Zeichen mit Gewißheit eintreten werden und daß sie das unmittelbare Eintreffens des Jüngsten Tages ankündigen.
Diese Zeichen gehen einher mit einer kompletten Veränderung der bisherigen Ordnung des Universums.

Der Sahabi Hudhaifa Al-ghifari[270] (*radial-lahu 'anh*) sagte:

اطَّلَعَ النَّبِيُّ ﷺ عَلَيْنَا وَنَحْنُ نَتَذَاكَرُ فَقَالَ : مَا تَذَاكَرُونَ ؟ قَالُوا : نَذْكُرُ السَّاعَةَ . قَالَ : إِنَّهَا لَنْ تَقُومَ حَتَّى تَرَوْنَ قَبْلَهَا عَشْرَ آيَاتٍ ، فَذَكَرَ الدُّخَانَ ، وَالدَّجَّالَ ، وَالدَّابَّةَ ، وَطُلُوعَ الشَّمْسِ مِنْ مَغْرِبِهَا ، وَنُزُولَ عِيسَى ابْنِ مَرْيَمَ ﷺ ، وَيَأْجُوجَ وَمَأْجُوجَ ، وَثَلَاثَةَ خُسُوفٍ : خَسْفٌ بِالْمَشْرِقِ وَخَسْفٌ بِالْمَغْرِبِ وَخَسْفٌ بِجَزِيرَةِ الْعَرَبِ وَآخِرُ ذَلِكَ نَارٌ تَخْرُجُ مِنَ الْيَمَنِ تَطْرُدُ النَّاسَ إِلَى مَحْشَرِهِمْ .

"Der Gesandte (*sallal-lahu 'alaihi wa sallam*) kam auf uns zu, während wir unsere Gedanken austauschten, und sagte: "Worüber tauscht ihr euch aus?" Wir sagten: "Wir gedenken der Stunde!" Er sagte: "Sie wird sich nicht ereignen, bis ihr vorher zehn Zeichen seht." So erwähnte er: den Rauch, Ad-dadsch-dschal, Ad-dabba, das Aufgehen der Sonne von ihrem Untergang, das Herabsteigen von 'Isa, Maryams Sohn (*sallal-lahu 'alaihi wa sallam*), Yadschudsch und Madschudsch, drei Versinkungen der Erde, eine Versinkung im Osten, eine Versinkung im Westen und eine Versinkung auf der arabischen Halbinsel und als Letztes ein Feuer, das aus Jemen ausbricht und die Menschen zu ihrem Versammlungsplatz hintreibt."[271]

Die wichtigsten direkten Zeichen:

- ❐ Ad-dadsch-dschal, الدجال
- ❐ Das Herabsteigen des Gesandten 'Isa (*'alaihis-salam*), نزول عيسى عليه السلام
- ❐ Das Erscheinen von Yadschudsch und Madschudsch, ظهور يأجوج ومأجوج
- ❐ Das Aufgehen der Sonne vom Westen, طلوع الشمس من مغربها
- ❐ Das Herauskommen von Ad-dabba: الدابة (das Auf-Erde-Bewegende bzw. das Vieh)

---

[270] Hudhaifa Bnu-usaid Al-ghifari, überlieferte einige Hadithe (gest. 42 n. H.)
[271] Überlieferung von Imam Muslim

2.1. Ad-dadsch-dschal

Das Wort "Dadsch-dschal" bedeutet: Der größte Lügner, Schwindler und Täuscher. Ad-dadsch-dschal ist ein Mann, der am Ende der Zeit als Zeichen des unmittelbaren Heranrückens des Jüngsten Tages erscheinen wird. Er wird sich als Gott bezeichnen und für gewisse Zeit Göttlichkeit vortäuschen können. Er wird große auffällige Taten vollbringen, die wie Wunder aussehen, um die Menschen von sich und seiner Macht zu überzeugen, und die meisten Menschen werden an ihn glauben. Die Mumin werden jedoch seine Lügen enthüllen und gemeinsam mit dem Gesandten 'Isa, dem Sohn von Maryam (*'alaihis-salam*) gegen ihn kämpfen. 'Isa (*'alaihis-salam*) wird zu dieser Zeit mit der Erlaubnis ALLAHs (*ta'ala*) herabsteigen, um Ad-dadsch-dschal zu töten, und er wird ihn auch töten! Der Gesandte Muhammad (*sallal-lahu 'alaihi wa sallam*) sagte:

لَأَنَا أَعْلَمُ بِمَا مَعَ الدَّجَّالِ مِنْهُ : مَعَهُ نَهْرَانِ يَجْرِيَانِ ، أَحَدُهُمَا رَأْيَ الْعَيْنِ مَاءٌ أَبْيَضُ ، وَالْآخَرُ رَأْيَ الْعَيْنِ نَارٌ تَأَجَّجُ . فَإِمَّا أَدْرَكَنَّ أَحَدٌ ، فَلْيَأْتِ النَّهْرَ الَّذِي يَرَاهُ نَارًا ، وَلْيُغَمِّضْ ثُمَّ لْيُطَأْطِئْ رَأْسَهُ ، فَيَشْرَبَ مِنْهُ . فَإِنَّهُ مَاءٌ بَارِدٌ . وَإِنَّ الدَّجَّالَ مَمْسُوحُ الْعَيْنِ عَلَيْهَا ظَفَرَةٌ غَلِيظَةٌ مَكْتُوبٌ بَيْنَ عَيْنَيْهِ : كَافِرٌ ، يَقْرَؤُهُ كُلُّ مُؤْمِنٍ كَاتِبٍ وَغَيْرِ كَاتِبٍ .

"Ich weiß besser als Ad-dadsch-dschal selbst Bescheid darüber, was er mit sich führt! Er wird zwei Flüsse mit sich führen: der eine (Fluß) enthält dem Augenschein nach weiße Flüssigkeit, und der andere enthält dem Augenschein nach loderndes Feuer. Sollte er einen von euch treffen, so soll er zu dem Fluß gehen, der ihm als Feuer erscheint, und er soll seine Augen zumachen und seinen Kopf senken und dann davon trinken, denn es ist kaltes Wasser. Ad-dadsch-dschal hat ein zugewachsenes Auge, das mit dicker Haut bedeckt ist; zwischen seinen Augen ist *Kafir* geschrieben. Dies wird jeder Mumin lesen können, (unabhängig davon) ob er alphabetisiert ist oder nicht."[272]

إِنِّي لَأُنْذِرُكُمُوهُ . وَمَا مِنْ نَبِيٍّ إِلَّا وَقَدْ أَنْذَرَهُ قَوْمَهُ . وَلَكِنِّي سَأَقُولُ لَكُمْ فِيهِ قَوْلًا لَمْ يَقُلْهُ نَبِيٌّ لِقَوْمِهِ : إِنَّهُ أَعْوَرُ وَإِنَّ اللَّهَ لَيْسَ بِأَعْوَرَ .

"Ich warne euch vor ihm, und es gibt keinen Propheten, der sein Volk vor ihm nicht gewarnt hat, aber ich werde euch etwas über ihn mitteilen, das kein anderer Prophet seinem Volk mitteilte: "Er ist einäugig, und ALLAH ist nicht einäugig."[273]

---

[272] Überlieferung von Imam Muslim
[273] Überlieferung von Imam Al-buchari

‘Aischa[274] (*radial-lahu ‘anha*), die Ehefrau des Gesandten (*sallal-lahu ‘alaihi wa sallam*) sagte:

> “Ich hörte den Gesandten ALLAHs (*sallal-lahu ‘alaihi wa sallam*), wie er im Gebet ALLAH (ta’ala) um Zuflucht vor der Prüfung durch Ad-dadschdschal bat.”[275]

Diese und andere authentische Hadith verpflichten uns, den Iman zu verinnerlichen, daß das Auftreten von Ad-dadsch-dschal und die Prüfung durch ihn mit Gewißheit eintreten werden und daß dies eines der großen Zeichen des Jüngsten Tages ist.

2.2. Das Herabsteigen von ‘Isa, Maryams Sohn ('alaihis-salam)

Muslime verinnerlichen den Iman daran, daß am Ende der Zeit, während der Zeit der Herrschaft von Ad-dadsch-dschal, der Gesandte ‘Isa, Maryams Sohn (*‘alaihis-salam*) herabsteigen wird, um gemeinsam mit den Muslimen gegen Ad-dadsch-dschal zu kämpfen und ihn zu töten. ‘Isa (*‘alaihis-salam*) wird nach diesem Kampf noch eine gewisse Zeit leben und gerecht nach dem Islam richten. Er wird das Kreuz zerschlagen, um den Glauben zu zerstören, der zu Unrecht mit ihm in Verbindung gebracht wird. Er wird das Schwein töten und die *Dschizya* (Verteidigungsersatz-abgabe für Nichtmuslime) absetzen, um deutlich zum machen, daß er außer dem Islam keinen Din akzeptiert. Dann wird er eines natürlichen Todes sterben und nach Islamischem Brauch bestattet. Die angebliche Kreuzigung von ‘Isa (*‘alaihis-salam*) durch seine Widersacher bei seinem ersten Wirken als Gesandter wird im Quran eindeutig bestritten.

وَقَوۡلِهِمۡ إِنَّا قَتَلۡنَا ٱلۡمَسِيحَ عِيسَى ٱبۡنَ مَرۡيَمَ رَسُولَ ٱللَّهِ وَمَا قَتَلُوهُ وَمَا
صَلَبُوهُ وَلَٰكِن شُبِّهَ لَهُمۡۚ وَإِنَّ ٱلَّذِينَ ٱخۡتَلَفُواْ فِيهِ لَفِي شَكّٖ مِّنۡهُۚ مَا لَهُم بِهِۦ
مِنۡ عِلۡمٍ إِلَّا ٱتِّبَاعَ ٱلظَّنِّۚ وَمَا قَتَلُوهُ يَقِينَۢا ﴿١٥٧﴾ بَل رَّفَعَهُ ٱللَّهُ إِلَيۡهِۚ وَكَانَ
ٱللَّهُ عَزِيزًا حَكِيمٗا ﴿١٥٨﴾ وَإِن مِّنۡ أَهۡلِ ٱلۡكِتَٰبِ إِلَّا لَيُؤۡمِنَنَّ بِهِۦ قَبۡلَ
مَوۡتِهِۦۖ وَيَوۡمَ ٱلۡقِيَٰمَةِ يَكُونُ عَلَيۡهِمۡ شَهِيدٗا ﴿١٥٩﴾

---

274 'Aischa bintu Abi-bakr, Umul-muminin: Mutter der Mumin, Ehefrau des Gesandten; überlieferte sehr viele Hadithe, (gest. 57 n. H.)

275 Überlieferung von Imam Al-buchari

Und wegen ihrer Äußerung: ‘Wir töteten den Masih (Messias), ‘Isa, Maryams Sohn, den Gesandten ALLAHs!’ Doch weder töteten sie ihn noch kreuzigten sie ihn, sondern nur etwas Ähnliches erschien ihnen. Und diejenigen, die über ihn uneins sind, sind sicherlich im Zweifel über ihn. Sie haben kein Wissen davon, außer dem Befolgen einer Spekulation, und sie töteten ihn gewiß nicht! Nein, sondern ALLAH ließ ihn zu SEINEM (Himmel) emporheben. Und ALLAH bleibt gewiß allwürdig, allweise. Und von den Schriftbesitzern gibt es keinen, der nicht vor seinem Tod den Iman an ihn verinnerlichen wird. Und am Tag der Auferstehung wird er gegen sie Zeuge sein.[276]

Der Gesandte Muhammad (*sallal-lahu ‘alaihi wa sallam*) beschreibt die Zeit nach dem Tod von Ad-dadsch-dschal folgendermaßen:

يَخْرُجُ الدَّجَّالُ فِي أُمَّتِي ، فَيَمْكُثُ أَرْبَعِينَ . لَا أَدْرِي أَرْبَعِينَ يَوْمًا ، أَوْ أَرْبَعِينَ شَهْرًا ، أَوْ أَرْبَعِينَ عَامًا . فَيَبْعَثُ اللَّهُ عِيسَى ابْنَ مَرْيَمَ ، كَأَنَّهُ عُرْوَةُ بْنُ مَسْعُودٍ ، فَيَطْلُبُهُ ، فَيُهْلِكُهُ . ثُمَّ يَمْكُثُ النَّاسُ سَبْعَ سِنِينَ لَيْسَ بَيْنَ اثْنَيْنِ عَدَاوَةٌ . ثُمَّ يُرْسِلُ اللَّهُ رِيحًا بَارِدَةً مِنْ قِبَلِ الشَّأْمِ ، فَلَا يَبْقَى عَلَى وَجْهِ الْأَرْضِ أَحَدٌ فِي قَلْبِهِ مِثْقَالُ ذَرَّةٍ مِنْ خَيْرٍ أَوْ إِيمَانٍ إِلَّا قَبَضَتْهُ ، حَتَّى لَوْ أَنَّ أَحَدَكُمْ دَخَلَ فِي كَبِدِ جَبَلٍ لَدَخَلَتْهُ عَلَيْهِ حَتَّى تَقْبِضَهُ . فَيَبْقَى شِرَارُ النَّاسِ فِي خِفَّةِ الطَّيْرِ وَأَحْلَامِ السِّبَاعِ ، لَا يَعْرِفُونَ مَعْرُوفًا وَلَا يُنْكِرُونَ مُنْكَرًا . فَيَتَمَثَّلُ لَهُمُ الشَّيْطَانُ ، فَيَقُولُ : أَلَا تَسْتَجِيبُونَ ؟ فَيَقُولُونَ : فَمَا تَأْمُرُنَا ؟ فَيَأْمُرُهُمْ بِعِبَادَةِ الْأَوْثَانِ ، وَهُمْ فِي ذَلِكَ دَارٌّ رِزْقُهُمْ حَسَنٌ عَيْشُهُمْ . ثُمَّ يُنْفَخُ فِي الصُّورِ ...

“Ad-dadsch-dschal wird aus meiner Umma herauskommen, und vierzig verweilen - ich weiß aber nicht ob vierzig Tage, vierzig Monate oder vierzig Jahre. Dann entsendet ALLAH ‘Isa, Maryams Sohn - als wäre er ‘Urwa Ibnu-mas'ud, und er wird ihn (Ad-dadsch-dschal) verfolgen und dann töten. Dann bleiben die Menschen sieben Jahre, wobei es keine Feindschaft zwischen Zweien gibt. Dann schickt ALLAH kalten Wind aus Asch-scham (dem heutigen Gebiet von Syrien und Umgebung), dann bleibt kein Mensch auf der Erde, in dessen Herzen ein Stäubchen Gewicht Gutes oder Iman ist, ohne daß er ihn abberuft, auch wenn einer von euch sich in einer Berghöhle versteckt, wird er ihm folgen und ihn abberufen. Dann bleiben nur die schlechten Menschen, die wie die Vögel schwach sind, aber Träume wie die der Löwen haben. Diese kennen weder Gebilligtes noch lehnen sie Mißbilligtes ab, bis der Satan vor ihnen erscheint und sagt: “Wollt ihr mir nicht folgen?” Sie sagen: “Was

---

[276] Suratun-nisaa Nr. 4, Ayat Nr. 157-159

gebietest du uns?” So gebietet er ihnen das Anbeten der Götzen, während ihr Lebensunterhalt im Überfluß vorhanden und ihr Leben schön ist. Dann wird in den Sur (die Posaune) gestoßen ... [277]

وَالَّذِي نَفْسِي بِيَدِهِ لَيُوشِكَنَّ أَنْ يَنْزِلَ فِيكُمُ ابْنُ مَرْيَمَ حَكَمًا عَدْلًا ، فَيَكْسِرَ الصَّلِيبَ ، وَيَقْتُلَ الْخِنْزِيرَ ،
وَيَضَعَ الْجِزْيَةَ وَيَفِيضَ الْمَالُ حَتَّى لَا يَقْبَلَهُ أَحَدٌ ، حَتَّى تَكُونَ السَّجْدَةُ الْوَاحِدَةُ خَيْرًا مِنَ الدُّنْيَا وَمَا فِيهَا.

Und bei Dem, in dessen Hand meine Seele liegt, zweifellos bald wird zu euch Maryams Sohn als gerechter Richter herabsteigen. Er wird das Kreuz zerbrechen, das Schwein töten, die *Dschizya* (Verteidigungsersatzabgabe für Nicht-Muslime) absetzen; und das Vermögen wird im Überfluß sein, bis keiner es annimmt, bis die eine Rak’a (Niederwerfung im rituellen Gebet) für den einen besser ist als die Erde und alles, was auf ihr ist.[278]

2.3. Das Erscheinen von Yadschudsch und Madschudsch

Muslime verinnerlichen den Iman daran, daß Yadschudsch und Madschudsch (Gog und Magog) mit Gewißheit erscheinen und wirken werden, und daß sie das unmittelbare Eintreffens des Jüngsten Tages ankündigen.

Die Kenntnisse über Yadschudsch und Madschudsch beschränken sich auf die Tatsache ihres Erscheinens und ihre große Anzahl. Wir besitzen jedoch keinerlei Kenntnis darüber, wie Yadschudsch und Madschudsch aussehen, wo sie vorher leben und wann sie ausbrechen werden.

ثُمَّ أَتْبَعَ سَبَبًا ﴿٩٢﴾ حَتَّىٰٓ إِذَا بَلَغَ بَيْنَ ٱلسَّدَّيْنِ وَجَدَ مِن دُونِهِمَا قَوْمًا لَّا
يَكَادُونَ يَفْقَهُونَ قَوْلًا ﴿٩٣﴾ قَالُواْ يَٰذَا ٱلْقَرْنَيْنِ إِنَّ يَأْجُوجَ وَمَأْجُوجَ
مُفْسِدُونَ فِى ٱلْأَرْضِ فَهَلْ نَجْعَلُ لَكَ خَرْجًا عَلَىٰٓ أَن تَجْعَلَ بَيْنَنَا وَبَيْنَهُمْ
سَدًّا ﴿٩٤﴾ قَالَ مَا مَكَّنِّى فِيهِ رَبِّى خَيْرٌ فَأَعِينُونِى بِقُوَّةٍ أَجْعَلْ بَيْنَكُمْ
وَبَيْنَهُمْ رَدْمًا ﴿٩٥﴾ ءَاتُونِى زُبَرَ ٱلْحَدِيدِ حَتَّىٰٓ إِذَا سَاوَىٰ بَيْنَ ٱلصَّدَفَيْنِ
قَالَ ٱنفُخُواْ حَتَّىٰٓ إِذَا جَعَلَهُۥ نَارًا قَالَ ءَاتُونِىٓ أُفْرِغْ عَلَيْهِ قِطْرًا ﴿٩٦﴾

[277] Überlieferung von Imam Muslim und Imam An-nasai
[278] Überlieferung von Imam Al-buchari und Imam Muslim

فَمَا ٱسْطَٰعُوٓا۟ أَن يَظْهَرُوهُ وَمَا ٱسْتَطَٰعُوا۟ لَهُۥ نَقْبًا ﴿٩٧﴾ قَالَ هَٰذَا رَحْمَةٌ
مِّن رَّبِّى ۖ فَإِذَا جَآءَ وَعْدُ رَبِّى جَعَلَهُۥ دَكَّآءَ ۖ وَكَانَ وَعْدُ رَبِّى حَقًّا
﴿٩٨﴾ ۞ وَتَرَكْنَا بَعْضَهُمْ يَوْمَئِذٍ يَمُوجُ فِى بَعْضٍ ۖ وَنُفِخَ فِى ٱلصُّورِ
فَجَمَعْنَٰهُمْ جَمْعًا ﴿٩٩﴾

Dann folgte er einem Weg, bis dann, nachdem er (den Ort) zwischen den beiden Wällen erreichte, fand er hinter ihnen eine Gemeinschaft, die kaum Gesagtes verstanden. Sie sagten: "Dhul-qarnain! Yadschudsch und Madschudsch sind zweifellos Verderben-Anrichtende auf Erden! Sollen wir dir eine Löhnung dafür ansetzen, daß du zwischen uns und ihnen einen Wall errichtest?" Er sagte: "Das, worin mich mein Herr festigte, ist besser! Also unterstützt mich durch Arbeitskraft, damit ich zwischen euch und ihnen einen Damm errichte. Bringt mir Eisenstücke!" Bis dann, nachdem er (die Lücke) zwischen den beiden Wall-Abhängen auf gleicher Höhe zuschütten ließ, sagte er: "Blast!" Bis dann, nachdem er es (das Eisen) erhitzte, sagte er: "Bringt mir geschmolzenes Kupfer, das ich darüber gieße!" Dann konnten sie ihn weder erklimmen, noch darin ein Loch bohren. Er sagte: "Dies ist eine Gnade von meinem Herrn. Und wenn das Versprechen meines Herrn eintrifft, wird ER ihn dem Erdboden gleich machen. Und das Versprechen meines Herrn ist gewiß wahr. Und WIR lassen die einen von ihnen an diesem Tag sich mit den anderen vermischen. Und nachdem es in den Sur gestoßen wird, werden WIR sie in einer Versammlung versammeln."[279]

حَتَّىٰٓ إِذَا فُتِحَتْ يَأْجُوجُ وَمَأْجُوجُ وَهُم مِّن كُلِّ حَدَبٍ يَنسِلُونَ ﴿٩٦﴾
وَٱقْتَرَبَ ٱلْوَعْدُ ٱلْحَقُّ فَإِذَا هِىَ شَٰخِصَةٌ أَبْصَٰرُ ٱلَّذِينَ كَفَرُوا۟ يَٰوَيْلَنَا قَدْ
كُنَّا فِى غَفْلَةٍ مِّنْ هَٰذَا بَلْ كُنَّا ظَٰلِمِينَ ﴿٩٧﴾

Bis dann, wenn Yadschudsch und Madschudsch geöffnet wird, und sie von allen Anhöhen herunter eilen. Und das wahre Versprechen näherte sich, dann werden starr blicken die Augen derjenigen, die Kufr betrieben: "Unser Untergang! wir waren demgegenüber achtlos. Nein, sondern wir waren Unrecht-Begehende!"[280]

---

[279] Suratul-kahf Nr. 18, Ayat Nr. 92-99
[280] Suratul-anbiyaa Nr. 21, Ayat Nr. 96-97

Der Gesandte Muhammad (*sallal-lahu 'alaihi wa sallam*) beschrieb ihre außerordentlich große Zahl:

وَيَبْعَثُ اللَّهُ يَأْجُوجَ وَمَأْجُوجَ وَهُمْ مِنْ كُلِّ حَدَبٍ يَنْسِلُونَ فَيَمُرُّ أَوَائِلُهُمْ عَلَى بُحَيْرَةِ طَبَرِيَّةَ فَيَشْرَبُونَ مَا فِيهَا وَيَمُرُّ آخِرُهُمْ فَيَقُولُونَ لَقَدْ كَانَ بِهَذِهِ مَرَّةً مَاءٌ .

"Und ALLAH wird Yadschudsch und Madschudsch entstehen lassen, und sie werden von allen Anhöhen herbeieilen. Dann werden die ersten von ihnen am Tabariya-See vorbeigehen, und ihn leer trinken. Dann werden die letzten von ihnen vorbeigehen und sagen: "Hier gab es einmal Wasser."[281]

2.4. Das Aufgehen der Sonne vom Westen

Muslime verinnerlichen den Iman daran, daß am Ende der Zeit mit Gewißheit die Sonne vom Westen aufgehen wird und daß sie das unmittelbare Eintreffen des Jüngsten Tages ankündigt. Dieses Zeichen wird die erste sichtbare Veränderung der Ordnung des Universums sein. ALLAH (*ta'ala*), Der die Sonne vom Osten aufgehen ließ, wird sie vom Westen aufgehen lassen!

Der Gesandte Muhammad (*sallal-lahu 'alaihi wa sallam*) sagte:

إِنَّ أَوَّلَ الْآيَاتِ خُرُوجًا طُلُوعُ الشَّمْسِ مِنْ مَغْرِبِهَا وَخُرُوجُ الدَّابَّةِ عَلَى النَّاسِ ضُحًى وَأَيُّهُمَا مَا كَانَتْ قَبْلَ صَاحِبَتِهَا فَالْأُخْرَى عَلَى إِثْرِهَا قَرِيبًا .

"Das Erste der Zeichen, das sichtbar wird, ist das Aufgehen der Sonne von ihrem Untergang und das Herauskommen von *Ad-dabba* (das Auf-Erde-Bewegende bzw. Vieh) vormittags zu den Menschen. Und welches (Zeichen) von ihnen dem Anderen vorauseilt, so wird das Nächste bald nachfolgen."[282]

هَلْ يَنظُرُونَ إِلَّآ أَن تَأْتِيَهُمُ ٱلْمَلَـٰٓئِكَةُ أَوْ يَأْتِىَ رَبُّكَ أَوْ يَأْتِىَ بَعْضُ ءَايَـٰتِ
رَبِّكَ ۗ يَوْمَ يَأْتِى بَعْضُ ءَايَـٰتِ رَبِّكَ لَا يَنفَعُ نَفْسًا إِيمَـٰنُهَا لَمْ تَكُنْ ءَامَنَتْ
مِن قَبْلُ أَوْ كَسَبَتْ فِىٓ إِيمَـٰنِهَا خَيْرًا ۗ قُلِ ٱنتَظِرُوٓا۟ إِنَّا مُنتَظِرُونَ ﴿١٥٨﴾

Warten sie auf etwas anderes, außer daß die Engel zu ihnen kommen oder daß (die Bestimmung) deines Herrn kommt oder daß einige Ayat deines Herrn kommen?! An dem Tag, an dem einige Ayat deines Herrn

---

[281] Überlieferung von Imam Muslim

[282] Überlieferung von Imam Muslim, Imam Ahmad und Imam Abu-dawud

eintreffen, wird keiner Seele ihr Iman nützen, wenn sie vorher den Iman nicht verinnerlicht hat oder mit ihrem Iman gottgefällig Gutes erwarb. Sag: 'Wartet nur! Wir warten auch!'[283]

Viele Quran-Exegeten interpretieren den Satz "einige Zeichen deines Herrn" als "das Aufgehen der Sonne vom Westen und das Herauskommen des Viehs" und erklären diesen Vers folgendermaßen:
Zu dem Zeitpunkt, wenn die Sonne vom Westen aufgeht, werden alle Menschen Mumin werden, weil dieses für jeden sichtbare Zeichen die drastische Veränderung der Ordnung des Universums für jeden unmißverständlich die Allmacht und die Existenz ALLAHs demonstriert. Wenn dieses Ereignis eingetreten ist, wird jedoch keine Tauba (Reue) mehr angenommen werden. Auch die guten Taten, die erst danach verrichtet werden, haben keinen Nutzen mehr, es sei denn, man hat bereits vorher seine Sünden bereut, den Iman an ALLAH (*ta'ala*) verinnerlicht und Gutes getan. Alle Menschen, die erst nach diesem Zeitpunkt den Iman an ALLAH (*ta'ala*) verinnerlichen sind deshalb verloren.

2.5. Das Herauskommen von Ad-dabba

Muslime verinnerlichen den Iman daran, daß am Ende der Zeit mit Gewißheit Ad-dabba (wörtlich: das Auf-Erde-Bewegende bzw. das Vieh) herauskommen wird und daß dieses Ereignis das unmittelbare Eintreffen des Jüngsten Tages ankündigt.
Die Kenntnis über dieses Zeichen beschränkt sich auf die Tatsache des Herauskommens.
Wir besitzen jedoch keinerlei Kenntnis darüber, wie Ad-dabba aussehen wird und wann und wo es erscheinen wird.

۞وَإِذَا وَقَعَ ٱلْقَوْلُ عَلَيْهِمْ أَخْرَجْنَا لَهُمْ دَآبَّةً مِّنَ ٱلْأَرْضِ تُكَلِّمُهُمْ
أَنَّ ٱلنَّاسَ كَانُوا۟ بِـَٔايَـٰتِنَا لَا يُوقِنُونَ ﴿٨٢﴾

Und wenn das Gesagte gegen sie ergeht, werden WIR ihnen ein Auf-Erde-Bewegendes aus der Erde hervorbringen, das zu ihnen spricht, daß die Menschen über UNSERE Ayat keine Gewißheit zu verinnerlichen pflegten.[284]

---

283 Suratul-an'am Nr. 6, Aya Nr. 158
284 Suratun-naml Nr. 27, Aya Nr. 82

Geschehnisse des Jüngsten Tages

In diesem Kapitel werden die eigentlichen Geschehnisse am Jüngsten Tag gemäß der Überlieferungen des Qurans und der authentischen Sunna dargestellt. Diese sind:

- Der Beginn des Jüngsten Tages
- Die Auferweckung (*al-ba'th*: البعث)
- Die Versammlung (*al-haschr*: الحشر)
- Die Belohnung für die Taten (*al-dschazaa*: الجزاء)
- Die Vorstellung (*al-'ard*: العرض) und die Abrechnung (*al-hisab*: الحساب)
- Die Waage (*al-mizan*: الميزان)
- *al-haud*, الحوض
- Die Brücke (*as-sirat*: الصراط)
- Die Dschanna, الجنة und Dschahannam, جهنم

1. Der Beginn des Jüngsten Tages

إِذَا ٱلشَّمۡسُ كُوِّرَتۡ ﴿١﴾ وَإِذَا ٱلنُّجُومُ ٱنكَدَرَتۡ ﴿٢﴾ وَإِذَا ٱلۡجِبَالُ
سُيِّرَتۡ ﴿٣﴾ وَإِذَا ٱلۡعِشَارُ عُطِّلَتۡ ﴿٤﴾ وَإِذَا ٱلۡوُحُوشُ حُشِرَتۡ ﴿٥﴾ وَإِذَا
ٱلۡبِحَارُ سُجِّرَتۡ ﴿٦﴾ وَإِذَا ٱلنُّفُوسُ زُوِّجَتۡ ﴿٧﴾ وَإِذَا ٱلۡمَوۡءُۥدَةُ سُئِلَتۡ
﴿٨﴾ بِأَيِّ ذَنۢبٖ قُتِلَتۡ ﴿٩﴾ وَإِذَا ٱلصُّحُفُ نُشِرَتۡ ﴿١٠﴾ وَإِذَا ٱلسَّمَآءُ
كُشِطَتۡ ﴿١١﴾ وَإِذَا ٱلۡجَحِيمُ سُعِّرَتۡ ﴿١٢﴾ وَإِذَا ٱلۡجَنَّةُ أُزۡلِفَتۡ ﴿١٣﴾
عَلِمَتۡ نَفۡسٞ مَّآ أَحۡضَرَتۡ ﴿١٤﴾

Wenn die Sonne umwunden wird, und wenn die Sterne zerfallen, und wenn die Berge vergehen werden, und wenn die hochträchtigen Kamelweibchen vernachlässigt werden, und wenn die wilden Tiere versammelt werden, und wenn die Meere angezündet/überflutet werden, und wenn die Seelen (mit ihren Leibern) gepaart werden, und wenn das lebendig begrabene Mädchen gefragt wird, für welche Verfehlung es getötet wurde, und wenn die Blätter entfaltet werden, und wenn der Himmel abgetragen wird, und wenn die Hölle entfacht wird, und wenn die Dschanna nahe gebracht wird, dann weiß bereits jede Seele, was sie vollbrachte.[285]

إِذَا ٱلسَّمَآءُ ٱنفَطَرَتْ ﴿١﴾ وَإِذَا ٱلْكَوَاكِبُ ٱنتَثَرَتْ ﴿٢﴾ وَإِذَا ٱلْبِحَارُ
فُجِّرَتْ ﴿٣﴾ وَإِذَا ٱلْقُبُورُ بُعْثِرَتْ ﴿٤﴾ عَلِمَتْ نَفْسٌ مَّا قَدَّمَتْ وَأَخَّرَتْ

Wenn der Himmel sich spaltet, und wenn die Sterne zerstreut sind, und wenn die Meere gesprengt werden, und wenn die Gräber ausgehoben werden, weiß bereits jede Seele, was sie vorlegte und aufschob! [286]

يَوْمَ تُبَدَّلُ ٱلْأَرْضُ غَيْرَ ٱلْأَرْضِ وَٱلسَّمَٰوَٰتُ ۖ وَبَرَزُوا۟ لِلَّهِ ٱلْوَٰحِدِ ٱلْقَهَّارِ

An dem Tag, wenn die Erde in eine andere Erde verwandelt wird, sowie die Himmel. Dann werden sie vor ALLAH treten, Den Einzigen, Den Allbezwingenden.[287]

Diese und andere Quran-Verse beschreiben die Veränderungen und Geschehnisse am Jüngsten Tag:

- Die totale Zerstörung des Universums

  Diese Zerstörung des uns bekannten Universums erfolgt nach dem ersten Stoß in den Sur (wörtlich: die Posaune):

  فَإِذَا نُفِخَ فِى ٱلصُّورِ نَفْخَةٌ وَٰحِدَةٌ ﴿١٣﴾ وَحُمِلَتِ ٱلْأَرْضُ وَٱلْجِبَالُ فَدُكَّتَا
  دَكَّةً وَٰحِدَةً ﴿١٤﴾ فَيَوْمَئِذٍ وَقَعَتِ ٱلْوَاقِعَةُ ﴿١٥﴾ وَٱنشَقَّتِ ٱلسَّمَآءُ فَهِىَ
  يَوْمَئِذٍ وَاهِيَةٌ ﴿١٦﴾

  Wenn dann in den Sur ein einziger Stoß gestoßen wird, und die Erde und die Berge getragen werden, dann mit einem einzigen Stoß zerstampft werden, an diesem Tag ereignete sich die Ereignende, und der Himmel spaltete sich, denn er ist an diesem Tag gebrechlich.[288]

---

[285] Suratul-infitar Nr. 81, Ayat Nr. 1-14
[286] Suratut-takwir Nr. 82, Ayat Nr. 1-5
[287] Suratu-ibrahim Nr. 14, Aya Nr. 48
[288] Suratul-haq-qa Nr. 69, Ayat Nr. 13-16

إِذَا ٱلسَّمَآءُ ٱنشَقَّتْ ﴿١﴾ وَأَذِنَتْ لِرَبِّهَا وَحُقَّتْ ﴿٢﴾ وَإِذَا ٱلْأَرْضُ مُدَّتْ ﴿٣﴾
وَأَلْقَتْ مَا فِيهَا وَتَخَلَّتْ ﴿٤﴾ وَأَذِنَتْ لِرَبِّهَا وَحُقَّتْ ﴿٥﴾ يَـٰٓأَيُّهَا ٱلْإِنسَـٰنُ
إِنَّكَ كَادِحٌ إِلَىٰ رَبِّكَ كَدْحًا فَمُلَـٰقِيهِ ﴿٦﴾

Wenn der Himmel zerreißt, und seinem Herrn ganz Ohr wird, und ihm obliegt es, und wenn die Erde ausgedehnt wird, und herauswirft, was in ihr ist und darauf verzichtet, und ihrem Herrn ganz Ohr wird, und ihr obliegt es. Du, Mensch! Du bist gewiß ein sich Anstrengender zu deinem Herrn mit Anstrengung, auf die du treffen wirst.[289]

يَوْمَ نَطْوِى ٱلسَّمَآءَ كَطَىِّ ٱلسِّجِلِّ لِلْكُتُبِ ۚ كَمَا بَدَأْنَآ أَوَّلَ خَلْقٍ نُّعِيدُهُۥ ۚ
وَعْدًا عَلَيْنَآ ۚ إِنَّا كُنَّا فَـٰعِلِينَ ﴿١٠٤﴾

Es ist an dem Tag, wenn WIR den Himmel falten wie das Falten des Registers mit dem Geschriebenen. Wie WIR die erste Schöpfung begannen, wiederholen wir sie. (Dies ist) ein Versprechen UNS gegenüber. WIR werden es gewiß vollbringen![290]

Der Gesandte Muhammad (*sallal-lahu 'alaihi wa sallam*) sagte:

يَقبِضُ اللهُ الأرضَ ، وَيَطْوِي السَّمَاءَ بِيَمِينِهِ ، ثُمَّ يَقُولُ : أنَا المَلِكُ أيْنَ مُلُوكُ الأرْضِ .

"ALLAH wird die Erde festhalten, und den Himmel wird ER mit SEINER Allmacht zusammenrollen, dann wird ER sagen: "ICH bin Der König, wo sind die Könige der Erde!"[291]

- Der Tod aller Geschöpfe

Nach dem ersten Stoß in den Sur werden alle Geschöpfe sterben:

وَنُفِخَ فِى ٱلصُّورِ فَصَعِقَ مَن فِى ٱلسَّمَـٰوَٰتِ وَمَن فِى ٱلْأَرْضِ إِلَّا مَن شَآءَ
ٱللَّهُ ۖ

Und es wurde in den Sur geblasen, dann erschlagen wurden alle in den Himmeln und auf Erden außer denjenigen, die ALLAH will.[292]

---

[289] Suratul-inschiqaq Nr. 84, Ayat Nr. 1-6
[290] Suratul-anbiyaa Nr. 21, Aya Nr. 104
[291] Überlieferung von Imam Al-buchari
[292] Suratuz-zumar Nr. 39, Aya Nr. 68

مَا يَنظُرُونَ إِلَّا صَيْحَةً وَاحِدَةً تَأْخُذُهُمْ وَهُمْ يَخِصِّمُونَ ﴿٤٩﴾ فَلَا يَسْتَطِيعُونَ تَوْصِيَةً وَلَآ إِلَىٰٓ أَهْلِهِمْ يَرْجِعُونَ ﴿٥٠﴾

Sie warten nur auf einen einzigen Schrei, der sie zugrunde richtet, während sie noch disputieren. So können sie weder ein Vermächtnis machen, noch zu ihren Nahverwandten zurückkehren.[293]

2. Die Auferweckung (*al-ba'th*: البعث)

Es folgt dann der zweite Stoß in den Sur, den ALLAH (*ta'ala*) befehlen wird und alle Toten werden auferweckt werden.

ثُمَّ إِنَّكُم بَعْدَ ذَٰلِكَ لَمَيِّتُونَ ﴿١٥﴾ ثُمَّ إِنَّكُمْ يَوْمَ ٱلْقِيَٰمَةِ تُبْعَثُونَ ﴿١٦﴾

Dann werdet ihr gewiß danach sterben. Dann werdet ihr am Tag der Auferstehung erweckt werden.[294]

ثُمَّ نُفِخَ فِيهِ أُخْرَىٰ فَإِذَا هُمْ قِيَامٌ يَنظُرُونَ

Dann wurde darin ein zweites (Mal) hineingeblasen, sogleich waren sie stehend und schauten zu.[295]

Der Gesandte Muhammad (*sallal-lahu 'alaihi wa sallam*) wird als Erster sein Grab verlassen.

يَصْعَقُ النَّاسُ حِينَ يَصْعَقُونَ فَأَكُونُ أَوَّلَ مَنْ قَامَ .

"Die Menschen werden erschlagen, wenn sie erschlagen werden. Und ich werde der Erste sein, der auferstehen wird."[296]

Alle Menschen werden dann mit Leib und Seele auferstehen, und die Kafir werden sagen:

قَالُواْ يَٰوَيْلَنَا مَنۢ بَعَثَنَا مِن مَّرْقَدِنَا ۜ هَٰذَا مَا وَعَدَ ٱلرَّحْمَٰنُ وَصَدَقَ ٱلْمُرْسَلُونَ ﴿٥٢﴾

Sie sagten: "Unser Untergang! Wer erweckte uns von unserer Liegestätte auf? Dies ist, was Der Allgnade Erweisende versprach. Und die Gesandten waren wahrhaftig!"[297]

---

[293] Suratu-ya-sin Nr. 36, Ayat Nr. 49-50
[294] Suratul-muminun Nr. 23, Ayat Nr. 15-16
[295] Suratuz-zumar Nr. 39, Aya Nr. 68
[296] Überlieferung von Imam Al-buchari
[297] Suratu-ya-sin Nr. 36, Aya Nr. 52

Die Auferweckung der Menschen nach dem Tod ist eine Notwendigkeit, um die angekündigte Gerechtigkeit herzustellen.

أَفَحَسِبْتُمْ أَنَّمَا خَلَقْنَٰكُمْ عَبَثًا وَأَنَّكُمْ إِلَيْنَا لَا تُرْجَعُونَ ﴿١١٥﴾

Habt ihr etwa gedacht, daß WIR euch aus sinnlosem Treiben erschufen, und daß ihr zu UNS nicht zurückgebracht würdet?[298]

3. Die Versammlung (*al-haschr*: الحشر)

Muslime verinnerlichen den Iman daran, daß die Versammlung der Menschen nach ihrer Auferweckung mit Gewißheit erfolgen wird. Die Menschen werden durch die Engel mit ALLAHs Erlaubnis zum Versammlungsplatz (*al-mauqif*, الموقف) getrieben, um ihre Taten vor ALLAH (*ta'ala*) zu verantworten und Rechenschaft vor IHM abzulegen, wobei sie nackt, barfüßig und unbeschnitten sind.

يَوْمَ نَحْشُرُ ٱلْمُتَّقِينَ إِلَى ٱلرَّحْمَٰنِ وَفْدًا ﴿٨٥﴾ وَنَسُوقُ ٱلْمُجْرِمِينَ إِلَىٰ جَهَنَّمَ وِرْدًا ﴿٨٦﴾

(Und erinnere) an den Tag, wenn WIR die Taqwa-Beherzigenden vor Dem Allgnade Erweisenden in Delegation versammeln, und die Kafir als Herde zu Dschahannam treiben.[299]

'Aischa[300] (*radial-lahu 'anha*) sagte:

سَمِعْتُ رَسُولَ اللَّهِ ﷺ يَقُولُ : يُحْشَرُ النَّاسُ يَوْمَ الْقِيَامَةِ حُفَاةً عُرَاةً غُرْلًا .

Ich hörte dem Gesandten dabei zu, als er sagte: "Die Menschen werden am Tag der Auferstehung barfüßig, nackt und unbeschnitten versammelt."[301]

Der Gesandte Muhammad (*sallal-lahu 'alaihi wa sallam*) sagte:

يَا أَيُّهَا النَّاسُ إِنَّكُمْ مَحْشُورُونَ إِلَى اللَّهِ حُفَاةً عُرَاةً غُرْلًا ، ثُمَّ قَالَ :

كَمَا بَدَأْنَآ أَوَّلَ خَلْقٍ نُّعِيدُهُۥ ۚ وَعْدًا عَلَيْنَآ ۚ إِنَّا كُنَّا فَٰعِلِينَ

ثُمَّ قَالَ: أَلَا وَإِنَّ أَوَّلَ الْخَلَائِقِ يُكْسَى يَوْمَ الْقِيَامَةِ إِبْرَاهِيمُ. أَلَا وَإِنَّهُ يُجَاءُ بِرِجَالٍ مِنْ أُمَّتِي فَيُؤْخَذُ بِهِمْ ذَاتَ الشِّمَالِ فَأَقُولُ: يَا رَبِّ أُصَيْحَابِي. فَيُقَالُ: إِنَّكَ لَا تَدْرِي مَا أَحْدَثُوا بَعْدَكَ. فَأَقُولُ كَمَا قَالَ الْعَبْدُ الصَّالِحُ:

---

[298] Suratul-muminun Nr. 23, Aya Nr. 115
[299] Suratu-maryam Nr. 19, Ayat Nr. 85-86
[300] Siehe Seite 181
[301] Überlieferung von Imam Al-buchari und Imam Muslim

وَكُنتُ عَلَيْهِمْ شَهِيدًا مَّا دُمْتُ فِيهِمْ ۖ فَلَمَّا تَوَفَّيْتَنِي كُنتَ أَنتَ الرَّقِيبَ عَلَيْهِمْ ۚ

فَيُقَالُ إِنَّ هَؤُلَاءِ لَمْ يَزَالُوا مُرْتَدِّينَ عَلَى أَعْقَابِهِمْ مُنْذُ فَارَقْتَهُمْ .

"Ihr Menschen! Ihr werdet vor ALLAH barfüßig, nackt und unbeschnitten versammelt. Dann rezitierte er: "Wie WIR die erste Schöpfung begannen, wiederholen wir sie. (Dies ist) ein Versprechen UNS gegenüber. WIR werden es gewiß tun! (21:104)" Dann sagte er: Und der Erste der Schöpfung, der am Tag der Auferstehung bekleidet wird, ist Ibrahim (*'alaihis-salam*). Und es werden Männer aus meiner Umma gebracht und nach links (in die Hölle) geführt, da sage ich: Mein Herr! Das sind meine Gefährten; so wird mir gesagt: Du weißt nicht, was sie nach dir getan haben, dann werde ich, wie der gute Diener ('Isa), sagen: "Und ich war Zeuge für sie, solange ich unter ihnen weilte. Und als DU meine (Frist im Diesseits) hast ablaufen lassen, bist DU Der Wachende über sie. (5:117)" Dann wird mir gesagt: "Seitdem du sie verlassen hast, sind sie vom Iman zum Kufr zurückgekehrt"[302]

Wenn die Menschen am Versammlungsplatz zusammengekommen sind, werden sie dort unter extremen Bedingungen stehen und auf die Vorstellung und die Abrechnung warten.

Der Gesandte Muhammad (*sallal-lahu 'alaihi wa sallam*) sagte:

تُدْنَى الشَّمْسُ يَوْمَ الْقِيَامَةِ مِنَ الْخَلْقِ حَتَّى تَكُونَ مِنْهُمْ كَمِقْدَارِ مِيلٍ (...) . فَيَكُونُ النَّاسُ عَلَى قَدْرِ أَعْمَالِهِمْ فِي الْعَرَقِ فَمِنْهُمْ مَنْ يَكُونُ إِلَى كَعْبَيْهِ وَمِنْهُمْ مَنْ يَكُونُ إِلَى رُكْبَتَيْهِ وَمِنْهُمْ مَنْ يَكُونُ إِلَى حَقْوَيْهِ وَمِنْهُمْ مَنْ يُلْجِمُهُ الْعَرَقُ إِلْجَامًا .

"Die Sonne wird am Tag der Auferstehung den Geschöpfen sehr nahe kommen, bis sie von ihnen so lang wie eine Meile entfernt bleibt (...). Und die Menschen werden dann je nach ihren Taten im Schweiß stehen, manch einem von ihnen wird er (der Schweiß) bis zu seinen Knöcheln, manch einem von ihnen wird er bis zu seinen Knien, manch einem wird er bis zu seinen Lenden und manch einem wird er bis zum Mund reichen"[303]

Die Mumin werden an diesem Tag von ALLAH (*ta'ala*) vor der Bestrafung durch diese extremen Bedingungen geschützt.

---

[302] Überlieferung von Imam Al-buchari
[303] Überlieferung von Imam Muslim

سَبْعَةٌ يُظِلُّهُمُ اللَّهُ فِي ظِلِّهِ يَوْمَ لَا ظِلَّ إِلَّا ظِلُّهُ : الْإِمَامُ الْعَادِلُ ، وَشَابٌّ نَشَأَ بِعِبَادَةِ اللَّهِ ، وَرَجُلٌ قَلْبُهُ مُعَلَّقٌ فِي الْمَسَاجِدِ ، وَرَجُلَانِ تَحَابَّا فِي اللَّهِ اجْتَمَعَا عَلَيْهِ وَتَفَرَّقَا عَلَيْهِ ، وَرَجُلٌ دَعَتْهُ امْرَأَةٌ ذَاتُ مَنْصِبٍ وَجَمَالٍ فَقَالَ إِنِّي أَخَافُ اللَّهَ ، وَرَجُلٌ تَصَدَّقَ بِصَدَقَةٍ فَأَخْفَاهَا حَتَّى لَا تَعْلَمَ يَمِينُهُ مَا تُنْفِقُ شِمَالُهُ ، وَرَجُلٌ ذَكَرَ اللَّهَ خَالِيًا فَفَاضَتْ عَيْنَاهُ .

Sieben (Menschentypen) wird ALLAH in SEINER Obhut am Tage nehmen, wenn es keine Obhut außer SEINER geben wird: den gerechten Herrscher; den jungen Menschen, der in der Anbetung ALLAHs aufwuchs; den Mann, dessen Herz an den Moscheen hing; zwei Männer, die sich in ALLAH (um ALLAHs Wohlgefallen zu erlangen) liebten, die um seinetwillen zusammenkamen und sich um seinetwillen trennten; einen Mann, den eine schöne, reiche Frau einlud und er sagte: Ich fürchte ALLAH; einen Mann, der eine freiwillige Spende gab und dies so im Geheimen tat, daß seine Rechte nicht wußte was seine Linke ausgab; einen Mann, der im Alleinsein ALLAHs gedachte und dessen Augen sich dabei mit Tränen füllten.[304]

Selbstverständlich beziehen sich die Aussagen dieses Hadith in gleicher Weise auf Frauen der genannten Kategorien. Es werden hier lediglich Beispiele von Menschen angeführt, die ALLAH (*ta'ala*) am Jüngsten Tag schützen wird. Imam An-nawawi[305] sagte:

> "In diesem Hadith werden nur diese sieben Menschentypen erwähnt, um ihre besonderen Taten und ihre Stellung bei ALLAH (*ta'ala*) hervorzuheben, obwohl am Jüngsten Tag 70 Menschentypen in ALLAHs Obhut stehen werden."

Wenn alle versammelt sind, werden die Menschen zu den Gesandten ALLAHs eilen und sie um Fürsprache bei ALLAH (*ta'ala*) bitten, sie zu begnadigen. Anschließend werden die Menschen dem Gericht vorgeführt.

4. Die Belohnung für die Taten (*al-dschazaa*: الجزاء)

Muslime verinnerlichen den Iman daran, daß die Belohnung der Taten nach der Vorstellung und der Abrechnung am Jüngsten Tag mit Gewißheit erfolgen wird.

---

[304] Überlieferung von Imam Al-buchari und Imam Muslim

[305] Imam Yahya Bnu-scharaf An-nawawi aus Nawa bei Damaskus, (geb. 631 - gest. 676 n. H.), einer der großen Imame der Schafi'itischen Fiqh-Schule.

مَن جَآءَ بِٱلۡحَسَنَةِ فَلَهُۥ خَيۡرٞ مِّنۡهَاۖ وَمَن جَآءَ بِٱلسَّيِّئَةِ فَلَا يُجۡزَى ٱلَّذِينَ عَمِلُواْ ٱلسَّيِّـَٔاتِ إِلَّا مَا كَانُواْ يَعۡمَلُونَ ﴿٨٤﴾

Wer mit der gottgefälligen Guttat kommt, für den ist Besseres als dies bestimmt. Und wer mit der gottmißfälligen Tat kommt, so wird denjenigen, welche die gottmißfälligen Taten begingen, nichts außer dem vergolten, was sie zu tun pflegten![306]

يَوۡمَئِذٖ يُوَفِّيهِمُ ٱللَّهُ دِينَهُمُ ٱلۡحَقَّ وَيَعۡلَمُونَ أَنَّ ٱللَّهَ هُوَ ٱلۡحَقُّ ٱلۡمُبِينُ ﴿٢٥﴾

An dem Tag wird ALLAH ihnen ihren wahren Din (Abrechnung) vergüten, und sie werden wissen, daß ALLAH Der offenkundige Wahrhaftige ist.[307]

In einem Hadith-Qudsi heißt es:

يَا عِبَادِي إِنَّمَا هِيَ أَعْمَالُكُمْ أُحْصِيهَا لَكُمْ ثُمَّ أُوَفِّيكُمْ إِيَّاهَا فَمَنْ وَجَدَ خَيْرًا فَلْيَحْمَدِ اللَّهَ وَمَنْ وَجَدَ غَيْرَ ذَلِكَ فَلَا يَلُومَنَّ إِلَّا نَفْسَهُ .

“Meine Diener! Das sind eure Taten, die ICH euch aufzähle und euch dann für sie belohne. Wer von euch danach Gutes findet, der soll ALLAH dafür mit Hamd lobpreisen, und wer anderes findet, der soll nur sich selbst Vorwürfe machen.”[308]

5. Die Vorstellung (*al-'ard*: العرض) & die Abrechnung (*al-hisab*: الحساب)

Muslime verinnerlichen den Iman daran, daß die Vorstellung und die Abrechnung der Menschen nach ihrer Auferweckung am Jüngsten Tag am Versammlungsplatz mit Gewißheit erfolgen werden.

Die Vorstellung

Muslime verinnerlichen den Iman daran, daß alle Menschen ALLAH (*ta'ala*) vorgestellt werden, um anschließend vor ALLAH (*ta'ala*) selbst ohne Vermittlung für ihre Taten Rechenschaft abzulegen.

Bei der Vorstellung werden alle Taten (d. h. Handlungen, Worte, Gedanken, Intentionen, Wissen, Fähigkeiten, usw.) des Menschen vorgestellt und in Erinnerung gerufen, die offenen und verdeckten Taten, die

[306] Suratul-qasas Nr. 28, Aya Nr. 84
[307] Suratun-nuur Nr. 24, Aya Nr. 25
[308] Überlieferung von Imam Muslim

bekannten und die unbekannten, die guten und die schlechten, damit jeder sich bewußt wird, welche Taten er im Laufe seines Lebens begangen hat. Die Menschen werden in zwei Gruppen geteilt:

- diejenigen, denen die komplette Aufzeichnung ihrer Taten in die Rechte gegeben wird, d. h. diejenigen, die keine Rechenschaft ablegen müssen.
- diejenigen, denen die komplette Aufzeichnung ihrer Taten hinter ihrem Rücken gegeben wird, d. h. diejenigen, die zur Rechenschaft gezogen werden und die nach jeder einzelnen ihrer Taten befragt werden.

Die komplette Aufzeichnung der Taten wurde durch die Engel erstellt, die den Menschen in seinem Leben begleiteten.

هَٰذَا كِتَٰبُنَا يَنطِقُ عَلَيْكُم بِٱلْحَقِّ ۚ إِنَّا كُنَّا نَسْتَنسِخُ مَا
كُنتُمْ تَعْمَلُونَ ﴿٢٩﴾

Dies ist UNSERE Schrift, sie sagt gegen euch wahrheitsgemäß aus. WIR ließen das abschreiben, was ihr zu tun pflegtet.[309]

وَكُلَّ إِنسَٰنٍ أَلْزَمْنَٰهُ طَٰٓئِرَهُۥ فِى عُنُقِهِۦ ۖ وَنُخْرِجُ لَهُۥ يَوْمَ ٱلْقِيَٰمَةِ
كِتَٰبًا يَلْقَىٰهُ مَنشُورًا ﴿١٣﴾ ٱقْرَأْ كِتَٰبَكَ كَفَىٰ بِنَفْسِكَ ٱلْيَوْمَ عَلَيْكَ حَسِيبًا

Und jedem Menschen ließen WIR sein (gutes oder schlechtes Wirken) in seinem Nacken sitzen, und am Tag der Auferstehung bringen WIR ihm ein Register hervor, das er offengelegt vorfindet. Lies dein Register! Du selbst genügst heute, um über dich selbst ein Berechnender zu sein.[310]

فَيَوْمَئِذٍ وَقَعَتِ ٱلْوَاقِعَةُ ﴿١٥﴾ وَٱنشَقَّتِ ٱلسَّمَآءُ فَهِىَ يَوْمَئِذٍ وَاهِيَةٌ ﴿١٦﴾
وَٱلْمَلَكُ عَلَىٰٓ أَرْجَآئِهَا ۚ وَيَحْمِلُ عَرْشَ رَبِّكَ فَوْقَهُمْ يَوْمَئِذٍ ثَمَٰنِيَةٌ ﴿١٧﴾
يَوْمَئِذٍ تُعْرَضُونَ لَا تَخْفَىٰ مِنكُمْ خَافِيَةٌ ﴿١٨﴾

(..) an diesem Tag ereignete sich die Ereignende, und der Himmel spaltete sich, denn er ist an diesem Tag gebrechlich, und die Engel sind an seinen Rändern. Und *Al-'arsch* von deinem Herrn tragen über ihnen an diesem Tag acht. An diesem Tag werdet ihr vorgestellt. Nicht ein Verborgenes bleibt von euch geheim.[311]

---

[309] Suratul-dschathiya Nr. 45, Aya Nr. 29
[310] Suratul-israa Nr. 17, Ayat Nr. 13-14
[311] Suratul-haq-qa Nr. 69, Ayat Nr. 15-18

وَعُرِضُوا۟ عَلَىٰ رَبِّكَ صَفًّا لَّقَدْ جِئْتُمُونَا كَمَا خَلَقْنَٰكُمْ أَوَّلَ مَرَّةٍۭ ۚ بَلْ زَعَمْتُمْ أَلَّن نَّجْعَلَ لَكُم مَّوْعِدًا ﴿٤٨﴾

Und sie werden in Reihe deinem Herrn vorgestellt: "Ihr seid zu UNS gekommen, wie WIR euch das erste Mal erschufen. Nein, sondern ihr habt behauptet, daß WIR für euch niemals einen Termin bestimmen werden."[312]

Der Gesandte Muhammad (*sallal-lahu 'alaihi wa sallam*) sagte:

مَا مِنْكُمْ مِنْ أَحَدٍ إِلَّا وَسَيُكَلِّمُهُ اللَّهُ يَوْمَ الْقِيَامَةِ لَيْسَ بَيْنَ اللَّهِ وَبَيْنَهُ تُرْجُمَانٌ .

Es gibt keinen von euch, zu dem ALLAH am Tag der Auferstehung nicht sprechen wird, ohne daß es zwischen ALLAH und ihm einen Dolmetscher gibt.[313]

Die Abrechnung

Muslime verinnerlichen den Iman daran, daß die Abrechnung der Taten am Jüngsten Tag nach der Vorstellung mit Gewißheit erfolgen wird und daß die Menschen vor ALLAH (*ta'ala*) selbst ohne Vermittlung für ihre Taten im Diesseits Rechenschaft ablegen müssen.

كَذَٰلِكَ زَيَّنَّا لِكُلِّ أُمَّةٍ عَمَلَهُمْ ثُمَّ إِلَىٰ رَبِّهِم مَّرْجِعُهُمْ فَيُنَبِّئُهُم بِمَا كَانُوا۟ يَعْمَلُونَ ﴿١٠٨﴾

Solcherart ließen WIR jeder Umma ihr Handeln schön erscheinen, dann aber wird ihre Umkehr zu ihrem Herrn sein, dann wird ER sie darüber in Kenntnis setzen, was sie zu tun pflegten.[314]

وَنَضَعُ ٱلْمَوَٰزِينَ ٱلْقِسْطَ لِيَوْمِ ٱلْقِيَٰمَةِ فَلَا تُظْلَمُ نَفْسٌ شَيْـًٔا ۖ وَإِن كَانَ مِثْقَالَ حَبَّةٍ مِّنْ خَرْدَلٍ أَتَيْنَا بِهَا ۗ وَكَفَىٰ بِنَا حَٰسِبِينَ ﴿٤٧﴾

Und WIR stellen die Waagen der Gerechtigkeit am Tag der Auferstehung auf. Dann wird keiner Seele etwas an Unrecht zugefügt! Und würde es (das Vollbrachte) das Gewicht eines Senfkorns haben, würden WIR es berücksichtigen. Und WIR genügen als Rechnende.[315]

---

[312] Suratul-kahf Nr. 18, Aya Nr. 48
[313] Überlieferung von Imam Al-buchari
[314] Suratul-an'am Nr. 6, Aya Nr. 108
[315] Suratul-anbiyaa Nr. 21, Aya Nr. 47

Der Gesandte Muhammad (*sallal-lahu 'alaihi wa sallam*) sagte:

لَا تَزُولُ قَدَمَا عَبْدٍ يَوْمَ الْقِيَامَةِ ، حَتَّى يُسْأَلَ : عَنْ عُمُرِهِ فِيمَا أَفْنَاهُ ؟ وَعَنْ عِلْمِهِ فِيمَ فَعَلَ ؟ وَعَنْ مَالِهِ مِنْ أَيْنَ اكْتَسَبَهُ وَفِيمَ أَنْفَقَهُ ؟ وَعَنْ جِسْمِهِ فِيمَ أَبْلَاهُ ؟

Kein Mensch wird sich von seiner Stelle am Jüngsten Tag bewegen, bis er gefragt wird nach seinem Leben, wie er es verbrachte?, nach seinem Wissen, was er damit machte?, nach seinem Vermögen, wie er es erwarb und ausgab? und nach seinem Körper, wie er ihn abnutzte?[316]

Während der Abrechnung werden für die gesamten Taten der Menschen (d. h. Handlungen, Wissen, Gedanken, Intentionen, Fähigkeiten, Worte, ..) Zeugen von den Geschaffenen auftreten. Sie werden bezeugen, wozu und wie sie gebraucht oder mißbraucht wurden, was durch sie und mit bzw. auf ihnen geschah:

- die Erde wird bezeugen,
- die Körperglieder werden bezeugen,
- die Organe werden bezeugen.

وَيَوْمَ يُحْشَرُ أَعْدَآءُ ٱللَّهِ إِلَى ٱلنَّارِ فَهُمْ يُوزَعُونَ ﴿١٩﴾ حَتَّىٰٓ إِذَا مَا جَآءُوهَا شَهِدَ عَلَيْهِمْ سَمْعُهُمْ وَأَبْصَٰرُهُمْ وَجُلُودُهُم بِمَا كَانُوا۟ يَعْمَلُونَ ﴿٢٠﴾ وَقَالُوا۟ لِجُلُودِهِمْ لِمَ شَهِدتُّمْ عَلَيْنَا ۖ قَالُوٓا۟ أَنطَقَنَا ٱللَّهُ ٱلَّذِىٓ أَنطَقَ كُلَّ شَىْءٍ وَهُوَ خَلَقَكُمْ أَوَّلَ مَرَّةٍ وَإِلَيْهِ تُرْجَعُونَ ﴿٢١﴾ وَمَا كُنتُمْ تَسْتَتِرُونَ أَن يَشْهَدَ عَلَيْكُمْ سَمْعُكُمْ وَلَآ أَبْصَٰرُكُمْ وَلَا جُلُودُكُمْ وَلَٰكِن ظَنَنتُمْ أَنَّ ٱللَّهَ لَا يَعْلَمُ كَثِيرًا مِّمَّا تَعْمَلُونَ ﴿٢٢﴾

Und an dem Tag, wenn ALLAHs Feinde zum Feuer versammelt werden, so werden sie geordnet beisammengehalten. Bis dann, wenn sie bei ihm (beim Feuer) sind, werden ihr Gehör, ihre Augen und ihre Häute Zeugnis gegen sie ablegen über das, was sie zu tun pflegten. Und sie sagten zu ihren Häuten: "Wieso habt ihr gegen uns Zeugnis abgelegt?" Sie sagten: "ALLAH ließ uns sprechen, Der jedes Ding sprechen ließ." Und ER erschuf euch das erste Mal, und zu IHM werdet ihr zurückgebracht." Und ihr pflegtet nicht euch zu bedecken, daß weder euer Gehör, noch eure Augen, noch eure Häute Zeugnis

---

[316] Überlieferung von Imam At-tirmidhi

gegen euch ablegen, sondern ihr dachtet, daß ALLAH nicht viel kennt von dem, was ihr tut.[317]

إِذَا زُلْزِلَتِ ٱلْأَرْضُ زِلْزَالَهَا ۝١ وَأَخْرَجَتِ ٱلْأَرْضُ أَثْقَالَهَا ۝٢ وَقَالَ ٱلْإِنسَٰنُ مَا لَهَا ۝٣ يَوْمَئِذٍ تُحَدِّثُ أَخْبَارَهَا ۝٤ بِأَنَّ رَبَّكَ أَوْحَىٰ لَهَا ۝٥ يَوْمَئِذٍ يَصْدُرُ ٱلنَّاسُ أَشْتَاتًا لِّيُرَوْا۟ أَعْمَٰلَهُمْ ۝٦ فَمَن يَعْمَلْ مِثْقَالَ ذَرَّةٍ خَيْرًا يَرَهُۥ ۝٧ وَمَن يَعْمَلْ مِثْقَالَ ذَرَّةٍ شَرًّا يَرَهُۥ ۝٨

Wenn die Erde mit ihrem Beben erschüttert wird, und die Erde ihre Lasten hervorbringt, und der Mensch sagt: “Was ist los mit ihr?”, an diesem Tag teilt sie ihre Nachrichten mit, daß dein Herr ihr Wahy zuteil werden ließ. An diesem Tag kommen die Menschen zerstreut hervor, damit ihnen ihre Taten gezeigt werden. Also, wer das Gewicht eines Stäubchens Gutes tut, der wird es sehen. Und wer das Gewicht eines Stäubchens Böses tut, der wird es sehen.[318]

Bei der Abrechnung werden drei Gruppen unterschieden:
- Menschen, die ohne Abrechnung direkt in die Dschanna gelangen.
- Menschen, die einer leichten Abrechnung unterzogen werden.
- Menschen, die einer schweren Abrechnung unterzogen werden.

Zur Gruppe derjenigen, die von der Abrechnung und der Peinigung befreit sind und direkt in die Dschanna eingehen werden, gehören die Propheten und Gesandten und eine bestimmte Anzahl ihrer Anhänger.
Der Gesandte (*sallal-lahu ‘alaihi wa sallam*) sagte:

يَدْخُلُ مِنْ أُمَّتِي الْجَنَّةَ سَبْعُونَ أَلْفًا بِغَيْرِ حِسَابٍ .

Aus meiner Umma werden siebzigtausend ohne Abrechnung in die Dschanna gehen.[319]

Zur zweiten Gruppe gehören die Mumin, die durch die Allgnade ALLAHs nur einer leichten Abrechnung unterzogen werden. ALLAH (*ta’ala*) wird ihre Sünden nicht öffentlich bekanntgeben (d. h. außer ihnen wird kein anderer davon erfahren) und ER wird ihnen vergeben und sie werden in die Dschanna eingehen.

---

[317] Suratu-fus-silat Nr. 41, Ayat Nr. 19-22
[318] Suratuz-zalzala Nr. 99, Ayat Nr. 1-8
[319] Überlieferung von Imam Muslim

فَأَمَّا مَنْ أُوتِيَ كِتَـٰبَهُۥ بِيَمِينِهِۦ ﴿٧﴾ فَسَوْفَ يُحَاسَبُ حِسَابًا يَسِيرًا
﴿٨﴾ وَيَنقَلِبُ إِلَىٰٓ أَهْلِهِۦ مَسْرُورًا ﴿٩﴾ وَأَمَّا مَنْ أُوتِيَ كِتَـٰبَهُۥ وَرَآءَ
ظَهْرِهِۦ ﴿١٠﴾ فَسَوْفَ يَدْعُوا۟ ثُبُورًا ﴿١١﴾ وَيَصْلَىٰ سَعِيرًا ﴿١٢﴾ إِنَّهُۥ كَانَ
فِىٓ أَهْلِهِۦ مَسْرُورًا ﴿١٣﴾ إِنَّهُۥ ظَنَّ أَن لَّن يَحُورَ ﴿١٤﴾ بَلَىٰٓ إِنَّ رَبَّهُۥ كَانَ
بِهِۦ بَصِيرًا ﴿١٥﴾

Also hinsichtlich desjenigen, dem sein Register mit seiner Rechten gegeben wird, so wird er einer leichten Abrechnung unterzogen, und er wird zu seiner Familie glücklich zurückkehren. Und hinsichtlich desjenigen, dem sein Register von hinter seinem Rücken gegeben wird, so wird er nach Vernichtung rufen, und in Gluthitze eintreten. Gewiß war er in seiner Familie glücklich. Gewiß dachte er, daß er nicht zurückkehrt. Doch mit Sicherheit! Sein Herr war gewiß über ihn allsehend.[320]

Der Gesandte (*sallal-lahu 'alaihi wa sallam*) sagte:

يُدْنَى الْمُؤْمِنُ يَوْمَ الْقِيَامَةِ مِنْ رَبِّهِ عَزَّ وَجَلَّ حَتَّى يَضَعَ عَلَيْهِ كَنَفَهُ ، فَيُقَرِّرُهُ بِذُنُوبِهِ . فَيَقُولُ : هَلْ تَعْرِفُ؟ فَيَقُولُ: أَيْ رَبِّ أَعْرِفُ. قَالَ : فَإِنِّي قَدْ سَتَرْتُهَا عَلَيْكَ فِي الدُّنْيَا وَإِنِّي أَغْفِرُهَا لَكَ الْيَوْمَ. فَيُعْطَى صَحِيفَةَ حَسَنَاتِهِ . وَأَمَّا الْكُفَّارُ وَالْمُنَافِقُونَ فَيُنَادَى بِهِمْ عَلَى رُءُوسِ الْخَلَائِقِ : هَؤُلَاءِ الَّذِينَ كَذَبُوا عَلَى اللَّهِ .

Der Mumin wird am Jüngsten Tag in die Nähe seines Herrn gebracht, bis ER ihn annimmt. Dann läßt ER ihn seine Sünden gestehen. ER sagt: "Weißt du (von deinen Sünden)?" Er antwortet: "Ja, ich weiß!" Dann sagt ER: "ICH deckte sie (die Sünden) im Diesseits zu und heute vergebe ICH sie dir." Dann wird ihm die Aufzeichnung seiner guten Taten ausgehändigt. Doch hinsichtlich der Kufr- und Nifaq-Betreibenden, so wird vor allen Anwesenden über sie gerufen: "Diese sind diejenigen, die über ihren Herrn Lügen verbreiteten."[321]

Zur dritten Gruppe gehören diejenigen, die sehr viele schwere Sünden begangen haben.
Sie werden einer sehr intensiven Abrechnung unterzogen werden und müssen dabei jede einzelne ihrer Taten (d. h. Handlungen, Worte, Gedanken, Intentionen, Wissen, Fähigkeiten, usw.) vor ALLAH (*ta'ala*) rechtfertigen und verantworten.

---

[320] Suratul-inschiqaq Nr. 84, Ayat Nr. 7-15
[321] Überlieferung von Imam Al-buchari und Imam Muslim

'Aischa[322] (*radial-lahu 'anha*) berichtete, daß der Gesandte Muhammad (*sallal-lahu 'alaihi wa sallam*) sagte:

لَيْسَ أَحَدٌ يُحَاسَبُ يَوْمَ الْقِيَامَةِ إِلَّا هَلَكَ . فَقُلْتُ يَا رَسُولَ اللَّهِ : أَلَيْسَ قَدْ قَالَ اللَّهُ تَعَالَى :

فَأَمَّا مَنْ أُوتِيَ كِتَٰبَهُۥ بِيَمِينِهِۦ ﴿٧﴾ فَسَوْفَ يُحَاسَبُ حِسَابًا يَسِيرًا

فَقَالَ صَلَّى اللَّهُ عَلَيْهِ وَسَلَّمَ : إِنَّمَا ذَلِكِ الْعَرْضُ . وَلَيْسَ أَحَدٌ يُنَاقَشُ الْحِسَابَ يَوْمَ الْقِيَامَةِ إِلَّا عُذِّبَ .

Jeder, der am Tag der Auferstehung zur Rechenschaft gezogen wird, wird zugrunde gehen." Ich sagte: "Gesandter ALLAHs! Sagte ALLAH etwa nicht: فَأَمَّا مَنْ أُوتِيَ كِتَٰبَهُۥ بِيَمِينِهِۦ ﴿٧﴾ فَسَوْفَ يُحَاسَبُ حِسَابًا يَسِيرًا
Also hinsichtlich desjenigen, dem sein Register mit seiner Rechten gegeben wird, so wird er einer leichten Abrechnung unterzogen?[323]"
Der Gesandte (*sallal-lahu 'alaihi wa sallam*) sagte: "Dies ist nur die Vorstellung. Und es gibt keinen, mit dem die Rechenschaft am Tag der Auferstehung diskutiert wird, ohne daß er gepeinigt wird.[324]

Um dieser schlimmen Abrechnung zu entgehen, sollten die Mumin sich selbst bereits im Diesseits Rechenschaft auferlegen und ihre Taten in diesem Leben vor ihrem Tod bewerten und ALLAH (*ta'ala*) ständig und immer wieder für ihre Sünden um Vergebung bitten.

6. Die Waage (*al-mizan*: الميزان)

Muslime verinnerlichen den Iman an die Waage, mit der die Taten der Menschen als Zeichen der Gerechtigkeit ALLAHs gewogen werden.

وَٱلْوَزْنُ يَوْمَئِذٍ ٱلْحَقُّ ۚ فَمَن ثَقُلَتْ مَوَٰزِينُهُۥ فَأُو۟لَٰٓئِكَ هُمُ ٱلْمُفْلِحُونَ ﴿٨﴾ وَمَنْ خَفَّتْ مَوَٰزِينُهُۥ فَأُو۟لَٰٓئِكَ ٱلَّذِينَ خَسِرُوٓا۟ أَنفُسَهُم بِمَا كَانُوا۟ بِـَٔايَٰتِنَا يَظْلِمُونَ ﴿٩﴾

Und das Wägen (der Taten) an jenem Tag wird wahrhaftig sein. Und diejenigen, deren Gewogenes dann schwer wiegt, diese sind die Erfolgreichen. Aber diejenigen, deren Gewogenes leicht wiegt, diese sind diejenigen, die sich selbst verloren wegen dem, was sie UNSEREN Ayat gegenüber an Unrecht zu begehen pflegten.[325]

---

[322] Siehe Seite 181
[323] Suratul-inschiqaq Nr. 84, Ayat Nr. 7-8
[324] Überlieferung von Imam Al-buchari
[325] Suratul-a'raf Nr. 7, Ayat Nr. 8-9

فَأَمَّا مَن ثَقُلَتْ مَوَٰزِينُهُۥ ﴿٦﴾ فَهُوَ فِى عِيشَةٍ رَّاضِيَةٍ ﴿٧﴾ وَأَمَّا مَنْ خَفَّتْ مَوَٰزِينُهُۥ ﴿٨﴾ فَأُمُّهُۥ هَاوِيَةٌ ﴿٩﴾ وَمَآ أَدْرَىٰكَ مَا هِيَهْ ﴿١٠﴾ نَارٌ حَامِيَةٌۢ ﴿١١﴾

Hinsichtlich desjenigen, dessen Gewogenes schwer ist, so hat er ein angenehmes Leben. Und hinsichtlich desjenigen, dessen Gewogenes leicht ist, so ist seine Mutter Hawiya (tiefer Abgrund). Und was weißt du, was diese ist? Es ist ein glühendes Feuer.[326]

Diese Waage wird nach authentischen Überlieferungen zwei Waagschalen haben, eine für die schlechten Taten und eine für die guten Taten. Natürlich stellt man sich so eine Waage nicht so dar wie die Waagen, die Menschen herstellen. Mit Wiegen ist viel mehr gemeint, daß ALLAH (*ta'ala*) an diesem Tag absolute Gerechtigkeit walten lassen wird.
Bei der Abrechnung, d. h. dem Eingestehen der Taten, wird das Gewicht der Taten festgelegt, mit der sie beim Wiegen gemessen werden.
Die Propheten, die Engel und diejenigen, die von der Abrechnung befreit sind, unterliegen dem Wiegen nicht.

7. Al-haud, الحوض (wörtl. das Becken)

Die Muslime verinnerlichen den Iman an alle Überlieferungen des Gesandten über sein *haud*.
Nach dem Verlassen des Versammlungsplatzes wird der Gesandte Muhammad (*sallal-lahu 'alaihi wa sallam*) dieses *haud* als Erster erreichen. Dann werden ihm seine Anhänger nachfolgen. Die Frevler, die großen Sünder und diejenigen unter ihnen, die sich von ihm abgewandt haben, werden von seinem *haud* ferngehalten.
Der Gesandte Muhammad (*sallal-lahu 'alaihi wa sallam*) sagte:

أَنَا فَرَطُكُمْ عَلَى الْحَوْضِ . مَنْ وَرَدَ شَرِبَ . وَمَنْ شَرِبَ لَمْ يَظْمَأْ أَبَدًا . وَلَيَرِدَنَّ عَلَيَّ أَقْوَامٌ أَعْرِفُهُمْ وَيَعْرِفُونِي ، ثُمَّ يُحَالُ بَيْنِي وَبَيْنَهُمْ . فَأَقُولُ : إِنَّهُمْ مِنِّي . فَيُقَالُ : إِنَّكَ لَا تَدْرِي مَا عَمِلُوا بَعْدَكَ . فَأَقُولُ: سُحْقًا ، سُحْقًا ، لِمَنْ بَدَّلَ بَعْدِي .

Ich bin der Erste, der das *haud* erreicht. Wer es erreicht, wird trinken, und wer trank, wird nie dürsten. Auch Menschen, die ich kenne und die mich kennen, werden es erreichen, dann wird zwischen mir und ihnen getrennt, und ich werde sagen: "Sie gehören doch zu mir!" Es wird aber

---

[326] Suratul-qari'a Nr. 101, Ayat Nr. 6-11

erwidert: "Du weißt nicht, was sie nach dir getan haben!" Dann werde ich sagen: "Nieder mit dem, nieder mit dem, der nach mir sich abwandte!"[327]

Form und Inhalt des *haud* wurden durch den Gesandten (*sallal-lahu 'alaihi wa sallam*) folgendermaßen beschrieben:

حَوْضِي مَسِيرَةُ شَهْرٍ . مَاؤُهُ أَبْيَضُ مِنَ اللَّبَنِ ، وَرِيحُهُ أَطْيَبُ مِنَ الْمِسْكِ ، وَكِيزَانُهُ كَنُجُومِ السَّمَاءِ . مَنْ شَرِبَ مِنْهَا فَلَا يَظْمَأُ أَبَدًا .

Mein *haud* ist einen Monatsmarsch (lang), sein Wasser ist weißer als die Milch, sein Duft ist angenehmer als Moschus und seine Krüge sind wie die Himmelssterne; wer daraus trinkt, wird nie dürsten.[328]

Jeder Prophet ALLAHs wird ein *haud* haben. Das größte und schönste ist jedoch das *haud* des Gesandten (*sallal-lahu 'alaihi wa sallam*).

8. Die Brücke (*as-sirat*: الصراط)

Muslime verinnerlichen den Iman daran, daß die Menschen nach der Abrechnung und dem Wiegen den Versammlungsplatz (*al-mihschar*) verlassen werden, um die Brücke (*as-sirat*) zu passieren, die über Dschahannam aufgeschlagen ist. Alle Menschen, d. h. die Gesandten ALLAHs, die Mumin, die von der Rechenschaft Befreiten und die Kafir, werden diese Brücke passieren müssen.

وَإِن مِّنكُمْ إِلَّا وَارِدُهَا ۚ كَانَ عَلَىٰ رَبِّكَ حَتْمًا مَّقْضِيًّا ﴿٧١﴾ ثُمَّ نُنَجِّي الَّذِينَ اتَّقَوا وَّنَذَرُ الظَّالِمِينَ فِيهَا جِثِيًّا ﴿٧٢﴾

Und jeder von euch wird sie (Dschahannam) gewiß ansteuern. Dies ist für deinen Herrn eine beschlossene Unabdingbarkeit. Dann erretten WIR diejenigen, die Taqwa beherzigten, und lassen die Unrecht-Begehenden darin kniend.[329]

Die Ersten, die As-sirat passieren werden, sind die Gesandten und die Mumin. Die Geschwindigkeit, mit der As-sirat überquert wird, hängt von der Taqwa ab. Je taqwa-beherzigender ein Mensch war, desto schneller wird er sie passieren können.

---

[327] Überlieferung von Imam Muslim
[328] Überlieferung von Imam Al-buchari und Imam Muslim
[329] Suratu-maryam Nr. 19, Ayat Nr. 71-72

Die Kafir und diejenigen, die zum Verbüßen einer Strafe verurteilt sind, werden von As-sirat in Dschahannam stürzen.

Der Gesandte Muhammad (*sallal-lahu ‘alaihi wa sallam*) sagte:

وَيُضْرَبُ الصِّرَاطُ بَيْنَ ظَهْرَيْ جَهَنَّمَ ، فَأَكُونُ أَنَا وَأُمَّتِي أَوَّلَ مَنْ يُجِيزُهَا . وَلَا يَتَكَلَّمُ يَوْمَئِذٍ إِلَّا الرُّسُلُ .
وَدَعْوَى الرُّسُلِ يَوْمَئِذٍ : اللَّهُمَّ سَلِّمْ ، سَلِّمْ .

Und die Brücke über Dschahannam wird aufgeschlagen, dann werde ich mit meiner Umma der erste sein, der sie passiert. Und keiner außer den Gesandten wird an diesem Tag sprechen. Und der Ruf der Gesandten an diesem Tag wird sein: “ALLAH, bewahre (uns), bewahre (uns)!”[330]

Nach dem Überqueren von As-sirat werden die Mumin auf einer Gewölbebrücke (*qantara*, قنطرة) versammelt.
An diesem Ort müssen die Mumin für das Unrecht und die Untaten, die sie gegenüber anderen Mumin im Diesseits verübt haben, geradestehen.
Erst wenn alle Differenzen unter den Mumin ausgeräumt sind und alle Fehler und Vergehen restlos verziehen sind, wird ihnen der Eintritt in die Dschanna gewährt.

Der Gesandte Muhammad (*sallal-lahu ‘alaihi wa sallam*) sagte:

يَخْلُصُ الْمُؤْمِنُونَ مِنَ النَّارِ ، فَيُحْبَسُونَ عَلَى قَنْطَرَةٍ بَيْنَ الْجَنَّةِ وَالنَّارِ ، فَيُقَصُّ لِبَعْضِهِمْ مِنْ بَعْضٍ مَظَالِمُ كَانَتْ بَيْنَهُمْ فِي الدُّنْيَا ، حَتَّى إِذَا هُذِّبُوا وَنُقُّوا ، أُذِنَ لَهُمْ فِي دُخُولِ الْجَنَّةِ . فَوَالَّذِي نَفْسُ مُحَمَّدٍ بِيَدِهِ ، لَأَحَدُهُمْ أَهْدَى بِمَنْزِلِهِ فِي الْجَنَّةِ مِنْهُ بِمَنْزِلِهِ كَانَ فِي الدُّنْيَا .

Die Mumin werden der Hölle entkommen, dann werden sie auf einer Gewölbebrücke zwischen der Dschanna und der Hölle festgehalten, dann wird für die einen an den anderen wegen Ungerechtigkeiten im Diesseits Vergeltung ausgeübt. Und erst dann, wenn alle gesäubert und gereinigt sind, wird ihnen erlaubt, in die Dschanna einzutreten. Bei Dem, Der über die Seele Muhammads verfügt, der einzelne von ihnen wird zu seinem Aufenthaltsort in der Dschanna leichter finden als zu seinem Aufenthaltsort im Diesseits.[331]

---

330 Überlieferung von Imam Al-buchari und Imam Muslim
331 Überlieferung von Imam Al-buchari

9. Al-dschanna, الجنة (das Paradies) und Dschahannam, جهنم (die Hölle)

Muslime verinnerlichen den Iman an die Existenz von Dschanna und Dschahannam (Paradies und Hölle) und daß beide Geschöpfe ALLAHs sind, die ER für die Belohnung bzw. Bestrafung vorbereitet hat.
Die Dschanna und Dschahannam wurden vor den Menschen erschaffen, existieren bereits jetzt und werden ewig bestehen.

Dschahannam ist der ewige Aufenthaltsort der Kafir.

Texte aus Quran und Sunna über Dschahannam und ihre Peinigung:

وَقُلِ ٱلْحَقُّ مِن رَّبِّكُمْ ۖ فَمَن شَآءَ فَلْيُؤْمِن وَمَن شَآءَ فَلْيَكْفُرْ ۚ إِنَّآ أَعْتَدْنَا
لِلظَّٰلِمِينَ نَارًا أَحَاطَ بِهِمْ سُرَادِقُهَا ۚ وَإِن يَسْتَغِيثُوا۟ يُغَاثُوا۟ بِمَآءٍ كَٱلْمُهْلِ
يَشْوِى ٱلْوُجُوهَ ۚ بِئْسَ ٱلشَّرَابُ وَسَآءَتْ مُرْتَفَقًا ﴿٢٩﴾

Und sag: 'Die Wahrheit ist von eurem Herrn. Wer will, der soll den Iman verinnerlichen, und wer will, der soll Kufr betreiben.' WIR bereiteten für die Unrecht-Begehenden ein Feuer, dessen Rauch sie umzingelt. Und wenn sie um Hilfe rufen, wird ihrem Hilferuf entsprochen mit Wasser wie das Verschmolzene, das die Gesichter schmort. Erbärmlich ist der Trank und verhängnisvoll ist der Ort zum Anlehnen![332]

۞ هَٰذَانِ خَصْمَانِ ٱخْتَصَمُوا۟ فِى رَبِّهِمْ ۖ فَٱلَّذِينَ كَفَرُوا۟ قُطِّعَتْ لَهُمْ ثِيَابٌ
مِّن نَّارٍ يُصَبُّ مِن فَوْقِ رُءُوسِهِمُ ٱلْحَمِيمُ ﴿١٩﴾ يُصْهَرُ بِهِۦ مَا
فِى بُطُونِهِمْ وَٱلْجُلُودُ ﴿٢٠﴾ وَلَهُم مَّقَٰمِعُ مِنْ حَدِيدٍ ﴿٢١﴾ كُلَّمَآ
أَرَادُوٓا۟ أَن يَخْرُجُوا۟ مِنْهَا مِنْ غَمٍّ أُعِيدُوا۟ فِيهَا وَذُوقُوا۟ عَذَابَ ٱلْحَرِيقِ

Diese sind zwei Gegner, die über ihren Herrn stritten. Für diejenigen, die Kufr betrieben, wurde dann Kleidung aus Feuer gefertigt. Gegossen wird über ihre Köpfe siedendes Wasser. Damit wird das, was in ihren Bäuchen ist, geschmolzen, sowie die Häute. Und für sie sind Hämmer aus Eisen bestimmt. Immer wieder wenn sie aus ihr (Dschahannam) aus einer Drangsal herausgehen wollten, werden sie wieder zu dem zurückgeschickt. Und erfahrt die Peinigung des Brandes![333]

---

[332] Suratul-kahf Nr. 18, Aya Nr. 29
[333] Suratul-hadsch Nr. 22, Ayat Nr. 19-22

وَإِنَّ جَهَنَّمَ لَمَوْعِدُهُمْ أَجْمَعِينَ ﴿٤٣﴾ لَهَا سَبْعَةُ أَبْوَابٍ لِّكُلِّ بَابٍ مِّنْهُمْ

جُزْءٌ مَّقْسُومٌ ﴿٤٤﴾

Sicherlich ist dann Dschahannam ihre Verabredung, allesamt. Sie hat sieben Tore. Für jedes Tor von ihnen ist ein festgelegter Teil bestimmt.[334]

وَالَّذِينَ كَفَرُوا لَهُمْ نَارُ جَهَنَّمَ لَا يُقْضَىٰ عَلَيْهِمْ فَيَمُوتُوا وَلَا يُخَفَّفُ

عَنْهُم مِّنْ عَذَابِهَا ۚ كَذَٰلِكَ نَجْزِي كُلَّ كَفُورٍ ﴿٣٦﴾ وَهُمْ يَصْطَرِخُونَ فِيهَا

رَبَّنَا أَخْرِجْنَا نَعْمَلْ صَالِحًا غَيْرَ الَّذِي كُنَّا نَعْمَلُ ۚ أَوَلَمْ نُعَمِّرْكُم مَّا

يَتَذَكَّرُ فِيهِ مَن تَذَكَّرَ وَجَاءَكُمُ النَّذِيرُ ۖ فَذُوقُوا فَمَا لِلظَّالِمِينَ مِن نَّصِيرٍ

Und für diejenigen, die Kufr betrieben, ist das Feuer von Dschahannam bestimmt. Weder werden sie verurteilt, so daß sie sterben, noch wird ihnen etwas von seiner Peinigung erleichtert. Solcherart vergelten WIR jedem äußerst Kufr-Betreibenden. Und sie schreien darin: "Unser Herr! Laß uns herausbringen, damit wir gottgefällig Gutes tun, anderes als das, das wir zu tun pflegten." Haben WIR euch etwa nicht ein langes Lebensalter gewährt, während dessen derjenige sich erinnern konnte, der sich erinnern wollte? Auch der Warner kam zu euch!" Also erfahrt (die Peinigung)! Denn für die Unrecht-Begehenden gibt es ja keinen Beistehenden.[335]

أَذَٰلِكَ خَيْرٌ نُّزُلًا أَمْ شَجَرَةُ الزَّقُّومِ ﴿٦٢﴾ إِنَّا جَعَلْنَاهَا فِتْنَةً لِّلظَّالِمِينَ

﴿٦٣﴾ إِنَّهَا شَجَرَةٌ تَخْرُجُ فِي أَصْلِ الْجَحِيمِ ﴿٦٤﴾ طَلْعُهَا كَأَنَّهُ رُءُوسُ

الشَّيَاطِينِ ﴿٦٥﴾ فَإِنَّهُمْ لَآكِلُونَ مِنْهَا فَمَالِئُونَ مِنْهَا الْبُطُونَ ﴿٦٦﴾ ثُمَّ

إِنَّ لَهُمْ عَلَيْهَا لَشَوْبًا مِّنْ حَمِيمٍ ﴿٦٧﴾ ثُمَّ إِنَّ مَرْجِعَهُمْ لَإِلَى الْجَحِيمِ

Ist dieses eine bessere Unterkunft oder der Zaqqum-Baum?! WIR machten ihn als Fitna für die Unrecht-Begehenden. Er ist ein Baum, der aus dem Abgrund der Hölle hervorsprießt. Seine Blütenstände sind so, als wären sie Köpfe der Satane. Sie werden gewiß davon essen, dann werden sie davon die Bäuche voll füllen. Dann ist für sie darauf eine

---

[334] Suratul-hidschr Nr. 15, Ayat Nr. 43-44

[335] Suratu-fatir Nr. 35, Ayat Nr. 36-37

Mischung mit siedendem Wasser bestimmt. Dann ist ihre Rückkehr gewiß zur Gluthitze![336]

إِنَّ ٱلَّذِينَ كَفَرُوا۟ مِنْ أَهْلِ ٱلْكِتَـٰبِ وَٱلْمُشْرِكِينَ فِى نَارِ جَهَنَّمَ خَـٰلِدِينَ فِيهَآ ۚ أُو۟لَـٰٓئِكَ هُمْ شَرُّ ٱلْبَرِيَّةِ ﴿٦﴾

Gewiß sind diejenigen von den Schriftbesitzern, die Kufr betrieben und die Schirk-Betreibenden im Feuer von Dschahannam, sie sind darin ewig. Diese sind die Schlimmsten der Geschöpfe.[337]

فَٱتَّقُوا۟ ٱلنَّارَ ٱلَّتِى وَقُودُهَا ٱلنَّاسُ وَٱلْحِجَارَةُ ۖ أُعِدَّتْ لِلْكَـٰفِرِينَ

(..) so beherzigt Taqwa dem Feuer gegenüber, dessen Brennstoff Menschen und Steine sind, das für die Kafir vorbereitet wurde![338]

Der Gesandte Muhammad (*sallal-lahu 'alaihi wa sallam*) sagte:

إِنَّ أَهْوَنَ أَهْلِ النَّارِ عَذَابًا يَوْمَ الْقِيَامَةِ لَرَجُلٌ تُوضَعُ فِي أَخْمَصِ قَدَمَيْهِ جَمْرَةٌ يَغْلِي مِنْهَا دِمَاغُهُ .

Derjenige von den Dschahannam-Bewohnern, der am leichtesten am Tag der Auferstehung gepeinigt wird, ist ein Mann, dem unter die Fersen ein Stück glühender Kohle gelegt wird, wodurch sein Gehirn kocht."[339]

نَارُكُمْ جُزْءٌ مِنْ سَبْعِينَ جُزْءًا مِنْ نَارِ جَهَنَّمَ .

"Euer Feuer ist ein Teil von siebzig Teilen des Dschahannam-Feuers."[340]

Im Dschahannam werden nur die Polytheisten und die Atheisten ewig bleiben. Die Mumin, die wegen schwerer Sünden in Dschahannam gepeinigt werden, werden Dschahannam nach Vollendung ihrer Strafe verlassen dürfen und für ewig in die Dschanna gehen.

Der Gesandte Muhammad (*sallal-lahu 'alaihi wa sallam*) sagte:

يَخْرُجُ مِنَ النَّارِ مَنْ قَالَ لَا إِلَهَ إِلَّا اللَّهُ وَفِي قَلْبِهِ وَزْنُ شَعِيرَةٍ مِنْ خَيْرٍ . وَيَخْرُجُ مِنَ النَّارِ مَنْ قَالَ لَا إِلَهَ إِلَّا اللَّهُ وَفِي قَلْبِهِ وَزْنُ بُرَّةٍ مِنْ خَيْرٍ . وَيَخْرُجُ مِنَ النَّارِ مَنْ قَالَ لَا إِلَهَ إِلَّا اللَّهُ وَفِي قَلْبِهِ وَزْنُ ذَرَّةٍ مِنْ .

"Es kommt aus dem Feuer jeder heraus, der sagte, daß es keinen Gott außer ALLAH gibt, und in dessen Herzen soviel Gutes wie das Gewicht eines Gerstenkornes war. Und es kommt aus dem Feuer jeder heraus, der sagte, daß es keinen Gott außer ALLAH gibt, und in dessen Herzen

---

[336] Suratus-saf-fat Nr. 37, Ayat Nr. 62-68
[337] Suratul-bay-yina Nr. 98, Aya Nr. 6
[338] Suratul-baqara Nr. 2, Aya Nr. 24
[339] Überlieferung von Imam Al-buchari, Imam Muslim und Imam At-tirmidhi
[340] Überlieferung von Imam Al-buchari

soviel Gutes wie das Gewicht eines Weizenkornes war. Und es kommt aus dem Feuer jeder heraus, der sagte, daß es keinen Gott außer ALLAH gibt, und in dessen Herzen soviel Gutes wie das Gewicht eines Stäubchens war.[341]

Die Dschanna ist der ewige Aufenthaltsort der Mumin.

Texte aus Quran und Sunna über die Dschanna:

﴿وَسَارِعُوٓاْ إِلَىٰ مَغۡفِرَةٖ مِّن رَّبِّكُمۡ وَجَنَّةٍ عَرۡضُهَا ٱلسَّمَٰوَٰتُ وَٱلۡأَرۡضُ
أُعِدَّتۡ لِلۡمُتَّقِينَ ﴿١٣٣﴾

Und eilt initiativ zur Vergebung eures Herrn und zu einer Dschanna, deren Breite Himmel und Erde umfaßt, die für die Taqwa-Beherzigenden vorbereitet wurde.[342]

إِنَّ ٱلَّذِينَ ءَامَنُواْ وَعَمِلُواْ ٱلصَّٰلِحَٰتِ كَانَتۡ لَهُمۡ جَنَّٰتُ ٱلۡفِرۡدَوۡسِ نُزُلًا ﴿١٠٧﴾
خَٰلِدِينَ فِيهَا لَا يَبۡغُونَ عَنۡهَا حِوَلٗا ﴿١٠٨﴾

Diejenigen, die den Iman verinnerlichen und gottgefällig Gutes tun - für sie sind die Dschannat von Al-firdaus als Unterkunft bestimmt. Darin werden sie ewig bleiben, und sich daraus keinen Umzug wünschen.[343]

مَّثَلُ ٱلۡجَنَّةِ ٱلَّتِي وُعِدَ ٱلۡمُتَّقُونَۖ فِيهَآ أَنۡهَٰرٞ مِّن مَّآءٍ غَيۡرِ ءَاسِنٖ وَأَنۡهَٰرٞ مِّن
لَّبَنٖ لَّمۡ يَتَغَيَّرۡ طَعۡمُهُۥ وَأَنۡهَٰرٞ مِّنۡ خَمۡرٖ لَّذَّةٖ لِّلشَّٰرِبِينَ وَأَنۡهَٰرٞ مِّنۡ عَسَلٖ
مُّصَفّٗىۖ وَلَهُمۡ فِيهَا مِن كُلِّ ٱلثَّمَرَٰتِ وَمَغۡفِرَةٞ مِّن رَّبِّهِمۡۖ كَمَنۡ هُوَ خَٰلِدٞ
فِي ٱلنَّارِ وَسُقُواْ مَآءً حَمِيمٗا فَقَطَّعَ أَمۡعَآءَهُمۡ ﴿١٥﴾

(Ist etwa) das Gleichnis der Dschanna, die den Taqwa-Beherzigenden versprochen wurde - darin sind Flüsse mit nicht verderblichem Wasser, Flüsse mit Milch, deren Geschmack sich sich nie ändert, Flüsse mit den Trinkenden wohlschmeckendem *Khamr*, und Flüsse mit filtriertem Honig. Und für sie gibt es darin von allen Früchten und Vergebung von ihrem Herrn - gleich demjenigen, der ewig im Feuer bleibt?! Und sie wurden mit Siedendem getränkt, so zerriß es ihre Därme.[344]

---

[341] Überlieferung von Imam Ahmad und alle Sechs Imame außer Imam Abu-dawud
[342] Suratu aali-'imran Nr. 3, Aya Nr. 133
[343] Suratul-kahf Nr. 18, Ayat Nr. 107-108
[344] Suratu-muhammad Nr. 47, Aya Nr. 15

إِنَّ ٱلْمُتَّقِينَ فِى جَنَّٰتٍ وَنَعِيمٍ ﴿١٧﴾ فَٰكِهِينَ بِمَآ ءَاتَىٰهُمْ
رَبُّهُمْ وَوَقَىٰهُمْ رَبُّهُمْ عَذَابَ ٱلْجَحِيمِ ﴿١٨﴾ كُلُوا۟ وَٱشْرَبُوا۟ هَنِيٓـًٔۢا بِمَا
كُنتُمْ تَعْمَلُونَ ﴿١٩﴾ مُتَّكِـِٔينَ عَلَىٰ سُرُرٍ مَّصْفُوفَةٍ ۖ وَزَوَّجْنَٰهُم
بِحُورٍ عِينٍ ﴿٢٠﴾ وَٱلَّذِينَ ءَامَنُوا۟ وَٱتَّبَعَتْهُمْ ذُرِّيَّتُهُم بِإِيمَٰنٍ أَلْحَقْنَا
بِهِمْ ذُرِّيَّتَهُمْ وَمَآ أَلَتْنَٰهُم مِّنْ عَمَلِهِم مِّن شَىْءٍ ۚ كُلُّ ٱمْرِيۭ۟ بِمَا
كَسَبَ رَهِينٌ ﴿٢١﴾ وَأَمْدَدْنَٰهُم بِفَٰكِهَةٍ وَلَحْمٍ مِّمَّا يَشْتَهُونَ ﴿٢٢﴾
يَتَنَٰزَعُونَ فِيهَا كَأْسًا لَّا لَغْوٌ فِيهَا وَلَا تَأْثِيمٌ ﴿٢٣﴾ ۞ وَيَطُوفُ
عَلَيْهِمْ غِلْمَانٌ لَّهُمْ كَأَنَّهُمْ لُؤْلُؤٌ مَّكْنُونٌ ﴿٢٤﴾ وَأَقْبَلَ بَعْضُهُمْ
عَلَىٰ بَعْضٍ يَتَسَآءَلُونَ ﴿٢٥﴾ قَالُوٓا۟ إِنَّا كُنَّا قَبْلُ فِىٓ أَهْلِنَا مُشْفِقِينَ
﴿٢٦﴾ فَمَنَّ ٱللَّهُ عَلَيْنَا وَوَقَىٰنَا عَذَابَ ٱلسَّمُومِ ﴿٢٧﴾

Die Taqwa-Beherzigenden sind gewiß in Dschannat und Wohlergehen, freudenerregt über das, was ihr Herr ihnen gewährte. Und ihr Herr schützte sie vor der Peinigung der Hölle. Esst und trinkt, wohlbekömmlich für das, was ihr zu tun pflegtet! Sie sind angelehnt auf aufgereihten Liegen. Und WIR ließen sie mit *Hur-'in*[345] vermählen. Und denjenigen, die den Iman verinnerlichten, und deren Nachkommenschaft ihnen mit Iman folgte, schickten WIR ihre Nachkommen nach, und WIR minderten ihnen von ihrem Tun nichts. Jeder Mensch ist dessen, was er erwarb, haftbar. Und WIR versorgten sie mit Obst und Fleisch von dem, was sie begehren. Sie reichen darin einander Becher, in dem weder sinnloses Gerede noch Verfehlendes ist. Und ihnen servieren ihre Dienstjungen, die wie in Muscheln aufbewahrte Perlen wären. Und die einen von ihnen wandten sich den anderen zu und fragten, sie sagten: "Wir pflegten vorher bei unseren Familien ehrfurchterfüllt zu sein, dann erwies ALLAH uns Gnade und schützte uns vor der Peinigung der Gluthitze,[346]

---

[345] Siehe Glossar Seite 263
[346] Suratut-tur Nr. 52, Ayat Nr. 17-27

ٱدْخُلُوهَا بِسَلَـٰمٍۢ ۖ ذَٰلِكَ يَوْمُ ٱلْخُلُودِ ﴿٣٤﴾ لَهُم مَّا يَشَآءُونَ فِيهَا وَلَدَيْنَا مَزِيدٌۭ ﴿٣٥﴾

Betretet sie in Frieden. Dies ist der Tag der Ewigkeit. Für sie ist darin bestimmt, was sie wollen. Und bei UNS ist noch mehr.[347]

إِنَّ ٱلْمُتَّقِينَ فِى مَقَامٍ أَمِينٍۢ ﴿٥١﴾ فِى جَنَّـٰتٍۢ وَعُيُونٍۢ ﴿٥٢﴾ يَلْبَسُونَ مِن سُندُسٍۢ وَإِسْتَبْرَقٍۢ مُّتَقَـٰبِلِينَ ﴿٥٣﴾ كَذَٰلِكَ وَزَوَّجْنَـٰهُم بِحُورٍ عِينٍۢ ﴿٥٤﴾ يَدْعُونَ فِيهَا بِكُلِّ فَـٰكِهَةٍ ءَامِنِينَ ﴿٥٥﴾ لَا يَذُوقُونَ فِيهَا ٱلْمَوْتَ إِلَّا ٱلْمَوْتَةَ ٱلْأُولَىٰ ۖ وَوَقَىٰهُمْ عَذَابَ ٱلْجَحِيمِ ﴿٥٦﴾

Die Taqwa-Beherzigenden sind an einem sicheren Aufenthaltsort, in Dschannat und an Quellen. Sie tragen Kleidung aus *Sundos* (feiner Seide) und *Istabraq* (Brokat) einander gegenüber (sitzend). Solcherart! Und WIR vermählten sie mit *Hur-'in*[348]. Sie verlangen darin nach jeglicher Art Obst als sich sicher Fühlende. Nicht erfahren sie den Tod darin, außer dem ersten Tod. Und ER schützte sie vor der Peinigung der Hölle,[349]

In einem Hadith-Qudsi heißt es:

أَعْدَدْتُ لِعِبَادِي الصَّالِحِينَ: مَا لَا عَيْنٌ رَأَتْ، وَلَا أُذُنٌ سَمِعَتْ، وَلَا خَطَرَ عَلَى قَلْبِ بَشَرٍ. فَاقْرَءُوا إِنْ شِئْتُمْ: فَلَا تَعْلَمُ نَفْسٌ مَّآ أُخْفِىَ لَهُم مِّن قُرَّةِ أَعْيُنٍ جَزَآءًۢ بِمَا كَانُوا۟ يَعْمَلُونَ

ICH bereitete meinen guten Dienern das vor, was kein Auge sah, kein Ohr hörte und keinem Menschen in den Sinn kam. Ihr könnt, wenn ihr wollt, rezitieren: فَلَا تَعْلَمُ نَفْسٌ مَّآ أُخْفِىَ لَهُم مِّن قُرَّةِ أَعْيُنٍ جَزَآءًۢ بِمَا كَانُوا۟ يَعْمَلُونَ
So weiß kein Mensch, was für ihn an Freude verborgen wurde als Belohnung für das, was sie zu tun pflegten.[350],[351]

Als der Gesandte (*sallal-lahu 'alaihi wa sallam*) nach den Bauten in der Dschanna gefragt wurde, sagte er:

---

[347] Suratu-qaaf Nr. 50, Ayat Nr. 34-35
[348] Siehe Glossar Seite 263
[349] Suratud-duchaan Nr. 44, Ayat Nr. 51-56
[350] Suratus-sadsch-da Nr. 32, Aya Nr. 17
[351] Überlieferung von Imam Al-buchari und Imam Muslim

لَبِنَةٌ مِنْ فِضَّةٍ وَلَبِنَةٌ مِنْ ذَهَبٍ . وَمِلَاطُهَا الْمِسْكُ الْأَذْفَرُ . وَحَصْبَاؤُهَا اللُّؤْلُؤُ وَالْيَاقُوتُ . وَتُرْبَتُهَا الزَّعْفَرَانُ. مَنْ دَخَلَهَا يَنْعَمُ لَا يَبْأَسُ وَيَخْلُدُ لَا يَمُوتُ. لَا تَبْلَى ثِيَابُهُمْ وَلَا يَفْنَى شَبَابُهُمْ .

Ein Baustein ist aus Silber und ein Baustein aus Gold. Ihr Mörtel ist aus dem angenehmen Moschus. Ihre Kiesel sind Perlen und Rubine und seine Erde ist aus Safran. Wer sie betritt wird ein sorgenfreies Leben führen und nie traurig werden, und ewig leben und nicht sterben. Ihre Kleider werden nicht abgenutzt und ihre Jugend wird nicht vergehen.[352]

Der Gesandte Muhammad (*sallal-lahu 'alaihi wa sallam*) beschrieb die Dschanna-Bewohner wie folgt:

لَا يَبُولُونَ ، وَلَا يَتَغَوَّطُونَ ، وَلَا يَتْفِلُونَ ، وَلَا يَمْتَخِطُونَ . أَمْشَاطُهُمُ الذَّهَبُ، وَرَشْحُهُمُ الْمِسْكُ ، وَمَجَامِرُهُمُ الْأَلُوَّةُ الْأَنْجُوجُ عُودُ الطِّيبِ . وَأَزْوَاجُهُمُ الْحُورُ الْعِينُ . عَلَى خَلْقِ رَجُلٍ وَاحِدٍ ، عَلَى صُورَةِ أَبِيهِمْ آدَمَ سِتُّونَ ذِرَاعًا فِي السَّمَاءِ .

Sie urinieren nicht, haben keinen Stuhlgang, speien nicht und schneuzen nicht. Ihre Kämme sind aus Gold und ihr Schweiß ist Moschus. Ihre Madschamer (Pfanne für Räucherwerk) sind aus dem *Al-aluwa* (Art von Weihrauch). Ihre Gatten sind *Hur-'in*[353]. Ihr Aussehen ist nach dem einen Mann, nach dem Aussehen ihres Vaters Adam, (sie sind) sechzig Arme im Himmel (d. h. 60 Arme lang).[354]

Muslime verinnerlichen den Iman daran, daß ein Dialog zwischen den Dschanna-Bewohnern und Dschahannam-Bewohnern zustande kommt.

وَنَادَىٰٓ أَصْحَٰبُ ٱلنَّارِ أَصْحَٰبَ ٱلْجَنَّةِ أَنْ أَفِيضُوا۟ عَلَيْنَا مِنَ ٱلْمَآءِ أَوْ مِمَّا رَزَقَكُمُ ٱللَّهُ ۚ قَالُوٓا۟ إِنَّ ٱللَّهَ حَرَّمَهُمَا عَلَى ٱلْكَٰفِرِينَ ﴿٥٠﴾

Und die Weggenossen des Feuers riefen den Weggenossen der Dschanna zu: "Gebt uns etwas vom Wasser oder vom Rizq, das ALLAH euch gewährte!" Sie sagen: "ALLAH erklärte beides den Kafir für haram!"[355]

---

[352] Überlieferung von Imam Ahmad und Imam At-tirmidhi
[353] Siehe Glossar Seite 263
[354] Überlieferung von den Imamen: Al-buchari, Muslim, Ahmad, At-tirmidhi und Ibnu-madscha
[355] Suratul-a'raf Nr. 7, Aya Nr. 50

وَنَادَىٰٓ أَصۡحَٰبُ ٱلۡجَنَّةِ أَصۡحَٰبَ ٱلنَّارِ أَن قَدۡ وَجَدۡنَا مَا وَعَدَنَا
رَبُّنَا حَقّٗا فَهَلۡ وَجَدتُّم مَّا وَعَدَ رَبُّكُمۡ حَقّٗاۖ قَالُواْ نَعَمۡۚ فَأَذَّنَ مُؤَذِّنُۢ
بَيۡنَهُمۡ أَن لَّعۡنَةُ ٱللَّهِ عَلَى ٱلظَّٰلِمِينَ ﴿٤٤﴾ ٱلَّذِينَ يَصُدُّونَ عَن سَبِيلِ
ٱللَّهِ وَيَبۡغُونَهَا عِوَجٗا وَهُم بِٱلۡأٓخِرَةِ كَٰفِرُونَ ﴿٤٥﴾

Und die Weggenossen der Dschanna haben den Weggenossen des Feuers zugerufen: 'Wir fanden das, was unser Herr uns versprach, als Wahres vor! Habt ihr etwa das, was euer Herr versprach, als Wahres vorgefunden?' Sie sagten: "Ja!" Dann rief ein Ausrufender unter ihnen aus: 'Der Fluch ALLAHs laste auf den Unrecht-Begehenden, diejenigen, die von ALLAHs Weg abhalten und diesen zu krümmen versuchen, und sie betreiben dem Jenseits gegenüber Kufr!'[356]

Und die Dschanna-Bewohner werden ALLAH (*ta'ala*) sehen.

Der Gesandte Muhammad (*sallal-lahu 'alaihi wa sallam*) sagte:

إِذَا دَخَلَ أَهْلُ الْجَنَّةِ الْجَنَّةَ يَقُولُ اللَّـهُ تَبَارَكَ وَتَعَالَى : تُرِيدُونَ شَيْئًا أَزِيدُكُمْ ؟ فَيَقُولُونَ : أَلَمْ تُبَيِّضْ وُجُوهَنَا ؟ أَلَمْ تُدْخِلْنَا الْجَنَّةَ وَتُنَجِّنَا مِنَ النَّارِ ؟ قَالَ : فَيَكْشِفُ الْحِجَابَ . فَمَا أُعْطُوا شَيْئًا أَحَبَّ إِلَيْهِمْ مِنَ النَّظَرِ إِلَى رَبِّهِمْ عَزَّ وَجَلَّ . ثُمَّ تَلا : ﴿لِّلَّذِينَ أَحۡسَنُواْ ٱلۡحُسۡنَىٰ وَزِيَادَةٞۖ

Wenn die Dschanna-Bewohner in die Dschanna eintreten, wird ALLAH sagen: "Wollt ihr noch irgend etwas, damit ich es euch gewähre?" Sie sagen: "Hast DU uns unsere Gesichter nicht weiß hellstrahlend gemacht (d. h. uns belohnt)? Hast DU uns nicht in die Dschanna eintreten lassen? Hast DU uns nicht vor dem Höllenfeuer gerettet?" Dann wird der Vorhang entfernt, und ihnen wurde nichts gegeben, das ihnen lieber ist als der Anblick ihres Herrn. Dann rezitierte der Gesandte (*sallal-lahu 'alaihi wa sallam*): ﴿لِّلَّذِينَ أَحۡسَنُواْ ٱلۡحُسۡنَىٰ وَزِيَادَةٞۖ

"Für diejenigen gottgefällig Guthandelnden gibt es gute Belohnung (die Dschanna) und noch mehr![357]"[358]

---

[356] Suratul-a'raf Nr. 7, Ayat Nr. 44-45
[357] Suratu-yunus Nr. 10, Aya Nr. 26
[358] Überlieferung von Imam Muslim, Imam At-tirmidhi und Imam An-nasai

“..und noch mehr” haben die Quran-Exegeten mit “dem Anblick zu ALLAH” interpretiert.

وُجُوهٌ يَوْمَئِذٍ نَّاضِرَةٌ ﴿٢٢﴾ إِلَىٰ رَبِّهَا نَاظِرَةٌ ﴿٢٣﴾

Es sind an diesem Tag strahlende Gesichter, die zu ihrem Herrn aufschauen.[359]

Am Ende ist die Ewigkeit für alle.

Der Gesandte Muhammad (*sallal-lahu ‘alaihi wa sallam*) sagte:

إِذَا صَارَ أَهْلُ الْجَنَّةِ إِلَى الْجَنَّةِ وَأَهْلُ النَّارِ إِلَى النَّارِ ، جِيءَ بِالْمَوْتِ ، حَتَّى يُجْعَلَ بَيْنَ الْجَنَّةِ وَالنَّارِ . ثُمَّ يُذْبَحُ . ثُمَّ يُنَادِي مُنَادٍ : يَا أَهْلَ الْجَنَّةِ لَا مَوْتَ، وَيَا أَهْلَ النَّارِ لَا مَوْتَ . فَيَزْدَادُ أَهْلُ الْجَنَّةِ فَرَحًا إِلَى فَرَحِهِمْ ، وَيَزْدَادُ أَهْلُ النَّارِ حُزْنًا إِلَى حُزْنِهِمْ .

Wenn die Dschanna-Bewohner in die Dschanna und die Feuer-Bewohner ins Feuer eintreten, wird der Tod zwischen der Dschanna und dem Feuer gebracht, dann wird er abgeschlachtet. Dann wird ein Rufender ausrufen: ‘Dschanna-Bewohner, es gibt keinen Tod mehr! Feuer-Bewohner, es gibt keinen Tod mehr!’ So werden die Dschanna-Bewohner noch froher als sie es schon waren. Und die Feuer-Bewohner werden noch trauriger, als sie es schon waren.[360]

---

[359] Suratul-qi-yama Nr. 75, Ayat Nr. 22-23

[360] Überlieferung von Imam Al-buchari,Imam Muslim und Imam Ahmad

VII. Kapitel

al-imanu bil-qadai wal-qadar, الإيمان بالقضاء والقدر

Der Iman an Al-qadaa und Al-qadar

Definition

Muslime verinnerlichen mit absoluter Gewißheit den Iman an Al-qadaa und Al-qadar und an alle Aussagen, die in Quran und Sunna über sie enthalten sind.
Dieser Iman resultiert aus dem Iman an die vollkommensten Attribute ALLAHs, insbesondere aus dem Iman an den Willen, das Allwissen und die Allmacht ALLAHs.

وَلِلَّهِ غَيْبُ ٱلسَّمَٰوَٰتِ وَٱلْأَرْضِ وَإِلَيْهِ يُرْجَعُ ٱلْأَمْرُ كُلُّهُۥ فَٱعْبُدْهُ وَتَوَكَّلْ
عَلَيْهِ ۚ وَمَا رَبُّكَ بِغَٰفِلٍ عَمَّا تَعْمَلُونَ ﴿١٢٣﴾

Und ALLAH gehört das Verborgene der Himmel und der Erde und IHM unterliegen die Angelegenheiten - allesamt. So diene IHM und übe Tawakkul IHM gegenüber. Dein Herr ist gewiß nicht achtlos dem gegenüber, was ihr tut.[361]

Im islamologischen Kontext ist die Verwendung der deutschen Begriffe “Schicksal, Verhängnis und Fatalismus” als Synonyme für die islamischen Fachbegriffe “Al-qadaa und Al-qadar” gänzlich ungeeignet, weil im allgemeinen deutschen Sprachgebrauch diese Begriffe einen völlig anderen Bedeutungsinhalt haben und teilweise auch im Kontext mit Glaubensinhalten nicht-muslimischer Gemeinschaften verwandt werden, für welche die u. a. islamische Definition von “Al-qadaa und Al-qadar” nicht verbindlich ist.
Aus diesem Grund ist zunächst eine Begriffsbestimmung, d. h. eine Erklärung der Begriffsinhalte mit den islamisch relevanten Bedeutungsvarianten, Bedeutungsnuancen und Deutungs- bzw. Interpretationsmöglichkeiten notwendig.

---

[361] Suratu-hud Nr. 11, Aya Nr. 123

Al-qadaa, القضاء

Al-qadaa beschreibt ALLAHs anfangsloses, allumfassendes **Vorauswissen** über die definitiv in der Realität eintreffende Zukunft aller Geschöpfe. Der Begriff Al-qadaa hängt mit dem Attribut des Allwissens von ALLAH (*ta'ala*) zusammen.

Al-qadar, القدر

Al-qadar ist die **Verwirklichung** von Al-qadaa durch ALLAHs Allmacht entsprechend SEINEM Willen. Der Begriff Al-qadar hängt mit dem Attribut der Allmacht und des Willens von ALLAH (*ta'ala*) zusammen.

Zum richtigen Verständnis des Iman an Al-qadaa und Al-qadar muß man zunächst zwischen zwei Ebenen unterscheiden:

- der göttlichen Ebene und
- der Ebene von Menschen und Dschinn.

1. Die göttliche Ebene

ALLAH (*ta'ala*) ist Der allwissende und allmächtige Schöpfer aller noch nicht existenten, aller existenten und aller nicht mehr existenten Geschöpfe. ER ist Der Schöpfer der absoluten Totalität und damit auch Der Schöpfer der Zeit, d. h. von Vergangenheit, Gegenwart und Zukunft. ER ist außerdem auch Der Schöpfer des freien Willens von Menschen und Dschinn. Bezogen auf diese Willens-, Entscheidungs- und Handlungsfreiheit folgt daraus, daß ALLAH (*ta'ala*) im voraus weiß, **wie** diese Geschöpfe sich entscheiden werden und **wie** sie aufgrund dieser Entscheidung handeln werden, aber ER nimmt ihnen die Entscheidung nicht ab und ER zwingt ihnen keine Handlungen in diesem Bereich auf.

2. Die Ebene von Menschen und Dschinn

Diese Geschöpfe verfügen im Gegensatz zu ALLAH (*ta'ala*), ihrem Schöpfer, nur über sehr begrenzte Kenntnisse und Erkenntnisfähigkeit. Entscheidend bei der Beurteilung der Willensfreiheit ist, daß diese Geschöpfe keinerlei Kenntnisse über ihre eigene Zukunft oder die Zukunft der übrigen Schöpfung haben. Daraus folgt, daß sie ausnahmslos alle ihre Entscheidungen völlig frei und unbeeinflußt auf der Basis ihres begrenzten Wissens und ihres eingeschränkten Horizonts treffen, und nicht weil sie von "Al-qadaa" dazu gezwungen werden. Sie haben also die Wahlfreiheit bei ihren Entscheidungen und daraus folgend auch Handlungsfreiheit bei ihren Taten. Gleichzeitig weiß ALLAH (*ta'ala*) bereits im voraus wie diese Geschöpfe sich entscheiden werden und wie sie handeln werden. Aufgrund dieser Entscheidungs- und Handlungsfreiheit tragen diese Geschöpfe die alleinige Verantwortung für ihre freiwillig verrichteten Taten und werden deswegen für diese Taten von ALLAH (*ta'ala*) am Jüngsten Tag zur Rechenschaft gezogen.

Anmerkung:

Wenn im Islam von Handlungen gesprochen wird, gilt folgendes Prinzip:

Handlungen und Taten der Geschöpfe müssen vor ALLAH (*ta'ala*) nur dann verantwortet werden, wenn sie aufgrund einer freien Entscheidung, im Vollbesitz der geistigen Kräfte und unter normalen Umständen, bewußt und freiwillig begangen werden, d. h. ohne Zwang, ohne besondere Notlage und ohne Einschränkung der Urteils- und Entscheidungsfreiheit. Handlungen und Taten, die nicht diese Kriterien erfüllen, werden nicht verantwortet.

In der islamischen Fachliteratur wird dieser Iman-Artikel im allgemeinen nur mit "Al-qadar" bezeichnet, was hier auch übernommen wird.

Muslime verinnerlichen den Iman an Al-qadar, an seine guten und schlechten Aspekte. Der Gesandte Muhammad (*sallal-lahu 'alaihi wa sallam*) sagte Ibnu-'abbas[362] (*radial-lahu 'anh*):

احْفَظِ اللَّهَ يَحْفَظْكَ . احْفَظِ اللَّهَ تَجِدْهُ تُجَاهَكَ . إِذَا سَأَلْتَ فَاسْأَلِ اللَّهَ وَإِذَا اسْتَعَنْتَ فَاسْتَعِنْ بِاللَّهِ . وَاعْلَمْ أَنَّ الْأُمَّةَ لَوِ اجْتَمَعَتْ عَلَى أَنْ يَنْفَعُوكَ بِشَيْءٍ لَمْ يَنْفَعُوكَ إِلَّا بِشَيْءٍ قَدْ كَتَبَهُ اللَّهُ لَكَ . وَلَوِ اجْتَمَعُوا عَلَى أَنْ يَضُرُّوكَ بِشَيْءٍ ، لَمْ يَضُرُّوكَ إِلَّا بِشَيْءٍ قَدْ كَتَبَهُ اللَّهُ عَلَيْكَ . رُفِعَتِ الْأَقْلَامُ وَجَفَّتِ الصُّحُفُ .

Bewahre ALLAHs (Din), dann bewahrt ER dich. Bewahre ALLAHs (Din), dann findest du IHN bei dir. Wenn du um etwas bitten willst, dann sollst du (nur) ALLAH bitten. Wenn du Hilfe suchst, dann sollst du bei ALLAH Hilfe suchen. Und du sollst wissen, daß, wenn die (gesamte) Umma sich versammeln würde, dir in einer Sache zu nutzen, sie dir nur in etwas nutzen kann, das ALLAH schon für dich niederschrieb, und daß sie, wenn sie sich versammeln würde, dir in einer Sache zu schaden, sie dir nur in etwas schaden kann, das ALLAH schon für dich niederschrieb. Die Schreibfedern sind hochgehoben und die Blätter getrocknet."[363]

---

[362] Abdullah Bnu-'abbas, Vetter des Gesandten, Tardschumanul-quran: Der Exeget des Quran genannt, überlieferte viele Hadithe, (gest. 68 n. H.)

[363] Überlieferung von Imam At-tirmidhi

Die Iman-Inhalte von Al-qadar können nach Imam Ibnu-taymiya[364] in zwei Kategorien unterteilt werden:

1. Der Iman daran, daß ALLAH (*ta'ala*) als Quelle und Zentrum allen Seins aufgrund SEINES Allwissens genaueste Kenntnis über die Zukunft aller Geschöpfe besitzt, und der Iman daran, daß diese Vorherkenntnis ALLAHs über die wirklich eintreffende Zukunft auf *al-lauh al-mahfuz*: اللوح المحفوظ niedergeschrieben ist.

مَآ أَصَابَ مِن مُّصِيبَةٍ فِى ٱلْأَرْضِ وَلَا فِىٓ أَنفُسِكُمْ إِلَّا فِى كِتَـٰبٍ مِّن قَبْلِ أَن نَّبْرَأَهَآ ۚ إِنَّ ذَٰلِكَ عَلَى ٱللَّهِ يَسِيرٌ ﴿٢٢﴾ لِّكَيْلَا تَأْسَوْا۟ عَلَىٰ مَا فَاتَكُمْ وَلَا تَفْرَحُوا۟ بِمَآ ءَاتَىٰكُمْ ۗ

Weder trifft ein Unglück auf Erden, noch euch selbst, ohne daß es in einer Schrift ist, bevor WIR es erschufen. Dies ist für ALLAH etwas Leichtes. Damit ihr nicht trauert um das, was euch entgangen ist, und euch nicht übermäßig freut über das, was euch gewährt wurde.[365]

أَلَمْ تَعْلَمْ أَنَّ ٱللَّهَ يَعْلَمُ مَا فِى ٱلسَّمَآءِ وَٱلْأَرْضِ ۗ إِنَّ ذَٰلِكَ فِى كِتَـٰبٍ ۚ إِنَّ ذَٰلِكَ عَلَى ٱللَّهِ يَسِيرٌ ﴿٧٠﴾

Weißt du etwa nicht, daß ALLAH alles kennt, was im Himmel und auf Erden ist?! Dies ist in einem Register. Dies ist für ALLAH gewiß leicht![366]

ALLAH (*ta'ala*) kennt z. B. alle Angelegenheiten der Geschöpfe:

- Zeitpunkt von Geburt und Tod und die Zeitspanne ihres Lebens,
- alle Geschehnisse, die Entscheidungen erfordern,
- alle Umstände, die Entscheidungen beeinflussen,
- alle Entscheidungsfindungsprozesse,
- alle bewußt und unbewußt gefällten Entscheidungen,
- alle daraus resultierenden Handlungen und ihre Auswirkungen,
- alle weiteren Entscheidungen aufgrund dieser Handlungen, usw.

---

[364] Imam Ahmad Bnu-'abdil-halim Al-harrani aus Harran bei Damaskus, (geb. 661 - gest. 728 n. H.). Einer der großen Imame der Hanbalitischen Fiqh-Schule.

[365] Suratul-hadid Nr. 57, Ayat Nr. 22-23

[366] Suratul-hadsch Nr. 22, Aya Nr. 70

2. Der Iman an den Willen ALLAHs, den ER definitiv, unvermeidlich und absolut autonom durchsetzt, und der Iman an SEINE absolute Allmacht. Dies beinhaltet:
   - daß durch den Willen ALLAHs alles, was ER will, aufgrund SEINER Allmacht unausweichlich geschieht und geschehen wird,
   - daß absolut nichts geschehen kann und wird, das nicht SEINEM Willen entspricht.

Bezogen auf die Handlungsebene der Geschöpfe bedeutet dies, daß ALLAH (*ta'ala*) Der Schöpfer
- aller Geschöpfe ist,
- aller Handlungen der Geschöpfe ist,
- des freien Willens aller Menschen und Dschinn ist.

Daraus folgt, daß
- die Menschen und Dschinn von ALLAH (*ta'ala*) die Fähigkeit erhielten, eigenverantwortlich und frei Entscheidungen zu treffen und aufgrund dieser Entscheidungsfreiheit auch frei und uneingeschränkt agieren können,
- alle Menschen und Dschinn ohne Ausnahme den von ALLAH (*ta'ala*) erschaffenen Gesetzmäßigkeiten von Al-qadar freiwillig oder unfreiwillig, bewußt oder unbewußt unterworfen sind.
- alle Geschöpfe, Mumin und Kafir, Diener ALLAHs sind.

  Die Mumin dienen ALLAH (*ta'ala*) bewußt und freiwillig in allen Bereichen, d. h. in den Bereichen, die ihrer Entscheidungsfreiheit unterliegen und in den Bereichen, die nicht ihrer Entscheidungsfreiheit unterliegen (Leben, Tod, usw.).

  Die Kafir dienen ALLAH (*ta'ala*) unbewußt und unfreiwillig nur in den Bereichen, die nicht ihrer Entscheidungsfreiheit unterliegen (Leben, Tod, usw.).

Die “guten und schlechten” Aspekte von Al-qadar

Die Differenzierung von Al-qadar in “gute und schlechte” Aspekte beruht einzig und allein auf der menschlichen Perspektive.
Der Mensch ist wegen seines beschränkten Horizonts und seiner beschränkten Erkenntnisfähigkeit außerstande alle relevanten Zusammenhänge (im Diesseits und Jenseits) zur Beurteilung einer Handlung, eines Ereignisses oder einer Entwicklung zu erkennen.
Aufgrund dieser mangelhaften Fähigkeiten kommt es deshalb zu Fehleinschätzungen und Falschinterpretationen, indem Geschehnisse als negativ beurteilt werden, die in ihrem von ALLAH (*ta'ala*) geplanten Endeffekt ausschließlich positiv sind und somit ALLAHs Gerechtigkeit widerspiegeln. ALLAH (*ta'ala*) ist der absolut Vollkommene und Gerechte; ER erschuf nichts absolut Negatives, Unnötiges oder Überflüssiges, da dies SEINER Weisheit und Vollkommenheit widerspricht.
Daraus folgt, daß der sog. “schlechte” Aspekt von Al-qadar relativ zu sehen ist und seinerseits zwei Ebenen hat:

- ❑ die absolute göttliche Ebene, d. h. die ausschließlich und absolut positive, gute Seite dieses Aspekts, die mit dem Willen und Handeln ALLAHs zusammenhängt.
- ❑ die relative menschliche Ebene, d. h. die “negative, schlechte” Seite dieses Aspekts, die dem betroffenen Geschöpf vordergründig als schlecht erscheint.

<u>Beispiele für den “schlechten” Aspekt:</u>

- ❑ Die Erschaffung des Satans
  Die Erschaffung des Satans ist aus der beschränkten, rein menschlichen Perspektive und auf das Diesseits bezogen ein Unglück für den Menschen, weil der Satan die Menschen in Versuchung führt und bemüht ist, sie vom rechten Weg abzubringen.

Die Erschaffung des Satans ist aus der allumfassenden Perspektive ALLAHs, bezogen auf das Diesseits und das Jenseits, jedoch etwas Gutes für den Menschen,

- weil ALLAH (*ta'ala*) den Menschen mit diesen Versuchungen und Verführungen immer wieder eine neue Chance bietet, ihren Iman und ihre Standhaftigkeit zu beweisen,
- weil ALLAH (*ta'ala*) den Menschen nach diesen Prüfungen immer wieder eine neue Chance bietet, für ihre Verfehlungen um Vergebung zu bitten, und
- weil ALLAH (*ta'ala*) den Menschen bei diesen Prüfungen Hilfe, Unterstützung und Schutz vor dem Satan zusagt, wenn sie IHN darum bitten.

إِنَّ ٱلَّذِينَ ٱتَّقَوْا۟ إِذَا مَسَّهُمْ طَٰٓئِفٌ مِّنَ ٱلشَّيْطَٰنِ تَذَكَّرُوا۟ فَإِذَا

هُم مُّبْصِرُونَ ﴿٢٠١﴾

Diejenigen, die Taqwa beherzigen, wenn sie Unschönes durch Satan überkommt, entsinnen sie sich und sehen (ihre Verfehlung) wieder ein.[367]

وَإِمَّا يَنزَغَنَّكَ مِنَ ٱلشَّيْطَٰنِ نَزْغٌ فَٱسْتَعِذْ بِٱللَّهِ ۖ إِنَّهُۥ هُوَ ٱلسَّمِيعُ ٱلْعَلِيمُ

Und sollte dich etwas Provozierendes vom Satan provozieren, dann mache *Isti'dha* (suche Schutz) bei ALLAH. ER ist gewiß Der Allhörende, Der Allwissende.[368]

- ❐ Krankheit und Leid

Krankheit ist aus der beschränkten rein menschlichen Perspektive und auf das Diesseits bezogen ein Unheil für den Menschen, weil sie mit Schmerzen und Leid verbunden ist.

Krankheit ist aus der allumfassenden Perspektive ALLAHs und auf das Diesseits und das Jenseits bezogen etwas Gutes für den Menschen, weil ALLAH (*ta'ala*) dem Menschen für jeden Schmerz und jedes Leid das ihn trifft einige seiner Sünden vergibt.

Ein weiterer positiver Aspekt von Krankheit ist die Erinnerung des Menschen an seine Vergänglichkeit und an seinen Tod und damit

---

[367] Suratul-a'raf Nr. 7, Aya Nr. 201
[368] Suratu-fus-silat Nr. 41, Aya Nr. 36

indirekt die Erinnerung an seine Aufgabe im Diesseits, nämlich ALLAH (*ta'ala*) zu dienen und sich IHM zu unterwerfen.
Aus diesem Grund wird erkennbar, warum der Mensch in Krisen und Grenzsituationen (Krankheit, Leid und Not) ALLAH (*ta'ala*) am nächsten ist.

ثُمَّ إِذَا مَسَّكُمُ ٱلضُّرُّ فَإِلَيْهِ تَجْـَٔرُونَ

Und dann, wenn Unglück euch trifft, zu IHM alleine fleht ihr.[369]

وَإِذَا مَسَّ ٱلنَّاسَ ضُرٌّ دَعَوْا۟ رَبَّهُم مُّنِيبِينَ إِلَيْهِ

Und wenn die Menschen Unglück trifft, richten sie Bittgebete an ihren Herrn umkehrend zu IHM.[370]

---

[369] Suratun-nahl Nr. 16, Aya Nr. 53
[370] Suratur-rum Nr. 30, Aya Nr. 33

Die Beziehung zwischen Kufr und Al-qadar

Manche Polytheisten und Kafir rechtfertigen ihren Kufr mit Al-qadar und behaupten, daß sie nicht Kufr betrieben hätten, wenn ALLAH (*ta'ala*) dies nicht wollte.
Daraus ergibt sich die Frage: Können Kufr, Verfehlungen oder Sünden mit Al-qadar begründet werden?

ALLAH (*ta'ala*) argumentiert hierzu im Quran folgendermaßen:

سَيَقُولُ ٱلَّذِينَ أَشْرَكُوا۟ لَوْ شَآءَ ٱللَّهُ مَآ أَشْرَكْنَا وَلَآ ءَابَآؤُنَا وَلَا حَرَّمْنَا مِن
شَىْءٍ ۚ كَذَٰلِكَ كَذَّبَ ٱلَّذِينَ مِن قَبْلِهِمْ حَتَّىٰ ذَاقُوا۟ بَأْسَنَا ۗ قُلْ هَلْ عِندَكُم مِّنْ
عِلْمٍ فَتُخْرِجُوهُ لَنَآ ۖ إِن تَتَّبِعُونَ إِلَّا ٱلظَّنَّ وَإِنْ أَنتُمْ إِلَّا تَخْرُصُونَ ﴿١٤٨﴾ قُلْ
فَلِلَّهِ ٱلْحُجَّةُ ٱلْبَٰلِغَةُ ۖ فَلَوْ شَآءَ لَهَدَىٰكُمْ أَجْمَعِينَ ﴿١٤٩﴾

Diejenigen, die Schirk betreiben, werden sagen: ‘Hätte ALLAH es gewollt, hätten weder wir noch unsere Väter Schirk betrieben, auch hätten wir nichts (ohne Erlaubnis) haram gemacht.’ Solcherart leugneten schon diejenigen vor ihnen, bis sie UNSERE Peinigung erfuhren. Sag: ‘Habt ihr irgendein Wissen darüber, das ihr uns vorlegt?’ Doch ihr folgt nur dem Spekulieren, und ihr lügt ja nur! Sag: ‘ALLAH verfügt über das eindeutige Argument; hätte ER es gewollt, so hätte ER euch allesamt rechtgeleitet.’’[371]

Die vorgeschobenen Argumente der Kafir für ihre Verfehlungen sind nicht stichhaltig und völlig haltlos,

---

[371] Suratul-an'am Nr. 6, Ayat Nr. 148-149

- weil sie keinerlei Einsicht in "*al-lauhul-mahfuz*, اللوح المحفوظ" (wörtl. die wohlverwahrte Tafel) haben und somit nicht wissen konnten und können, was ALLAH (*ta'ala*) für sie bestimmt hat. Sie handeln also falsch nicht aufgrund der Bestimmung ALLAHs, sondern nur aufgrund ihrer freien Entscheidung.
- weil sie ALLAH (*ta'ala*) negative Eigenschaften bzw. ungerechtes Handeln zuordnen, indem sie unterstellen, daß ihr Fehlgehen von ALLAH (*ta'ala*) gewollt war.

Fakt ist, daß ALLAH (*ta'ala*):

- absolut gerecht ist,
- die Menschen mit freiem Willen ausstattete,
- nur das Gute gebietet,
- den Menschen nur den Islam gebot und nicht das Fehlgehen,
- die Menschen nur für freiwillig verrichtete Taten zur Rechenschaft zieht und daß die Vorfahren der Kafir nur aufgrund ihres freiwilligen und absichtlichen Leugnens und ihres bewußten Fehlgehens bestraft wurden und werden,
- die Menschen in diesem Bereich zu nichts zwingt. Hätte ER die Geschöpfe zu etwas zwingen wollen, hätte ER sie sicherlich zum Iman gezwungen und nicht zum Kufr.

وَإِذَا فَعَلُوا۟ فَـٰحِشَةً قَالُوا۟ وَجَدْنَا عَلَيْهَآ ءَابَآءَنَا وَٱللَّهُ أَمَرَنَا بِهَا ۗ قُلْ إِنَّ ٱللَّهَ
لَا يَأْمُرُ بِٱلْفَحْشَآءِ ۖ أَتَقُولُونَ عَلَى ٱللَّهِ مَا لَا تَعْلَمُونَ ﴿٢٨﴾ قُلْ أَمَرَ رَبِّى
بِٱلْقِسْطِ ۖ وَأَقِيمُوا۟ وُجُوهَكُمْ عِندَ كُلِّ مَسْجِدٍ وَٱدْعُوهُ مُخْلِصِينَ لَهُ ٱلدِّينَ ۚ
كَمَا بَدَأَكُمْ تَعُودُونَ ﴿٢٩﴾

Und wenn sie eine Abscheulichkeit taten, sagten sie: "Wir fanden unsere Vorfahren diese praktizieren und ALLAH gebot sie uns." Sag: 'ALLAH gebietet keine Abscheulichkeit! Wollt ihr von ALLAH etwas behaupten, was ihr nicht wisst?' Sag: 'Mein Herr gebietet Gerechtigkeit.' Und richtet euch zu IHM bei jedem Sudschud und richtet Bittgebete an IHN in lauterem Din (Gehorsam). Wie ER euch das erste Mal erschuf, so werdet ihr nochmals zurückkehren.[372]

---

[372] Suratul-a'raf Nr. 7, Ayat Nr. 28-29

إِن تَكۡفُرُواْ فَإِنَّ ٱللَّهَ غَنِيٌّ عَنكُمۡۖ وَلَا يَرۡضَىٰ لِعِبَادِهِ ٱلۡكُفۡرَۖ وَإِن تَشۡكُرُواْ
يَرۡضَهُ لَكُمۡۗ وَلَا تَزِرُ وَازِرَةٞ وِزۡرَ أُخۡرَىٰۗ ثُمَّ إِلَىٰ رَبِّكُم مَّرۡجِعُكُمۡ
فَيُنَبِّئُكُم بِمَا كُنتُمۡ تَعۡمَلُونَۚ إِنَّهُۥ عَلِيمُۢ بِذَاتِ ٱلصُّدُورِ ﴿٧﴾

Wenn ihr Kufr betreibt, so ist ALLAH autark euch gegenüber! Doch ER stimmt SEINEN Dienern das Kufr-Betreiben nicht zu. Doch wenn ihr euch dankbar erweist, dies stimmt ER euch zu. Und keine verfehlende Seele trägt die Verfehlung einer anderen. Dann ist zu eurem Herrn eure Rückkehr, dann wird ER euch Mitteilung machen über das, was ihr zu tun pflegtet. ER ist gewiß allwissend über das von den Brüsten.[373]

Diesbezüglich sagte der Gelehrte Sayed Qutb[374] in seiner Quran-Exegese "*fi zilal al-quran*: في ظلال القرآن":

"ALLAH (*ta'ala*) beauftragt die Menschen nicht damit, SEINE verborgene Vorkenntnis und SEINEN verborgenen Willen zu entdecken, um sich danach zu richten, vielmehr beauftragte ER sie, SEINE Gebote und Verbote zu kennen, um sich danach zu richten."

[373] Suratuz-zumar Nr. 39, Aya Nr. 7

[374] Literat und Islamologe, als Oppositioneller vom ägyptischen Präsidenten Jamal Abdun-naser 1965 hingerichtet.

Das Verbot des Hinterfragens von Al-qadar

Im Islam zählt Al-qadar zu den verborgenen Dingen, d. h. zu den Dingen, von denen der Mensch keine Kenntnis besitzt, weil er sie intellektuell nicht erfassen kann. Einzig und allein ALLAH (*ta'ala*) verfügt über das allumfassende Wissen und die absolut vollkommene Kenntnis von Al-qadar. ALLAH (*ta'ala*) selbst vermittelte den Menschen durch die Gesandten einige begrenzte Kenntnisse von Al-qadar. Diese begrenzten Kenntnisse reichen für das Diesseits aus. Weitere, tiefergehende Kenntnisse über Al-qadar sind von ALLAH (*ta'ala*) für den Menschen im Diesseits nicht vorgesehen. Aus diesem Grund ist es untersagt, nach den nicht geoffenbarten, verborgenen Dingen von Al-qadar zu forschen, Spekulationen darüber anzustellen und Vermutungen dazu zu äußern.
Deshalb verurteilte der Gesandte (*sallal-lahu 'alaihi wa sallam*) in ungewöhnlich scharfer Form eine Gruppe von Personen, die sich ohne fundiertes Wissen, mit Vermutungen und mit Spekulationen zu Al-qadar äußerten:

مَا لَكُمْ تَضْرِبُونَ كِتَابَ اللَّهِ بَعْضَهُ بِبَعْضٍ بِهَذَا هَلَكَ مَنْ كَانَ قَبْلَكُمْ . (رواه أحمد)

Warum verdreht ihr ALLAHs Schrift ineinander? Dadurch sind jene zugrunde gegangen, die vor euch waren. (Ü.v. Ahmad)

Diesbezüglich sagte Imam At-tahawi[375]:

"Al-qadar ist das Geheimnis ALLAHs in SEINER Schöpfung, das ER keinem nahegestellten Engel und keinem entsandten Propheten gelüftet hat (...) ER hat den Menschen verboten, danach zu forschen, denn ALLAH (*ta'ala*) sagte:

لَا يُسْـَٔلُ عَمَّا يَفْعَلُ وَهُمْ يُسْـَٔلُونَ

---

375 Imam Ahmad Bnu-muhammad At-tahawi, الطحاوي, (geb. 239 - gest. 322 n. H.). Einer der großen 'Aqida-Gelehrten, verfaßte u. a. das berühmte 'Aqida-Buch "Al-'aqida At-tahawiya".

ER wird nicht befragt nach dem, was ER tut, während sie doch befragt werden.[376]

Wer also fragt: 'Wozu tat ER dies?', hat ALLAHs Schrift zurückgewiesen! Und wer die Schrift ALLAHs zurückweist, zählt zu den Kafir! (...) Denn das Wissen besteht im allgemeinen aus zwei Wissenszweigen: Das, welches den Geschöpfen bekannt ist, und das, welches den Menschen verborgen ist. Deshalb zählt das Leugnen des bekannten Wissens genauso zum Kufr wie die Behauptung, das Verborgene zu kennen. Der Iman ist nur dann befestigt, wenn das bekannte Wissen angenommen und das Streben nach dem Verborgenen unterlassen wird."

---

[376] Suratul-anbiyaa Nr. 21, Aya Nr. 23

Auswirkungen dieses Iman auf das Leben der Mumin

Dieser Iman beruhigt die Seele der Mumin, fördert ihre Standhaftigkeit, Ausdauer und Geduld bei allen Prüfungen, stärkt ihre Bereitschaft gegen Ungerechtigkeit anzukämpfen und bewirkt im Endeffekt ihre vollkommene Zufriedenheit mit allem, was ALLAH (*ta'ala*) dem Menschen im Diesseits auferlegt, gegeben und geboten hat.

Omar Ibnul-khattab[377] (*radial-lahu 'anh*) sagte einem Gefährten:

> "Das Gute als Ganzes liegt in der Zufriedenheit (mit Al-qadar). Wenn du damit zufrieden sein kannst, dann tue es, sonst sei standhaft."

Die praktische Umsetzung dieses Iman-Artikels im Alltag wirkt sich in allen Lebensphasen positiv, motivierend und stabilisierend aus und beeinflußt in diesem Sinne als dynamisches Element unmittelbar auch die Lebensgestaltung.
Die bedingungslose Hingabe ALLAH (*ta'ala*) und SEINEN Lebensregeln gegenüber, das Vertrauen auf ALLAH (*ta'ala*) in allen Angelegenheiten und das Wissen und die Anerkennung ALLAHs als Schöpfer der gesamten Totalität, u. a. aller Ursachen und deren Wirkung, wirkt sich folgendermaßen aus:

- Bei der Vergangenheitsbewältigung wirkt der Iman an Al-qadar als stabilisierendes Moment, weil Muslime sich absolut sicher sind, daß alles, was sie getroffen hat, sie nach ALLAHs Wissen und Willen genauso treffen sollte.
  Fragen nach dem "Warum?" oder Spekulationen über "wenn und aber" erübrigen sich somit.

[377] Siehe Seite 61

- Im Bereich der aktuellen Lebensplanung und Lebensgestaltung wirkt der Iman an Al-qadar als dynamisches Element der Motivation zu eigenverantwortlichem Handeln.
  Muslime sind sich sicher, daß dieses Leben für die Verrichtung von Taten gedacht ist, für die sie am Jüngsten Tag zur Rechenschaft gezogen werden. Aus diesem Grund streben sie bei allen Aktivitäten, Handlungen und Taten danach, das Wohlgefallen ALLAHs zu erlangen und alle Handlungen und Taten auf die denkbar beste Art und Weise zu verrichten.

- Im Bereich der Zukunftsplanung wirkt der Iman an Al-qadar ebenfalls als dynamisches Element der Motivation zu eigenverantwortlichem Handeln, weil Muslime wissen, das sie auch für ihre Absicht bei der Verrichtung von Handlungen und Taten vor ALLAH (*ta'ala*) Rechenschaft ablegen müssen. Aus diesem Grund bemühen sie sich ihr Leben im Einklang mit den Regeln ALLAHs möglichst optimal zu planen und zu gestalten.

Als der Gefährte des Gesandten Muhammad (*sallal-lahu 'alaihi wa sallam*) Salman Al-farisi[378] nach der Bedeutung von "bis du den Iman an das Gute und das Böse von Al-qadar verinnerlichst" gefragt wurde, sagte er: "Bis du den Iman an Al-qadar verinnerlichst" bedeutet daß du weißt, daß das, was dich verfehlt hat, dich nie treffen konnte, und daß das, was dich getroffen hat, dich nie verfehlen konnte."[379]

Der Gesandte Muhammad (*sallal-lahu 'alaihi wa sallam*) sagte:

عَجَبًا لِأَمْرِ الْمُؤْمِنِ . إِنَّ أَمْرَهُ كُلَّهُ خَيْرٌ ، وَلَيْسَ ذَاكَ لِأَحَدٍ إِلَّا لِلْمُؤْمِنِ . إِنْ أَصَابَتْهُ سَرَّاءُ شَكَرَ ، فَكَانَ خَيْرًا لَهُ . وَإِنْ أَصَابَتْهُ ضَرَّاءُ صَبَرَ ، فَكَانَ خَيْرًا لَهُ .

"Bewundernswert ist die Angelegenheit des Mumin! Seine gesamte Angelegenheit ist für ihn gut - und das (diesen Vorteil) hat niemand außer der Mumin: wenn ihn Erfreuliches trifft, ist er dankbar, und das ist gut für ihn; und wenn ihn Unglück trifft, ist er standhaft, und das ist gut für ihn."[380]

---

[378] Einer der ersten Muslime und Gefährten des Gesandten Muhammad (*sallal-lahu 'alaihi wa sallam*), stammte aus Persien, (gest. 33. n. H.)
[379] Überlieferung von Imam Al-aadschiri in seinem Buch "Asch-schari'a"
[380] Überlieferung von Imam Muslim und Imam Ahmad

Omar Ibnul-khattab[381] (*radial-lahu 'anh*) sagte:

لَو كَانَ الْصَبْرُ وَالشُكْرُ بَعِيرَينِ مَا بَالَيتُ آيَهُمَا أَرْكَبُ .

"Wären die Standhaftigkeit und die Dankbarkeit zwei Kamele, wäre es mir egal, welches von beiden ich ritte."

Der Gesandte Muhammad (*sallal-lahu 'alaihi wa sallam*) sagte:

أَشَدُّ النَّاسِ بَلَاءً الْأَنْبِيَاءُ ، ثُمَّ الصَّالِحُونَ ، ثُمَّ الْأَمْثَلُ فَالْأَمْثَلُ . مِنَ النَّاسِ يُبْتَلَى الرَّجُلُ عَلَى حَسَبِ دِينِهِ ، فَإِنْ كَانَ فِي دِينِهِ صَلَابَةٌ زِيدَ فِي بَلَائِهِ . وَإِنْ كَانَ فِي دِينِهِ رِقَّةٌ خُفِّفَ عَنْهُ . وَمَا يَزَالُ الْبَلَاءُ بِالْعَبْدِ ، حَتَّى يَمْشِيَ عَلَى ظَهْرِ الْأَرْضِ لَيْسَ عَلَيْهِ خَطِيئَةٌ .

Die Propheten sind unter den Menschen diejenigen, die am intensivsten geprüft werden, dann folgen die gottgefällig Guttuenden, dann folgen die ihnen am ähnlichsten, dann folgen die ihnen am ähnlichsten. Unter den Menschen wird jeder nach seinem Din (Iman) geprüft, wenn sein Din (Iman) stark ist, wird seine Prüfung dementsprechend intensiviert. Wenn sein Din (Iman) jedoch schwach ist, so wird ihm (die Prüfung) erleichtert. Die Prüfung begleitet den Menschen solange, bis er auf Erden frei von jeder Sünde geht.[382]

---

[381] Siehe Seite 61
[382] Überlieferung von Imam Ahmad Ibnu-hanbal

Al-qadar und die Gesetzmäßigkeiten der Schöpfung

Muslime, die den Iman verinnerlicht haben, setzen grenzenloses Vertrauen in ALLAH (*ta'ala*) in allen ihren Angelegenheiten.
Dieses Vertrauen impliziert auch die Anerkennung der Gesetzmäßigkeiten der Schöpfung ALLAHs und die bewußte Unterwerfung darunter.
In diesem System der Schöpfungs-Ordnung ist für alles nach dem Prinzip Ursache-Wirkung ein bestimmter (Handlungs-)Ablauf vorgesehen.
Die Mumin bemühen sich, diese Gesetzmäßigkeiten bzw. diese (Handlungs-)Abläufe zu erkennen und entsprechend zu handeln, weil sie sich bewußt sind, daß der Sinn ihres Lebens im Diesseits die Verrichtung von gottgefälligen Taten ist, für die sie Rechenschaft ablegen werden.

Beispiel:
Die Mumin wissen, daß ALLAH (*ta'ala*) Der Schöpfer des Lebensunterhaltes, der Arbeit und aller Zusammenhänge zwischen beiden ist.
Sie wissen auch, daß es zur Schöpfungs-Ordnung gehört, die Sicherung des Lebensunterhaltes durch Arbeit zu gewährleisten.
Daraus folgt, daß die Mumin sich ernsthaft bemühen, ihren eigenen Lebensunterhalt durch ihrer Hände Arbeit zu verdienen und gleichzeitig mit der Erfüllung ihrer Handlungspflicht darauf vertrauen, daß ALLAH (*ta'ala*) ihnen Rizq (alle Gaben des Lebensunterhalts) gewähren wird.

Der Gesandte Muhammad (*sallal-lahu 'alaihi wa sallam*) ermahnte einen Beduinen, der die Moschee betreten wollte, ohne sein Kamel vorher anzubinden (um damit zu demonstrieren, daß er auf ALLAH (*ta'ala*) vertraut), mit den Worten:

اعْقِلْهَا وَتَوَكَّلْ .

Binde es an, dann vollziehe Tawakkul (vertraue auf ALLAH)![383]

---

[383] Überlieferung von Imam At-tirmidhi

Der Gesandte (*sallal-lahu 'alaihi wa sallam*) erwiderte auf die Frage, ob es erlaubt sei, sich medizinisch behandeln zu lassen, folgendes:

هِيَ مِنْ قَدَرِ اللهِ .

Sie (die Medizin) ist ein Teil von Al-qadar.[384]

Weiter sagte er (*sallal-lahu 'alaihi wa sallam*):

تَدَاوَوْا ! فَإِنَّ اللّٰهَ عَزَّ وَجَلَّ لَمْ يَضَعْ دَاءً إِلَّا وَضَعَ لَهُ دَوَاءً ، غَيْرَ دَاءٍ وَاحِدٍ : الْهَرَمُ .

Laßt euch medizinisch behandeln! Denn ALLAH, Der Erhabene und Majestätische, erschuf keine Krankheit, ohne daß ER dafür eine Medizin vorsah, außer einer einzigen Krankheit: das Altern.[385]

Imam Ibnul-dschauzi[386] hat den Zusammenhang zwischen diesem Iman und den Ursachen und Wirkungen (Kausalität) wie folgt verdeutlicht:

"Der Tauhid wird ohne das Ergreifen der nötigen Mittel, die ALLAH (*ta'ala*) vorsah, nicht vollständig. Denn die Nichtinanspruchnahme (dieser Mittel) verletzt das Prinzip des Tawakkul, توكل (grenzenloses Vertrauen in ALLAH mit gleichzeitigem Streben nach Erfüllung SEINER Gebote). Nichtinanspruchnahme (der vorgesehenen Mittel) stellt eine Schwäche dar, die dem Kern des Tawakkul total widerspricht, welche das Vertrauen des Herzens in ALLAH (*ta'ala*) bei allen Dingen des Lebens reflektiert, um dem Menschen im Diesseits und im Jenseits das Nützliche zu gewähren und von ihm das Schädliche abzuwenden. Deshalb ist das Ergreifen der nötigen Mittel unabdingbar, sonst wird man die Schari'a außer Kraft setzen. Der Mensch soll also weder seine Schwäche dem Tawakkul noch das Tawakkul seiner Schwäche zuschieben."

---

[384] Überlieferung von Imam Ibnul-qai-yim in seinem Buch *zadul-ma'ad*

[385] Überlieferung von Imam Ahmad, Imam At-tirmidhi und Imam An-nasai

[386] Siehe Seite 24

VIII. Kapitel

Die Bedeutung von Iman

Einführung

Nach der Definition der meisten Islamologen umfaßt der Iman drei Pflichtteile (rukn, ركن):

- rein äußerliches Bekunden der Zugehörigkeit zum Islam durch bewußtes Aussprechen des Islam-Bekenntnisses, der Schahada.
- echte innere Überzeugung, d. h. Verinnerlichung des zunächst nur verbal abgelegten Islam-Bekenntnisses als Folge des Prozesses der Erkenntnis und Kenntnis mit dem Herzen.
- praktische Umsetzung dieser beiden Pflichtteile der äußeren und inneren Ebene durch entsprechendes Handeln (z. B. Praktizieren der gottesdienstlichen Handlungen, Beachten der Gebote und Vorschriften, usw.).

Differenzen bestehen bei den Islamologen lediglich in der Definition bzw. in der islamologischen Fachbereichs-Einstufung (Pflichtteile von Iman bzw. Schari'a-Pflichten) und nicht in der Bewertung der Verpflichtung der Muslime zum Handeln.
Konsens besteht jedoch bei allen Islamologen darüber, daß ALLAH (*ta'ala*) von den Menschen sowohl das verbale Bekenntnis zum Islam als auch die praktische Umsetzung ihres Iman durch Beachtung SEINER Gebote im Alltag verlangt, d. h. die freiwillige Unterwerfung in Wort und Tat.

وَالْعَصْرِ ﴿١﴾ إِنَّ الْإِنسَانَ لَفِي خُسْرٍ ﴿٢﴾ إِلَّا الَّذِينَ آمَنُوا وَعَمِلُوا
الصَّالِحَاتِ وَتَوَاصَوْا بِالْحَقِّ وَتَوَاصَوْا بِالصَّبْرِ ﴿٣﴾

Beim **Al-'asr** (Zeitabschnitt)! Der Mensch ist gewiß im Verlust, außer denjenigen, die den Iman verinnerlichten, gottgefällig guttaten, einander zur Wahrheit ermahnen und einander zur Geduld ermahnen.[387]

[387] Suratul-'asr Nr. 103, Ayat Nr. 1-3

Kriterien zur Einstufung des Iman

Die Islamologen haben auf der Basis von Quran und Sunna verschiedene Merkmale zur Unterscheidung zwischen Mumin und Kafir definiert.

1. Die Kafir

Man unterscheidet zwei Gruppen:

a. *Munafiq* , منافق (Nifaq-Betreibende)
Zu dieser Kategorie zählen Personen, die den Iman verbal bekennen und die gottesdienstlichen Handlungen praktizieren, aber gleichzeitig die innere Zustimmung verweigern.
Diese Menschen sind für ihr Umfeld, d. h. dem äußeren Anschein nach Muslime, in Wirklichkeit aber Kafir, da ihnen die echte innere Überzeugung fehlt. ALLAH (*ta'ala*) hat den Munafiq die schwerste Pein am Jüngsten Tag angedroht.

وَإِذَا جَآءُوكُمْ قَالُوٓا۟ ءَامَنَّا وَقَد دَّخَلُوا۟ بِٱلْكُفْرِ وَهُمْ قَدْ خَرَجُوا۟ بِهِۦ ۚ

وَٱللَّهُ أَعْلَمُ بِمَا كَانُوا۟ يَكْتُمُونَ ﴿٦١﴾

Und wenn sie zu euch kommen, sagen sie: "Wir verinnerlichten den Iman", während sie doch in den Kufr eingetreten sind und mit diesem fortgehen! Und ALLAH kennt besser das, was sie zu verbergen pflegten.[388]

إِنَّ ٱلْمُنَـٰفِقِينَ فِى ٱلدَّرْكِ ٱلْأَسْفَلِ مِنَ ٱلنَّارِ

Die Nifaq-Betreibenden sind gewiß in der untersten Stufe des Feuers![389]

---

[388] Suratul-ma-ida Nr. 5, Aya Nr. 61
[389] Suratun-nisaa Nr. 4, Aya Nr. 145

b. Zu dieser Kategorie zählen Personen, die zwar den Iman erkannten und verinnerlichten, aber trotzdem nach außen den Iman verbal verleugnen, um vorübergehende Vorteile für sich im Diesseits zu erlangen.

فَلَمَّا جَآءَتْهُمْ ءَايَٰتُنَا مُبْصِرَةً قَالُواْ هَٰذَا سِحْرٌ مُّبِينٌ ﴿١٣﴾ وَجَحَدُواْ بِهَا وَٱسْتَيْقَنَتْهَآ أَنفُسُهُمْ ظُلْمًا وَعُلُوًّا

Und als zu ihnen UNSERE Einblick gewährenden Ayat kamen, sagten sie: “Dies ist eine eindeutige Magie.” Und sie verleugneten sie, während ihre Seelen sie als Gewißheit eindeutig annahmen - aus Übertretung und Arroganz.[390]

Der Satan ist das beste Beispiel für diese Gruppe von Kafir. Er war der größte Dschinn-Gelehrte und hat sich dennoch nicht gescheut, ALLAH (*ta'ala*) aus Hochmut und Arroganz zu widersprechen.

2. Die Mumin

Hier unterscheidet man folgende Gruppen:

a. Die praktizierenden Mumin
In diese Kategorie fallen alle Personen, die den Iman verbal bekunden und die islamischen Handlungen praktizieren. Solange diese Personen keine eindeutigen Äußerungen machen oder offensichtliche Handlungen vollbringen, die sie außerhalb des Islam stellen, sind sie Mumin und dürfen auf keinen Fall als Kafir bezeichnet werden.
Als der Gefährte Usama Bnu-zaid[391] (*radial-lahu 'anh*) dem Gesandten Muhammad (*sallal-lahu 'alaihi wa sallam*) erzählte, daß er im Kampf einen Polytheisten getötet habe, nachdem dieser die Schahada abgelegt hatte, sagte ihm der Gesandte (*sallal-lahu 'alaihi wa sallam*):

أَقَالَ لَا إِلَهَ إِلَّا اللَّهُ وَقَتَلْتَهُ ؟ قُلْتُ : يَا رَسُولَ اللَّهِ إِنَّمَا قَالَهَا خَوْفًا مِنَ السِّلَاحِ. قَالَ : أَفَلَا شَقَقْتَ عَنْ قَلْبِهِ ، حَتَّى تَعْلَمَ أَقَالَهَا أَمْ لَا فَمَا زَالَ يُكَرِّرُهَا عَلَيَّ ، حَتَّى تَمَنَّيْتُ أَنِّي أَسْلَمْتُ يَوْمَئِذٍ. (رواه مسلم)

Sagte er *la ilaha illallah*, es gibt keinen Gott außer ALLAH, und du hast ihn getötet? Ich (Usama) sagte: “Gesandter ALLAHs! Er sagte

---

[390] Suratun-naml Nr. 27, Ayat Nr. 13-14

[391] Er wurde vom Gesandten adoptiert und hieß Usama Bnu-muhammad bis der Quran die Adoption verbot. Er hat Hadithe überliefert, (gest. 54 n. H.)

es doch nur aus Angst vor der Waffe!" Er (*sallal-lahu 'alaihi wa sallam*) sagte: "Hättest du sein Herz aufgeschnitten, damit du weißt, ob er es (aus Angst vor der Waffe) sagte oder nicht!?" Und er wiederholte dies mir gegenüber so oft, bis ich mir wünschte, ich wäre erst an diesem Tag Muslim geworden!"[392]

Dieser Hadith bestätigt, daß wir die Menschen nur nach ihren äußerlichen Handlungen und nicht nach ihren Absichten beurteilen dürfen, da nur ALLAH (*ta'ala*) darüber befugt ist, über das Verborgene des Herzens zu urteilen.

b. Die *'Asi*, عاصي (wörtl.: Widersacher, Ungehorsamer)
In diese Kategorie fallen alle Personen, die den Iman verbal bekunden, aber nur teilweise praktisch umsetzen, d. h. Mumin welche die Schari'a-Gebote nicht komplett befolgen.
Die 'Asi werden am Jüngsten Tag wegen Nicht-Erfüllung der vorgeschriebenen Handlungen zur Rechenschaft gezogen, obwohl sie Iman hatten.

وَمَن يَعْصِ ٱللَّهَ وَرَسُولَهُۥ وَيَتَعَدَّ حُدُودَهُۥ يُدْخِلْهُ نَارًا

Und wer ALLAH und SEINEM Gesandten widerspricht und die von ALLAH gesetzten Grenzen überschreitet, den wird ER ins Feuer eintreten lassen.[393]

c. Die Mumin, die Schwere Sünden begehen.
In diese Kategorie fallen alle Personen, die den Iman verbal bekunden und trotzdem schwere Verfehlungen begehen.
Solange diese Personen keine eindeutigen Äußerungen machen, daß sie der Überzeugung sind, daß diese schweren Verfehlungen die sie begehen, halal (erlaubt) seien, d. h. solange sie sich bewußt sind und zugeben, daß sie sich nicht entsprechend den Schari'a-Normen verhalten und benehmen, sind sie Mumin und dürfen nicht als Kafir bezeichnet werden.

Diese Menschen müssen trotz ihrer schweren Verfehlungen als Muslime behandelt werden. Selbst wenn sie sterben sollten, ohne sich

---

[392] Überlieferung von Imam Muslim
[393] Suratun-nisaa Nr. 4, Aya Nr. 14

von diesen schweren Verfehlungen abgewandt zu haben, d. h. ohne "Tauba" vollzogen zu haben, müssen sie als Muslime bestattet werden.

Der Gesandte (*sallal-lahu 'alaihi wa sallam*) sagte:

وَمَنْ دَعَا رَجُلًا بِالْكُفْرِ ، أَوْ قَالَ : عَدُوَّ اللَّهِ ، وَلَيْسَ كَذَلِكَ إِلَّا حَارَ عَلَيْهِ .

> Wer einen Menschen Kufr bezichtigt oder sagt: 'Du ALLAHs Feind!', während es (tatsächlich) nicht so ist, wird dies (diese Behauptung) auf ihn selbst zurückfallen.[394]

Beispiel:
Ein Mumin, der Alkohol trinkt, darf nicht als Kafir bezeichnet werden, solange er nicht die Überzeugung äußert, daß Alkohol halal sei.
Das bedeutet, daß Mumin, die Alkohol trinken (obwohl ihnen bewußt ist, daß es haram ist), weil sie aufgrund eines schwachen Charakters der Versuchung nicht widerstehen können, weiterhin als Mumin bezeichnet und behandelt werden müssen.
Sollte ein solcher Mumin sterben, ohne Tauba gemacht und ohne sich das Alkoholtrinken abgewöhnt zu haben, wird er trotzdem als Muslim bestattet.

---

[394] Überlieferung von Imam Muslim

Das Zu- bzw. Abnehmen von Iman

In der Frage, ob eine Zu- bzw. Abnahme des Iman möglich ist, vertreten die Islamologen unterschiedliche Auffassungen.

Diejenigen, welche die Handlungen nicht als zum Iman zugehörig betrachten, sind der Meinung, daß es keine Möglichkeiten für eine Zu- bzw. Abnahme des Iman gibt.
Gleichzeitig vertritt diese Gruppe jedoch die Ansicht, daß die Menschen sich durchaus voneinander unterscheiden, und zwar in der Taqwa, im Verrichten guter Taten, in der Belohnung und in den Rangstufen bei ALLAH (*ta'ala*).

Diejenigen, die die Handlungen des Menschen als grundlegendes Element des Iman betrachten, sind der Meinung, daß es bestimmt verschiedene Möglichkeiten für eine Zu- bzw. Abnahme des Iman gibt.

Zahlreiche Quran-Verse, Hadithe und Aussagen von Prophetengefährten, weisen auf die Möglichkeit der Zu- bzw. Abnahme des Iman hin.

ٱلَّذِينَ قَالَ لَهُمُ ٱلنَّاسُ إِنَّ ٱلنَّاسَ قَدْ جَمَعُوا۟ لَكُمْ فَٱخْشَوْهُمْ فَزَادَهُمْ إِيمَـٰنًا
وَقَالُوا۟ حَسْبُنَا ٱللَّهُ وَنِعْمَ ٱلْوَكِيلُ ﴿١٧٣﴾

Diejenigen, denen die Menschen sagten: "Die Menschen (Schirk-Betreibende von Makka) zogen gegen euch Kampftruppen zusammen, so nehmt euch in Acht vor ihnen." Dies aber hat ihren Iman verstärkt und sie sagten: "Uns genügt ALLAH, Der beste Wakil!"[395]

---

[395] Suratul-ma-ida Nr. 3, Aya Nr. 173

إِنَّمَا ٱلْمُؤْمِنُونَ ٱلَّذِينَ إِذَا ذُكِرَ ٱللَّهُ وَجِلَتْ قُلُوبُهُمْ وَإِذَا تُلِيَتْ عَلَيْهِمْ ءَايَٰتُهُۥ زَادَتْهُمْ إِيمَٰنًا وَعَلَىٰ رَبِّهِمْ يَتَوَكَّلُونَ ﴿٢﴾

Die Mumin sind ausschließlich diejengen, deren Herzen Ehrfurcht empfinden, wenn ALLAH erwähnt wird; und wenn ihnen SEINE Ayat vorgetragen werden, lassen diese ihren Iman zunehmen, und sie üben Tawakkul ihrem Herrn gegenüber.[396]

Der Gesandte Muhammad (*sallal-lahu 'alaihi wa sallam*) sagte:

أَكْمَلُ الْمُؤْمِنِينَ إِيمَانًا أَحْسَنُهُمْ خُلُقًا . وَخِيَارُكُمْ خِيَارُكُمْ لِنِسَائِهِمْ خُلُقًا .

Die vollkommenen Mumin im Iman sind diejenigen, welche die bessere Moral haben. Und die Besten unter euch sind diejenigen, die den moralisch besten Umgang mit ihren Frauen pflegen.[397]

مَنْ رَأَى مِنْكُمْ مُنْكَرًا فَلْيُغَيِّرْهُ بِيَدِهِ ، فَإِنْ لَمْ يَسْتَطِعْ فَبِلِسَانِهِ ، فَإِنْ لَمْ يَسْتَطِعْ فَبِقَلْبِهِ ، وَذَلِكَ أَضْعَفُ الْإِيمَانِ .

Wer von euch Mißbilligtes sieht, soll es mit seiner Hand ändern. Und wenn er das nicht vermag, dann (soll er es ändern) mit seiner Zunge (durch Ermahnung). Wenn er das nicht vermag, dann (soll er es ändern) in seinem Herzen. Und das ist der schwächste Iman.[398]

Omar Ibnul-khattab[399] (*radial-lahu 'anh*) sagte den Gefährten öfter: "Laßt uns unseren Iman vermehren!" Dann saßen sie und lobpriesen ALLAH (*ta'ala*), Den Erhabenen.

---

[396] Suratul-anfal Nr. 8, Aya Nr. 2
[397] Überlieferung von Imam Ahmad und Imam At-tirmidhi
[398] Überlieferung von Imam Muslim
[399] Siehe Seite 61

Möglichkeiten zur Stärkung des Iman

Erwerb von Wissen

Der Erwerb von neuem Wissen und die Vermehrung bzw. Vertiefung des vorhandenen Wissens über ALLAH (*ta'ala*), über SEINE Propheten, über ihr Leben, über den Din und seine Anforderungen und über die Schöpfung stärken die Gewißheit des Mumin über das Dasein ALLAHs und SEINEN Din.

إِنَّمَا يَخْشَى ٱللَّهَ مِنْ عِبَادِهِ ٱلْعُلَمَٰٓؤُا۟ ۗ

Ehrfurcht ALLAH gegenüber haben unter SEINEN Dienern nur die Wissenden.[400]

أَمَّنْ هُوَ قَٰنِتٌ ءَانَآءَ ٱلَّيْلِ سَاجِدًا وَقَآئِمًا يَحْذَرُ ٱلْـَٔاخِرَةَ وَيَرْجُوا۟
رَحْمَةَ رَبِّهِۦ ۗ قُلْ هَلْ يَسْتَوِى ٱلَّذِينَ يَعْلَمُونَ وَٱلَّذِينَ لَا يَعْلَمُونَ ۗ
إِنَّمَا يَتَذَكَّرُ أُو۟لُوا۟ ٱلْأَلْبَٰبِ ﴿٩﴾

Ist derjenige, der als Vollziehender der Gottesdienste während der Nacht sudschud- und qiyam-vollziehend sich vor dem Jenseits in Acht nimmt und sich die Gnade seines Herrn erhofft, (etwa einem Ungehorsamen gleich)?! Sag: 'Sind etwa diejenigen, die wissen, gleich denjenigen, die nicht wissen?' Doch nur diejenigen von Verstand besinnen sich.[401]

Der Gefährte Ibnu-omar[402] (*radial-lahu 'anh*) sagte:

"Wir haben den Iman gelernt, und auch den Quran, dann vermehrte sich unser Iman."

---

400 Suratu-fatir Nr. 35, Aya Nr. 28

401 Suratuz-zumar Nr. 39, Aya Nr. 9

402 Abdullah Ibnu-omar, Sohn von Omar Ibnul-khattab, einer der großen Gelehrten des Islam, überlieferte viele Hadithe, (gest. 74 n. H.)

Praktische Umsetzung der Iman-Gebote

Das regelmäßige Praktizieren der gottesdienstlichen Handlungen, das Vollbringen guter Taten und das rechtschaffene Handeln unterstreicht nach außen die innere Überzeugung und führt durch ihre Regelmäßigkeit zur Verstärkung des Iman.

Die Lobpreisung ALLAHs

Das Gedenken ALLAHs und das Nachdenken über SEINE Schöpfung führt ebenfalls zur Verstärkung des Iman, weil dadurch die Größe und die Eigenschaften ALLAHs bewußter gemacht werden und somit besser verinnerlicht werden können.

ٱلَّذِينَ يَذْكُرُونَ ٱللَّهَ قِيَٰمًا وَقُعُودًا وَعَلَىٰ جُنُوبِهِمْ وَيَتَفَكَّرُونَ فِى خَلْقِ
ٱلسَّمَٰوَٰتِ وَٱلْأَرْضِ رَبَّنَا مَا خَلَقْتَ هَٰذَا بَٰطِلًا سُبْحَٰنَكَ فَقِنَا عَذَابَ
ٱلنَّارِ ﴿١٩١﴾

Diejenigen, die ALLAHs im Stehen, im Sitzen und (liegend) auf ihren Seiten gedenken und über die Schöpfung der Himmel und der Erde nachdenken (und sagen): “Unser Herr! DU hast dies nicht umsonst erschaffen, gepriesen-erhaben seist DU, so bewahre uns vor der Peinigung des Feuers.”[403]

وَٱلَّذِينَ إِذَا ذُكِّرُوا۟ بِـَٔايَٰتِ رَبِّهِمْ لَمْ يَخِرُّوا۟ عَلَيْهَا صُمًّا وَعُمْيَانًا ﴿٧٣﴾

Und diejenigen, wenn sie mit den Ayat ihres Herrn ermahnt werden, fallen nicht vor ihnen taub und blind nieder.[404]

[403] Suratu aali-’imran Nr. 3, Aya Nr. 191
[404] Suratul-furqan Nr. 25, Aya Nr. 73

Eintritt in den Islam

Wie wird ein Kafir zum Mumin?

Grundsätzlich gilt, daß jeder, der die Worte der Schahada

لا إله إلا الله

la ilaha illallah

Es gibt keinen Gott außer ALLAH.

bewußt ausspricht und diese Aussage beherzigt, d. h. keine Worte hinzufügt oder Handlungen begeht, die der Schahada zuwiderlaufen bzw. widersprechen, ein Mumin ist.

Daraus folgt, daß für das Bekenntnis zum Islam zunächst das Aussprechen und Beherzigen der Schahada ausreicht.
Ein Kafir, der Mumin werden möchte, spricht deshalb als erstes die Schahada:

لا إله إلا الله ، محمد رسول الله

la ilaha illallah, muhammad rasulullah

Es gibt keinen Gott außer ALLAH; Muhammad ist SEIN Gesandter.

und beherzigt diese Aussage.
Des weiteren muß der neue Mumin zunächst nur ganz allgemein Quran und Sunna als Grundlage des Iman aufrichtig anerkennen, weiterhin die Verpflichtung zur Ausübung der gottesdienstlichen Handlungen und die Verpflichtung zur Beachtung aller anderen Gebote, auch wenn er diese Gebote und gottesdienstlichen Handlungen noch nicht vollständig kennt bzw. noch nicht korrekt praktizieren kann.

In der Folgezeit muß er sich bemühen, den Islam so gut wie möglich kennenzulernen und seine Gebote möglichst zu erfüllen.
Der Gesandte (*sallal-lahu 'alaihi wa sallam*) fragte eine Sklavin:

مَنْ رَبُّكِ ؟ قَالَتِ : اللَّهُ . قَالَ : مَنْ أَنَا ؟ قَالَتْ : أَنْتَ رَسُولُ اللَّهِ . قَالَ: فَأَعْتِقْهَا فَإِنَّهَا مُؤْمِنَةٌ .

"Wer ist dein Herr?" Sie antwortete: "ALLAH!" Dann sagte der Gesandte (*sallal-lahu 'alaihi wa sallam*): "Und wer bin ich?" Sie sagte: "Der Gesandte ALLAHs!" So sagte er (ihrem Besitzer): "Befreie sie, denn sie ist Mumina!"[405]

In einem anderen Hadith sagte der Gesandte (*sallal-lahu 'alaihi wa sallam*):

مَنْ مَاتَ وَهُوَ يَعْلَمُ أَنَّهُ لَا إِلَهَ إِلَّا اللَّهُ ، دَخَلَ الْجَنَّةَ .

Wer stirbt, während er weiß, daß es keinen Gott außer ALLAH gibt, geht in die Dschanna.[406]

Das rein theoretische Wissen über den Iman, dessen intellektuelle Verarbeitung und die verbale Bezeugung der Schahada reicht jedoch zum Erlangen des Wohlgefallens von ALLAH (*ta'ala*) nicht aus.
Ziel jedes Mumin ist das Streben nach Vervollkommnung seines Iman, in Wort und Tat.

Für alle Mumin besteht neben dem verbalen Bekenntnis die Pflicht zur Befolgung aller Gebote ALLAHs, weil das Diesseits für die Verrichtung von Taten vorgesehen ist.
Dazu gehört neben der Verrichtung aller gottesdienstlichen Handlungen auch die Ausrichtung der gesamten Lebensführung im Einklang mit den Geboten ALLAHs.

---

405 Überlieferung von Imam Ahmad und Imam An-nasai
406 Überlieferung von Imam Muslim

Die Beurteilung von Verfehlungen und Sünden

Diejenigen Mumin, die Sünden begehen, werden für ihre Verfehlungen bei der Befolgung der Gebote ALLAHs und für ihre Nachlässigkeit bei der Erfüllung ihrer Pflichten am Jüngsten Tag Rechenschaft ablegen müssen und zur Verantwortung gezogen, bevor sie Zutritt in die Dschanna erhalten. Daraus folgt, daß kein Mumin auf ewig im Dschahannam verweilen wird. Dies gilt jedoch nur, solange man nicht die Auffassung vertritt, daß diese Verfehlungen halal seien und es gilt nur für Sünden (leichte und schwere), welche nicht gegen die Fundamente des Islam und somit gegen die Iman-Aussage der Schahada verstoßen.

إِنَّ ٱللَّهَ لَا يَغْفِرُ أَن يُشْرَكَ بِهِۦ وَيَغْفِرُ مَا دُونَ ذَٰلِكَ لِمَن يَشَآءُ

Gewiß vergibt ALLAH nicht, daß IHM gegenüber Schirk betrieben wird, und vergibt, was (an Verfehlungen) geringer ist als dies, wem ER will![407]

Der Gesandte (*sallal-lahu 'alaihi wa sallam*) sagte: Dschibril kam zu mir und brachte mir die Botschaft:

مَنْ مَاتَ مِنْ أُمَّتِكَ لَا يُشْرِكُ بِاللَّهِ شَيْئًا دَخَلَ الْجَنَّةَ قُلْتُ وَإِنْ زَنَى وَإِنْ سَرَقَ؟ قَالَ وَإِنْ زَنَى وَإِنْ سَرَقَ.

Wer von deiner Umma stirbt, während er ALLAH gegenüber keinerlei Schirk betreibt, wird in die Dschanna gehen. Ich sagte: "Auch dann, wenn er Zina (Unzucht) beging und stahl?" Er sagte: "Auch dann wenn er Zina beging und stahl!"[408]

Der Islamologe Abu-'ubaid Al-qasim Ibnu-salam[409] sagte:

"Die Sünden und Fehltaten annullieren nicht den Iman. Sie beeinträchtigen vielmehr seine wahre und eigentliche Bedeutung und die Aufrichtigkeit ALLAH (*ta'ala*) gegenüber."

---

[407] Suratun-nisaa Nr. 4, Aya Nr. 48

[408] Überlieferung von Imam Muslim

[409] Ein großer Islamologe, lebte in Bagdad und verfaßte viele Bücher, (gest. 224 n. H.)

Der Abfall vom Islam

Wann wird ein Mumin zum Kafir?
Ein Mumin, der bewußt und freiwillig Aussagen macht oder Handlungen vollbringt, die gegen die Fundamente des Islam, insbesondere gegen die Iman-Aussagen der Schahada verstoßen, ist ein *Murtadd*, مرتد (Abtrünniger vom Din) und fällt vom Islam ab.

إِنَّ ٱللَّهَ لَا يَغْفِرُ أَن يُشْرَكَ بِهِۦ وَيَغْفِرُ مَا دُونَ ذَٰلِكَ لِمَن يَشَآءُ

Gewiß vergibt ALLAH nicht, daß IHM gegenüber Schirk betrieben wird, und vergibt, was (an Verfehlungen) geringer ist als dies, wem ER will![410]

Der Abfall vom Islam bzw. die Annullierung der Schahada wird bewirkt durch folgende Sünden:

1. Die Verleugnung von Tauhid
Darunter fallen alle Personen, die sich selbst zu Herren bzw. Herrschern erklären oder behaupten, die Verfügungsgewalt über Dinge zu besitzen, die ausschließlich ALLAH (*ta'ala*) geben oder nehmen kann (Leben, Tod, Rizq, etc.). Weiterhin gehören dazu alle Personen, die sich weigern, die Einheit und Einzigkeit ALLAHs anzuerkennen. Hierunter fällt die größte Anzahl der Nicht-Muslime, insbesondere Glaubensrichtungen, welche die Verherrlichung, Lobpreisung und Anbetung Des Schöpfers nicht ausschließlich auf ALLAH (*ta'ala*) beschränken, und die gottesdienstlichen Handlungen nicht ausschließlich für ALLAH (*ta'ala*) verrichten.
Mit dieser Einstellung und diesem Verhalten annullieren sie die Schahada in zwei Hinsichten:

---

[410] Suratun-nisaa Nr. 4, Aya Nr. 48

- Sie verleugnen die Verpflichtung, ALLAH (*ta'ala*) allein zu dienen.
- Sie bestätigen die Anbetung anderer Geschöpfe.

Jeder, der anderen außer ALLAH (*ta'ala*) z. B. sein Leben anvertraut, andere anbetet, für andere betend niederkniet, fällt vom Islam ab.

2. Die Annullierung, Negierung, Verleugnung, Verfälschung, usw. der Namen oder Attribute ALLAHs.

3. Die Verleugnung der Schari'a-Rechtsnormen
Darunter fallen alle Personen, die behaupten, das Recht und die Fähigkeit zu besitzen, Verordnungen zu erlassen in Bereichen, die ausschließlich durch ALLAH (*ta'ala*) geregelt werden dürfen, z. B. in Bezug auf den Din und auf die Verrichtung gottesdienstlicher Handlungen. Solche Menschen heißen im Islam *Taghut*, طاغوت .

لَآ إِكۡرَاهَ فِي ٱلدِّينِۖ قَد تَّبَيَّنَ ٱلرُّشۡدُ مِنَ ٱلۡغَيِّۚ فَمَن يَكۡفُرۡ بِٱلطَّٰغُوتِ

وَيُؤۡمِنۢ بِٱللَّهِ فَقَدِ ٱسۡتَمۡسَكَ بِٱلۡعُرۡوَةِ ٱلۡوُثۡقَىٰ لَا ٱنفِصَامَ لَهَاۗ

Keinen Zwang gibt es im Din! Bereits ist das Richtige dem Irren gegenüber deutlich geworden. Also wer dem *Taghut* gegenüber Kufr betreibt und den Iman an ALLAH verinnerlicht, der hielt sich bereits am sichersten Griff, bei dem es kein Abreißen gibt.[411]

أَمۡ لَهُمۡ شُرَكَٰٓؤُاْ شَرَعُواْ لَهُم مِّنَ ٱلدِّينِ مَا لَمۡ يَأۡذَنۢ بِهِ ٱللَّهُۚ وَلَوۡلَا

كَلِمَةُ ٱلۡفَصۡلِ لَقُضِيَ بَيۡنَهُمۡۗ

Oder gibt es für sie etwa Partner, die ihnen vom Din das zuwiesen, wozu ALLAH keine Erlaubnis gab? Und gäbe es nicht das Wort des Richtens, würde gewiß unter ihnen gerichtet. Und für die Unrecht-Begehenden ist gewiß eine qualvolle Peinigung bestimmt.[412]

4. Die Verleugnung des Prophetentums und der Gesandtschaft des Gesandten Muhammad (*sallal-lahu 'alaihi wa sallam*).
Darunter fallen alle Personen, die unwahre Behauptungen über den Gesandten Muhammad (*sallal-lahu 'alaihi wa sallam*) oder über seine Botschaft verbreiten, seine Gesandtschaft verleugnen, ihn abwerten und verspotten. Weiterhin gehören dazu alle Personen, die irgendetwas von dem Verborgenen verleugnen, das unser Prophet (*sallal-lahu*

---

[411] Suratul-baqara Nr. 2, Aya Nr. 256
[412] Suratusch-schura Nr. 42, Aya Nr. 21

'alaihi wa sallam) uns übermittelt hat, z. B. die Geschehnisse am Jüngsten Tag. Personen, die dies jedoch aus Unkenntnis tun oder weil es durch Idschtihad ohne Übereinstimmung aller Islamologen hergeleitet wird, bleiben Mumin.

5. Verleugnung der Botschaft des Gesandten
Darunter fallen alle Personen, die den Quran als Ganzes oder einen Teil seines Inhaltes oder ein einziges Wort von ihm verleugnen.

6. Akzeptanz oder Unterstützung von Kufr
Darunter fallen alle Personen, die Kufr direkt und indirekt akzeptieren und unterstützen. Folgende Denk- und Verhaltensweisen sind ein Indiz für die direkte und indirekte Akzeptanz und Unterstützung von Kufr und führen zum Abfall vom Islam:

- Die verbale und nonverbale Bagatellisierung anti-islamischer und wider-islamischer Denk- und Verhaltensweisen, z. B. durch Nicht-Benennung von Atheisten oder Polytheisten als Kafir.
  Personen, die trotz Ermahnung dieses Verhalten, d. h. die unangebrachte Toleranz und übertriebene Rücksichtnahme gegenüber Kufr weiter praktizieren, fallen vom Islam ab.
- Jede Art von Muwalat mit Nicht-Muslimen
  Ausnahme: In ausweglosen Konflikt-, Krisensituation.

  لَّا يَتَّخِذِ ٱلْمُؤْمِنُونَ ٱلْكَـٰفِرِينَ أَوْلِيَآءَ مِن دُونِ ٱلْمُؤْمِنِينَ ۖ وَمَن يَفْعَلْ ذَٰلِكَ
  فَلَيْسَ مِنَ ٱللَّهِ فِى شَىْءٍ إِلَّآ أَن تَتَّقُوا۟ مِنْهُمْ تُقَىٰةً ۗ

  Die Mumin nehmen sich die Kafir nicht als Wali anstelle der Mumin, und wer dies tut - dieser hat nichts mit ALLAHs (Din) gemeinsam, - außer wenn ihr euch vor ihnen wirklich schützen müßt.[413]
- Das freiwillige Verweilen in der Gesellschaft von Nicht-Muslimen, die den Islam und die Zeichen ALLAHs verspotten.

  وَإِذَا رَأَيْتَ ٱلَّذِينَ يَخُوضُونَ فِىٓ ءَايَـٰتِنَا فَأَعْرِضْ عَنْهُمْ حَتَّىٰ يَخُوضُوا۟
  فِى حَدِيثٍ غَيْرِهِۦ ۚ وَإِمَّا يُنسِيَنَّكَ ٱلشَّيْطَـٰنُ فَلَا تَقْعُدْ بَعْدَ ٱلذِّكْرَىٰ
  مَعَ ٱلْقَوْمِ ٱلظَّـٰلِمِينَ ﴿٦٨﴾

---

[413] Suratu aali-'imran Nr. 3, Aya Nr. 28

Und wenn du diejenigen wahrnimmst, die über UNSERE Ayat lästern, dann wende dich von ihnen (so lange) weg, bis sie zu einem anderen Thema übergehen! Und sollte der Satan dich dies vergessen lassen, dann sitze nach dem Erinnern nicht länger mit den unrecht-begehenden Leuten![414]

وَقَدْ نَزَّلَ عَلَيْكُمْ فِى ٱلْكِتَـٰبِ أَنْ إِذَا سَمِعْتُمْ ءَايَـٰتِ ٱللَّهِ يُكْفَرُ بِهَا
وَيُسْتَهْزَأُ بِهَا فَلَا تَقْعُدُوا۟ مَعَهُمْ حَتَّىٰ يَخُوضُوا۟ فِى حَدِيثٍ غَيْرِهِۦٓ ۚ إِنَّكُمْ
إِذًا مِّثْلُهُمْ ۗ إِنَّ ٱللَّهَ جَامِعُ ٱلْمُنَـٰفِقِينَ وَٱلْكَـٰفِرِينَ فِى جَهَنَّمَ جَمِيعًا

Und ER offenbarte euch nach und nach in der Schrift: Wenn ihr hört, daß ALLAHs Ayat gegenüber Kufr betrieben wird und sie verspottet werden, so sitzt ihr nicht bei ihnen, bis sie zu einem anderen Thema übergehen, ihr wäret sonst wie sie. ALLAH wird gewiß die Nifaq- und die Kufr-Betreibenden in Dschahannam versammeln, allesamt.[415]

7. Die Verleugnung und Verspottung von Grundlagen des Islam bzw. der Zweifel daran.

8. Mißfallen an der Lobpreisung ALLAHs oder an der Erinnerung an IHN oder SEINEN Propheten oder an der Rezitation des Quran.

وَإِذَا تُتْلَىٰ عَلَيْهِمْ ءَايَـٰتُنَا بَيِّنَـٰتٍ تَعْرِفُ فِى وُجُوهِ ٱلَّذِينَ كَفَرُوا۟ ٱلْمُنكَرَ ۖ
يَكَادُونَ يَسْطُونَ بِٱلَّذِينَ يَتْلُونَ عَلَيْهِمْ ءَايَـٰتِنَا ۗ قُلْ أَفَأُنَبِّئُكُم بِشَرٍّ مِّن
ذَٰلِكُمُ ۗ ٱلنَّارُ وَعَدَهَا ٱللَّهُ ٱلَّذِينَ كَفَرُوا۟ ۖ وَبِئْسَ ٱلْمَصِيرُ ﴿٧٢﴾

Und wenn ihnen UNSERE Ayat in Klarheit vorgetragen werden, erkennst du die Mißbilligung in den Gesichtern derjenigen, die Kufr betrieben. Beinahe würden sie herfallen über diejenigen, die ihnen UNSERE Ayat vortragen. Sag: 'Soll ich euch über Schlimmeres als dieses Mitteilung machen?' Das Feuer versprach ALLAH denjenigen, die Kufr betrieben. Und erbärmlich ist das Werden![416]

---

[414] Suratul-an'am Nr. 6, Aya Nr. 68
[415] Suratun-nisaa Nr. 4, Aya Nr. 140
[416] Suratul-hadsch Nr. 22, Aya Nr. 72

IX. Kapitel

al-kabair, الكبائر

Die schweren Sünden

Definition

Die Mehrheit der Islamologen definiert *Al-kabira*, الكبيرة (wörtlich: die Schwere bzw. Große) als jede Sünde, die entweder im Diesseits durch festgelegte Schari'a-Strafen (*hudud*) verantwortet werden muß oder im Jenseits durch die in Quran und Sunna angedrohte Bestrafung vergolten wird. Das bedeutet, daß bestimmte schwere Sünden, für welche die Schari'a keine Strafmaßnahmen im Diesseits vorsah (wie Lügen, Klatsch, etc.) im Jenseits verantwortet und vergolten werden. Diese Schweren Sünden werden in Quran und Sunna meistens mit Fluch oder Androhung von harter Peinigung verbunden.

Der Gesandte Muhammad (*sallal-lahu 'alaihi wa sallam*) sagte:

اجْتَنِبُوا السَّبْعَ الْمُوبِقَاتِ. قَالُوا: يَا رَسُولَ اللَّهِ وَمَا هُنَّ؟ قَالَ: الشِّرْكُ بِاللَّهِ وَالسِّحْرُ وَقَتْلُ النَّفْسِ الَّتِي حَرَّمَ اللَّهُ إِلَّا بِالْحَقِّ وَأَكْلُ الرِّبَا وَأَكْلُ مَالِ الْيَتِيمِ وَالتَّوَلِّي يَوْمَ الزَّحْفِ وَقَذْفُ الْمُحْصَنَاتِ الْمُؤْمِنَاتِ الْغَافِلَاتِ .

> Weicht den sieben Vernichtenden (schweren Sünden) aus! Sie fragten: "Was sind diese, Gesandter ALLAHs!?" Er sagte: "Der Schirk ALLAH gegenüber, die Magie, das Töten der Seele, die ALLAH verbot (zu töten), es sei denn mit Berechtigung, die Veruntreuung des Vermögens von Waisen, das Verzehren von *Riba* (Wucher und Zinsen), die Flucht vom Schlachtfeld und die Verleumdung der ehrbaren Mumin-Frauen.[417]

Imam Al-izzu Bnu-'abdis-salam[418] sagte:

> "Wenn du den Unterschied zwischen den schweren und leichten Sünden feststellen willst, dann vergleiche die Nachteile der Sünde mit denen der bekannten schweren Sünden. Wenn sie (die Nachteile) weniger sind, dann ist diese eine leichte Sünde. Wenn sie (die Nachteile) aber denen der schweren Sünden gleich sind oder sie übertreffen, dann ist diese Sünde eine der schweren."

---

[417] Überlieferung von Imam Al-buchari und Imam Muslim

[418] Imam 'Izzud-din Bnu-'abdis-salam aus Ägypten, (gest. 660 n. H.). Einer der großen Imame der Schafi'itischen Fiqh-Schule.

Beispiele von Kabira

- Der große Schirk, الشِرك الأَكبَرُ
- Das Töten eines Menschen (zu Unrecht), قَتْلُ النَفْسِ
- Die Magie, السِحْرُ
- Das Vernachlässigen des rituellen Pflicht-Gebets, تَرْكُ الصَلاَةِ
- Das Verweigern der Zahlung von Zakat, مَنْعُ الزَكَاةِ
- Das unbegründete Nicht-Fasten an einem Tag im Ramadan, إِفْطَارُ يَوم مِنْ رَمَضَانَ بلاَ عُذْر
- Das unbegründete Unterlassen der Hadsch trotz Erfüllung der Voraussetzungen, تَرْكُ الحَج مَعَ القُدْرَةِ عَلَيه
- Widerspenstigkeit gegen die Eltern, عُقُوقُ الوَالِدَين
- Das Vernachlässigen der Verwandten, هَجْرُ الأَقَارِبِ
- Zina, الزِّنى
  (jede nicht- bzw. außereheliche geschlechtliche Beziehung zwischen Mann und Frau, Unzucht).
- Homosexualität (*al-luwadt*: اللِوَاطُ)
- Zinsnehmen (*ar-riba*: الرِّبا)
- Die Veruntreuung des Vermögens von Waisen, أَكْلُ مَالِ اليَتِيمِ ظُلْمًا
- Das Lügen im Namen ALLAHs oder SEINES Gesandten, الْكَذِبُ عَلَى اللهِ وَرَسُولِهِ
- Fahnenflucht, الفِرَارُ مِنْ الزَحْفِ
- Betrug und Unterdrückung eines Volkes durch seine Führer, غِشُ إِمَامِ الرَعِيَةِ وظُلمُهُ لَهُم
- Hochmut (*al-kibr*: الكِبْرُ),
  Arroganz (*al-'udschb*: العجب) und Überheblichkeit (*al-chuyalaa*: الخُيَلاَءُ)
- Das falsche Zeugnis (*schahadatuz-zur*: شَهَادَةُ الزُّور)
- Das Trinken von Alkohol, شُرْبُ الخَمْرِ und der Konsum von Sucht- und Rauschmitteln, wie z. B. Drogen, Zigaretten etc.
- Diebstahl, السَرِقَةُ
- Raub, قَطْعُ الطَرِيقِ

- Meineid bzw. Falscheid, اليَمِينُ الغَمُوسُ
- Ungerechtes Verhalten, الظُّلْمُ
- Erpressung von Schutzgeld, المكَاس
- Verzehren von Haram-Vermögen, أكْلُ الحَرَام
- Selbstmord, قَتْلُ الإنْسَانِ نَفْسَهُ
- Häufiges Lügen, الكَذِبُ فِي أَغْلَبِ أَقْوَالِهِ
- Das ungerechte Richten, القَاضِي السَوْء
- Bestechung (nehmen und geben), الرِشْوَةُ
- Das Nachahmen des jeweils anderen Geschlechts (Transvestismus), تَشَبُّهُ الرِجَالِ بالنِسَاءِ والعكس
- Zuhälterei, الدَّيُوث
- Der *Muhalil* und der *Muhalalu-lah*, المُحَلِلُ والمُحَلَلُ لَهُ
- Das Nicht-Reinigen der Ausscheidungsorgane nach dem
- Wasserlassen bzw. der Notdurft, عَدَمُ التَنَزُهِ مِنَ البَول
- *Riyaa*, الرِيَاءُ

  Riyaa ist die Zurschaustellung von Guttaten und gottesdienstlichen Handlungen mit der Absicht, nicht in erster Linie ALLAHs Geboten zu folgen, sondern einen guten Eindruck auf die Menschen zu machen. Riyaa heißt auch "der kleine Schirk, الأَصْغَرُ الشِرْكُ".
- Das Verbergen von Wissen, كِتْمَانُ العِلْمِ
- Verrat, الخِيَانَةُ
- Vorhaltungen machen, المَنُّ
- Das Bespitzeln und Ausspionieren von Privatpersonen, التَجَسُسُ عَلى النَّاسِ
- Das Verbreiten von Gerede, Klatsch und Gerüchten, النَمِيمَةُ
- Fluchen, اللِعَانُ
- Das Nicht-Einhalten geschlossener Verträge, عَدَمُ الوَفَاء بالعَهْدِ
- Der Glaube an die Aussagen von Astrologen, تَصْدِيقُ الكَاهِنِ
- Überheblichkeit und Respektlosigkeit von Frauen gegenüber ihren Männern und umgekehrt (*nuschuz*), نُشُوزُ المَرأَةِ عَلى زَوْجِهَا والعكس
- Bildhauerei, التَّصْوِيرُ
- Überzogene emotionale Ausbrüche bei Todesfällen (Zerreißen der Kleider, Haare ausreißen, lautes Weinen), اللَطْمُ والنِّيَاحَةُ
- Prostitution, البِغَاءُ
- Die Unterdrückung der Schwachen, الإسْتِطَالَةُ عَلى الضَعِيفِ
- Das Belästigen des Nachbarn, أَذى الجَار
- Das Schädigen/Beschimpfen der Muslime, أَذى المُسْلِمِينَ وشَتْمِهِم
- Das Schädigen/Beschimpfen der Menschen, أَذِيَةُ عِبَادِ الله

- Tragen von Seide und Gold für Männer, لِبْسُ الحَرِير و الذَهَبِ للرجَال
- Das Schächten unter Anrufung eines anderen Namens anstelle des Namens von ALLAH, الذَبْحُ لِغَيرِ الله
- Das Vortäuschen falscher Abstammung, الإدِّعَاءُ لغَيرِ الأبِ بعِلم
- Disputieren, das zum Streit führt, الجَدَلُ والمِرَاءُ
- Das Vorenthalten von Trinkwasser, مَنْعُ فَضْلِ المَاء
- Das Betrügen beim Messen und Wiegen, نَقْصُ الكَيلِ
- Das Vernachlässigen von Gemeinschaftsgebeten ohne Entschuldigung, تَارِكِ الجَمَاعَةِ لغَيرِ عُذْر
- Das Vernachlässigen des Freitagsgebets, تَرْكُ الجُمُعَةِ لغَيرِ عُذْر
- Das Schädigen der Erben durch das Testament, الإضْرَارُ بِالوَصِيَّةِ
- Das Betrügen, المَكْرُ والخَدِيعَةِ
- Das Beschimpfen eines/einer Gefährten/in des Gesandten Muhammad (*sallal-lahu 'alaihi wa sallam*), سَبُّ أحَدِ الصَحَابَةِ
- Das Zürnen im Unrecht (*al-ghadab*: الغَضَبُ)
- Der Haß gegenüber anderen Menschen (*al-hiqd*: الحِقْدُ)
- Neid (*al-hasad*: الحَسَدُ)
- Nifaq (*an-nifaq*: النِفَاقُ)
- Das Verachten der Minderbemittelten und das Achten der Reichen wegen ihres Vermögens
- Betrug und Habgier
- Argwohn und üble Nachrede (*al-ghiba*: الغِيبَةُ)
- Das Verzehren von Schweinefleisch oder Blut
- Das Horten (*al-ihtikar*: الإحْتِكَارُ)
- Die Veruntreuung von Geldern oder Ähnlichem

Möglichkeiten zur Erlangung von Vergebung

ALLAH (*ta'ala*) hat in SEINER unendlichen Gnade den Mumin zahlreiche Möglichkeiten eingeräumt, seine leichten und schweren Verfehlungen wiedergutzumachen.

Die Türen SEINER Gnade sind immer offen und SEINE Liebe und Gnade sind grenzenlos. Die Mumin vertrauen auf die Vergebung ALLAHs, da ALLAH (*ta'ala*) sich selbst die Gnade zur Pflicht gemacht hat.

Durch folgende Handlungen bzw. Ereignisse werden Sünden und Verfehlungen inschaALLAH vergeben:

1. Die rituelle Reue (*At-tauba*: التوبة)
Die vorgesehene Bestrafung einer Sünde im Jenseits entfällt, wenn diese Verfehlung durch aufrichtige Tauba im Diesseits bereut wurde.

Aufrichtige Tauba muß folgende Kriterien erfüllen:

- Sie muß von Reue und Bedauern für die begangene Sünde begleitet werden.
- Es muß die feste Absicht gefaßt werden, diese Sünde nicht mehr zu wiederholen.
- Es müssen gute Taten als Vergeltung für diese Sünde vollbracht werden.
- Die Tauba muß von Herzen kommen, d. h. sie darf nicht unter Zwang erfolgen.

۞قُلْ يَٰعِبَادِىَ ٱلَّذِينَ أَسْرَفُوا۟ عَلَىٰٓ أَنفُسِهِمْ لَا تَقْنَطُوا۟ مِن رَّحْمَةِ ٱللَّهِ ۚ
إِنَّ ٱللَّهَ يَغْفِرُ ٱلذُّنُوبَ جَمِيعًا ۚ إِنَّهُۥ هُوَ ٱلْغَفُورُ ٱلرَّحِيمُ ﴿٥٣﴾

Sag: 'MEINE Diener, die sich gegen sich selbst vergingen! Verzweifelt nicht an ALLAHs Gnade! ALLAH vergibt gewiß die Verfehlungen, allesamt. ER ist gewiß Der Allvergebende, Der Allgnädige'[419]

2. ALLAH (*ta'ala*) um Vergebung bitten (*al-istighfar*: الإستغفار)

وَمَا كَانَ ٱللَّهُ مُعَذِّبَهُمْ وَهُمْ يَسْتَغْفِرُونَ

Doch ALLAH gebührt es nicht, sie zu strafen, solange sie IHN um Vergebung bitten.[420]

Neben der rituellen Reue nach dem Begehen einer Sünde, bitten Muslime ALLAH (*ta'ala*) immer wieder um Vergebung für ihr unvollkommenes Handeln, weil ihnen bewußt ist, daß sie als Menschen ALLAH (*ta'ala*) nicht oft genug um Vergebung bitten und IHM nicht oft genug für SEINE Gaben danken können.

3. Das Vollbringen guter Taten

إِنَّ ٱلْحَسَنَٰتِ يُذْهِبْنَ ٱلسَّيِّـَٔاتِ

Denn die gottgefälligen Guttaten tilgen die gottmißfälligen Taten.[421]

4. Prüfungen im Diesseits

Wenn man in Ausnahme- und Extremsituationen (in Zeiten von Krisen wie Krankheit, Not, Unglück, Leid und Bedrängnis) standhaft und geduldig bleibt und auch in dieser schweren Zeit die Beziehung zu ALLAH (*ta'ala*) aufrechterhält und pflegt, wird ALLAH (*ta'ala*) dafür Sünden vergeben.

Der Gesandte Muhammad (*sallal-lahu 'alaihi wa sallam*) sagte:

مَا يُصِيبُ الْمُسْلِمَ مِنْ نَصَبٍ ، وَلَا وَصَبٍ ، وَلَا هَمٍّ ، وَلَا حُزْنٍ ، وَلَا أَذًى ، وَلَا غَمٍّ حَتَّى الشَّوْكَةِ يُشَاكُهَا ، إِلَّا كَفَّرَ اللَّهُ بِهَا مِنْ خَطَايَاهُ .

"Für jedes Unglück, das einem Muslim widerfährt, auch für jede Besorgnis, für jeden Kummer, für jede Trauer, für jeden Schaden, für jedes Betrübnis und sogar für den Dorn, der ihn sticht, vergibt ihm ALLAH Sünden."[422]

---

[419] Suratuz-zumar Nr. 39, Aya Nr. 53
[420] Suratul-anfal Nr. 8, Aya Nr. 33
[421] Suratu-hud Nr. 11, Aya Nr. 114
[422] Überlieferung von Imam Al-buchari

5. Die Peinigung im Grab

6. Die gewaltigen Ereignisse am Jüngsten Tag

7. Die Fürsprache jener (u. a. der Gesandten), denen ALLAH (*ta'ala*) sie am Jüngsten Tag erlaubt.

8. Die Vergebung ALLAHs
Weil ALLAH (*ta'ala*) Der Allgnade Erweisende ist, kann ER (auch ohne Fürsprache) auf die Bestrafung verzichten.

إِنَّ ٱللَّهَ لَا يَغْفِرُ أَن يُشْرَكَ بِهِۦ وَيَغْفِرُ مَا دُونَ ذَٰلِكَ لِمَن يَشَآءُ

Gewiß vergibt ALLAH nicht, daß IHM gegenüber Schirk betrieben wird, und vergibt, was (an Verfehlungen) geringer ist als dies, wem ER will![423]

9. Das Bittgebet der Muslime für den Gottergebenen in seinem Leben und nach seinem Tod.

10. Die freiwillige Almosenspende und die Rezitation des Quran

11. Das stellvertretende Bitten um Vergebung für Verstorbene
Es besteht Konsens unter den meisten Islamologen, daß die Möglichkeit besteht, daß Lebende gewisse gottesdienstliche Handlungen (Gebet, Hadsch, Zakat, Siyam, freiwillige Spenden) stellvertretend für Verstorbene verrichten können, und daß die Belohnung dafür den Verstorbenen zugeschrieben wird.

Der Gesandte Muhammad (*sallal-lahu 'alaihi wa sallam*) riet einer Frau, die ihn danach fragte, ob sie anstelle ihrer verstorbenen Mutter die Hadsch vollziehen könne:

حُجِّي عَنْهَا . أَرَأَيْتِ لَوْ كَانَ عَلَى أُمِّكِ دَيْنٌ أَكُنْتِ قَاضِيَةً ؟ اقْضُوا اللَّهَ. فَاللَّهُ أَحَقُّ بِالْوَفَاءِ .

Ja, vollziehe Hadsch an ihrer Stelle. Teile mir mit, wenn deine Mutter bei jemanden verschuldet wäre, hättest du ihre Schulden getilgt? Tilgt die Schulden ALLAHs! Denn ALLAH hat mehr Anrecht auf Tilgung der Schulden."[424]

---

[423] Suratun-nisaa Nr. 4, Aya Nr. 48
[424] Überlieferung von Imam Al-buchari

Der Gesandte Muhammad (*sallal-lahu 'alaihi wa sallam*) sagte:

إِذَا مَاتَ الْإِنْسَانُ انْقَطَعَ عَنْهُ عَمَلُهُ إِلَّا مِنْ ثَلَاثَةٍ : إِلَّا مِنْ صَدَقَةٍ جَارِيَةٍ ، أَوْ عِلْمٍ يُنْتَفَعُ بِهِ ، أَوْ وَلَدٍ صَالِحٍ يَدْعُو لَهُ .

Wenn der Mensch stirbt, endet sein Wirken, außer in drei Dingen: durch eine *sadaqa-dschariya* (Spende von dauerhaftem Charakter, d. h. eine Spende, von der die Menschen auch nach dem Tod des Spenders Nutzen ziehen können; z. B. in Form einer Stiftung), oder durch Wissen, das (für die Nachwelt bzw. die nachfolgenden Generationen) von Nutzen ist, oder durch einen guttuenden Nachkommen, der für ihn (den Verstorbenen) Bittgebete spricht.[425]

[425] Überlieferung von Imam Muslim

Glossar

‘alaihas-salam, عليها السلام	Friede sei mit ihr
‘alaihimus-salam, عليهم السلام	Friede sei mit ihnen
‘alaihis-salam, عليه السلام	Friede sei mit ihm
‘Aqida, عقيدة	Apodiktisch verinnerlichte Inhalte
‘Asi, عاصى	Der Sündige bzw. der Ungehorsame ALLAHs Geboten gegenüber.
‘Ibadat, عبادة	Gottesdienstliche Handlung
Ad-dadsch-dschal, الدجال	wörtl.: Der größte Lügner und Täuscher.
Ahad, آحاد	Wörtl. vereinzelt (s. S. 69 ff)
Al-‘alamatul-kubra, العلامات الكبرى	Zeichen des Jüngsten Tages, die dessen unmittelbares Eintreffen ankündigen.
Al-‘alamatus-sughra, العلامات الصغرى	Die Vorboten des Jüngsten Tages, die dessen baldiges Herannahen ankündigen.
Al-achira, الآخرة	Die Letzte, der Jüngste Tag, das Jenseits
Al-amana, الأمانة	Das Anvertraute
Al-amr, الأمر	Das Befehlen
Al-firdaus, الفردوس	Hohe Stufe in der Dschanna
Al-haud, الحوض	Wörtl.: Das Becken (s. S. 201 ff)
ALLAH, الله	Der arabische Eigenname Des Schöpfers, der weder männlich noch weiblich ist, noch einen Plural besitzt.
Allahu akbar, الله أكبر	ALLAH ist größer, d. h. größer als alles, was den Menschen in den Sinn kommt.
Al-lauhul-mahfuz, اللوح المحفوظ	Die Wohlverwahrte Tafel im Himmel

Al-wasila, الوسيلة	Die höchste Stufe in der Dschanna
An-nabi, النبى	Auserwählte Männer, die eine Offenbarung von ALLAH (*ta'ala*) empfingen und mit ihrer öffentlichen Verkündigung an die Menschen nicht beauftragt wurden.
An-nar, النار	Die Hölle, das Feuer
Ar-rasul, الرسول	Auserwählter Mann, der eine Offenbarung von ALLAH (*ta'ala*) empfing und mit ihrer öffentlichen Verkündigung an die Menschen beauftragt wurde.
Ar-ruhul-amin, الروح الأمين	wörtl.: Der treue Geist, ein Name des Engel Dschibril (*'alaihis-salam*)
Ar-ruhul-qudus, الروح القدس	wörtl.: Der reine Geist, ein Name des Engel Dschibril (*'alaihis-salam*)
As-sa'a, الساعة	Die Stunde, der Jüngste Tag
Aya, آية **Ayat, آيات (Plural)**	Ein Quran-Vers Auch: Ein Zeichen, ein Wunder
Baraka, بركة	Vermehrung, Zunahme, Gedeihen
Bid'a, بدعة	Erfindung (relig.: erfundene gottesdienstliche Handlung)
Din, دين	Die Lebensweise
Dschahannam, جهنم	Das Höllenfeuer, die Hölle
Dschanna, جنة **(Plural: Dschannat, جنات)**	Der Garten vom Jenseits
Dschihad, جهاد	Anstrengung auf dem Wege ALLAHs mit allen islamisch erlaubten Mitteln
Dschizya, جزية	Verteidigungsersatz-Abgabe im islamischen Staat für Nicht-Muslime
Du'a, دعاء	Bittgebet
fi-sabilil-lah, في سبيل الله	Für ALLAH, auf dem Wege ALLAHs

Fisq, فسق	Verstoß gegen ALLAHs Gebote und Abweichen davon
Fadl, فضل	Der Überschuß, Gewähren vom Guten, das Gute und Schöne.
Fitra, فطرة	Die natürliche Veranlagung des Menschen. Sie ist an ALLAH (*ta'ala*) ausgerichtet.
Hadith, حديث	Ausspruch des Gesandten Muhammad (*sallal-lahu 'alaihi wa sallam*)
Hadith-qudsi, حديث قدسي	Ein Hadith, den der Gesandte Muhammad (*sallal-lahu 'alaihi wa sallam*) direkt auf ALLAH (*ta'ala*) zurückführt, als spräche ER dies SELBST aus.
Hadsch, حج	Die rituelle Pflicht-Wallfahrt nach Mekka
halal, حلال	erlaubt
Hamd, حمد	Loben/Preisen für jede Handlung und jede Gabe unabhängig davon, ob diese für den momentanen Zustand Gutes oder Schlechtes bedeutet.
haram, حرام	Untersagt, verboten
Hudud, الحدود	Das unveränderbar festgelegte Schari'a-Strafmaß für Straftaten
Hur-'in, حور عين	Wesen mit großen Augen, deren Iris rabenschwarz und das Weiße ihrer Augen leuchtend weiß sind.
Ichlas, إخلاص	Die größtmögliche Loyalität
Idschtihad, إجتهاد	Selbständige Urteilsfindung
Ihsan, إحسان	Das Beste der gottgefällig Guttaten
Imam, إمام	(wörtl.: Vorstehender) Führer, Vorbeter, großer Islamologe

Iman, إيمان	Die mit Wissen verbundene bewußte Verinnerlichung
InschaALLAH, إن شاء الله	So ALLAH will, wenn ALLAH es erlaubt.
Islam, إسلام	Die bewußte Ergebenheit ALLAH (*ta'ala*) gegenüber
Kabira, كبيرة	Die Schwere Sünde (s. S. 253 ff)
Kafir/Kafira, كافرة/كافر	Eine/Ein Nicht-Gottergebene/r nach dem Islam bzw. der/die Nicht-Muslim/a
Khamr, خمر	Berauschende Getränke
Kufr, كفر	Nicht-Gottergebenheit nach dem Islam
Malak, مَلَك **Malaika (Plural),** ملائكة	Der Engel (Sg.), die Engel
Mu'dschiza, معجزة	Das Wunder: Ein außergewöhnliches mit Herausforderung begleitetes Ereignis, das ALLAH (*ta'ala*) durch einen SEINER Gesandten als Nachweis seiner Prophetenschaft verwirklicht.
Mumin/ Mumina, مؤمنة/مؤمن	Derjenige/Diejenige, der/die den Iman verinnerlicht.
Munafiq, منافق	Der Nifaq-Betreibende: Derjenige, der trotz innerlicher Aberkennung des Iman sich verbal dazu bekennt.
Munafiqa, منافقة	Die Nifaq-Betreibende
Murtadd/Murtadda, مرتدة/مرتد	Der/Die Abtrünnige vom Din
Muschrik/Muschrika, مشركة/مشرك	Der/Die Polytheist/in im wahren und im übertragenen Sinne
Muslim/Muslima, مسلمة/مسلم	Der/Die Gottergebene nach ALLAHs Geboten

Mutawatir-Überlieferung, متواتر	Überlieferung, welche über ihre gesamte Überlieferungskette hindurch (d. h. in jeder Tradentengeneration) von großer Tradentenmenge überliefert wurde, deren Mitglieder eine Falschaussage nicht hätten absprechen können.
Muwalat, موالاة	Zuneigung und Liebe mit religiöser Identifikation
n. H.	Nach der Hidschra (Auswanderung des Gesandten von Mekka nach Madina)
Nifaq, نفاق	Verbales Bekennen zum Iman mit gleichzeitigem innerlichen Leugnen
Niyya, النية	Die Absicht
Nuur, نور	Licht, Ausstrahlung, Einblick
radia-llahu 'anh, رضى الله عنه	ALLAHs Wohlgefallen sei ihm gewährt.
radia-llahu 'anha, رضى الله عنها	ALLAHs Wohlgefallen sei ihr gewährt.
radia-llahu 'anhum, رضى الله عنهم	ALLAHs Wohlgefallen sei ihnen gewährt.
Ruk'u, ركوع	Das Verbeugen im rituellen Gebet
Rak'a, ركعة	Eine Gebets-Einheit
Riba, ربا	Zinsen bzw. Wucher
Rizq, رزق	ALLAHs materielle/immaterielle Gaben
Ruhh, روح	Geist, Seele, Atem, Konzentrat
Rukn, ركن	(wörtl.: Eckpfeiler)/ Pflichtteil
Sahabi/Sahabiya صحابية/صحابى	Ein/Eine Gefährt-e/in des Gesandten
Salah, صلاة	Das rituelle Gebet
salla-llahu 'alaihi wa sallam, صلى الله عليه وسلم	ALLAHs Gnade und Frieden seien mit ihm. Nur beim Erwähnen Muhammads (*sallal-lahu 'alaihi wa sallam*).

Schahada, شهادة	(wörtl.: Zeugnis) / Das Islam-Bekenntnis
Schari'a, شريعة	Die Gesamtheit der Gebote des Islam
Schirk, شرك	Der Polytheismus im wahren und im übertragenen Sinne
Siyam, صيام	Das rituelle Pflicht-Fasten im Ramadan
Sudschud, سجود	Die Niederwerfung im rituellen Gebet
Sura, سورة	Quran-Kapitel. Der Quran enthält 114 Suren
Taghut, طاغوت	Personen, die behaupten, Recht und Fähigkeit zu besitzen, Gebote zu erlassen in Bereichen, die nur von ALLAH (*ta'ala*) geregelt werden. Auch: Der Götze
Taqwa, تقوى	Das Vermeiden jeglicher Verfehlung mit ständigem Gedenken ALLAHs
Tauba, توبة	Die rituelle Reue
Tauhid, توحيد	Der Iman an die Einheit und Einzigkeit ALLAHs nach islamischer Definition
Tawakkul, توكل	Grenzenloses Vertrauen in ALLAH mit gleichzeitiger Berücksichtigung der von IHM geschaffenen Kausalitäten
Umma, أمة	Gemeinschaft, Gemeinschaft der Muslime
Wahy, وحى	Offenbarung durch Dschibril (*'alaihis-salam*) oder direkt durch Inspiration
Wakil, وكيل	Bevollmächtigter, Verantwortlicher, Sorge-Tragender
Yaumul-qiyama, يوم القيامة	Tag der Auferstehung, Der Jüngste Tag
Zakat, زكاة	Die rituelle Pflicht-Sozialabgabe
Zina, زنى	Unzucht, außerehelicher Geschlechtsakt

Literatur

1. Dr. Muhammad Na'im Yasien, الدكتور محمد نعيم ياسين
al-iman, الإيمان / Der Iman

2. Schaikh Hasan Ayyub, الشيخ حسن أيوب
tabsitul-'aqaidil-islamiya, تبسيط العقائد الإسلامية
(Vereinfachte Darstellung der Islamischen 'Aqida-Lehre)
Verlag Darul-quranil-karim, دار القرآن الكريم (Beirut, Damaskus)

3. Schaikh Abdur-rahman Al-yamani, الشيخ عبد الرحمن اليماني
al-qaidu ila tas-hihil-'aqaid, القائد إلى تصحيح العقائد
(Der Führer zum richtigen Verständnis der 'Aqida-Lehre)
Verlag Al-maktabul-islami, المكتب الإسلامي (Beirut, Damaskus),
dritte Auflage 1984.

4. Schaikh Muhammad Anwar Shah, الشيخ محمد أنور شاه
at-tasrihu bima tawatara fi nuzulil-masih, التصريح بما تواتر في نزول المسيح
(Erklärung der Mutawatir-Texte über das Herabsteigen des Masih),
Verlag Darus-salam, دار السلام (Aleppo), vierte Auflage 1982.

5. Schaikh Muhammad Khalil Harras, الشيخ محمد خليل هراس
scharhul-'aqidatil-wasitiya li-scheikhil-islam Ibni-taymiya,
شرح العقيدة الواسطية لابن تيمية
(Erklärung von Al-'aqidatul-wasitiya von Ibnu- taymiya),
Verlag Maktabatu Ibnu-taymiya, مكتبة ابن تيمية (Kairo),
die vierte Auflage.

6. Schaikh Muhammad Salama Dschabr, الشيخ محمد سلامة جبر
aschratus-sa'a wa-asraruha, أشراط الساعة وأسرارها (Vorboten der Stunde und ihre Geheimnisse)
Verlag Scharikatusch-schu'a', شركة الشعاع (Kuwait) 1981.

7. Schaikh Abdul-mun'im Al-'azzi, الشيخ عبد المنعم العزي
usulul-'aqidatil-islamiya allati qarraraha al-imam at-tahawi min scharh-il-adhru'i,
أصول العقيدة الإسلامية التي قررها الإمام الطحاوي من شرح الأذرعي
(Grundregeln der Islamischen 'Aqida-Inhalte von Imam At-tahawi, aus der Erläuterung vom Imam Al-azru'i)
Verlag Darul-wafaa, دار الوفاء (Al-mansura),
erste Auflage 1984.

8. Dr. Hasan Al-'amudi, الدكتور حسن العمودي
al-'aqida, العقيدة, Die 'Aqida
Al-kulliya al-auruppiya lid-dirasatil-islamiya, الكلية الأوربية للدراسات الإسلامية, Europäische Fakultät für islamische Studien / Frankreich (Frankreich) 1994.
9. Imam Adh-dhahabi, الإمام الذهبي
kitabul-kabair, كتاب الكبائر (Das Buch der Schweren Sünden)
Verlag Maktabatul-mutanabi, مكتبة المتنبي (Kairo).
10. Imam Ibnul-dschauzi, الإمام ابن الجوزي
nuzhatul-a'yunil-nawazir fi 'ilmil-wudschi wan-nazair
نزهة الأعين النواظر في علم الوجوه والنظائر
(Ausflug der nachdenklichen Augen in der Wissenschaft der Arten und sinnverwandter Wörter)
Verlag Muassasatur-risala, مؤسسة الرسالة (Beirut),
zweite Auflage 1985.
11. Dr. Muhammad Sa'id Ramadan Al-buti, محمد سعيد رمضان البوطي
kubra al-yaqiniyat-il-kauniya, كبرى اليقينيات الكونية
(Die größten kosmologischen Gewißheiten)
Verlag Darul-fikr, دار الفكر (Damaskus), neunte Auflage 1993.
12. Schaikh Nadim Al-dschisr, الشيخ نديم الجسر
Qissatul-iman, قصة الإيمان (Die Geschichte von Iman)
Selbstverlag, Libanon.
13. Schaikh Sayed Sabiq, الشيخ سيد سابق
al-'aqaidil-islamiya, العقائد الإسلامية (Die islamische 'Aqida)
Verlag Darul-kutubil-haditha, دار الكتب الحديثة, 3. Auflage 1976
14. Imam Abu-hamid Al-ghazali, الإمام أبي حامد الغزالي
al-munqidhu minad-dalal, المنقذ من الضلال, Der Retter vom Fehlgehen,
Verlag Darul-andalus, دار الأندلس (Beirut)
15. Dr. Muhammad Adel Al-husaini, الدكتور محمد عادل الحسيني
'aqidatul-hafiz ibni-hadscharil-'asqalani,
عقيدة الحافظ ابن حجر العسقلاني,
(Die 'Aqida nach dem Hafiz Ibn Hadschar Al-'asqalani)
Fakultät für islamische und arabische Studien in Dubai 1994
16. Abdallah Naseh Ulwan, عبد الله ناصح علوان
schubuhatun wa rudud, شبهات و ردود (Einwände und Antworten)
Verlag Darus-salam, دار السلام (Beirut, Aleppo, Kairo)
fünfte Auflage, 1983

17. Dr. Omar Sulaiman Al-aschqar, الدكتور عمر سليمان الأشقر
al-‘aqida ta’rifun wa bayan, العقيدة تعريف وبيان
(Al-‘aqida, Definition und Darstellung)
Verlag Darul-gharir, دار الغرير (Dubai)
18. Dr. Muhammad Sulaiman Faradsch, الدكتور محمد سليمان فرج
taisirul-‘aqida wal-‘ibadat, تيسير العقيدة والعبادات
(Erleichterung von ‘Aqida und gottesdienstlichen Handlungen)
Selbstverlag (Abu-dhabi), zweite Auflage
19. Imam Ibnu-manzur, الإمام ابن منظور
lisanul-‘arab, لسان العرب (Die Zunge der Araber)
Verlag Daru-sadir, دار صادر (Beirut)
20. Schaikh Ibrahim Al-baidschuri, الشيخ إبراهيم البيجوري
al-haschiya ‘ala matnis-sanusiya, الحاشية على متن السنوسية
(Die Erläuterung der Sanusiya-Texte)
Verlag Abdus-salam Bin-schaqrun, عبد السلام بن شقرون
21. Meyers Enzyklopädisches Lexikon
Lexikonverlag, Mannheim 1972
22. Brockhaus Enzyklopädie, neunzehnte Ausgabe
F. A. Brockhaus, Mannheim 1987
23. Bertelsmann Lexikon
Verlagsgruppe Bertelsmann, Gütersloh 1984
24. Das neue Dudenlexikon, Dudenverlag,
Bibliographisches Institut Mannheim/ Wien/ Zürich 1984
25. Meyers Großes Universal Lexikon, Meyers Lexikonverlag
Bibliographisches Institut Mannheim/ Wien/ Zürich 1982
26. Der Große Brockhaus, 18. Auflage,
F. A. Brockhaus, Wiesbaden 1981
27. The new Encyclopaedie Britannica, 15. Edition 1991

Islamologische Fachbücher im ADIB Verlag

At-tafsir

Zeitgemäße Übertragung des Quran-Textes in deutscher Sprache
Amir M.A. Zaidan

Erster Tafsir auf Deutsch unter Berücksichtigung der Grundsätze der Islamologie, insbesondere der Kriterien der Iman-Inhalte, der Feinheiten der arabischen Sprache und unter Verwendung der islamologisch korrekten Fachbegriffe.
Diese neue Übertragung des Quran-Textes in die deutsche Sprache war notwendig, weil alle auf dem deutschen Buchmarkt befindlichen "Quran-Übersetzungen" aufgrund der Nicht-Berücksichtigung der fundamentalen Grundsätze der Islamologie (Iman-Inhalte, islamologische Fachbegriffe, usw.) den eigentlichen Sinn des arabischen Originals teilweise entstellen oder ihm zuwiderlaufen und in einigen Fällen sogar Kufr ausdrücken. Weil die deutsche Sprache über keine Wörter verfügt, welche bestimmte islamologische Fachbegriffe adäquat wiedergeben können, führt die in diesen "Übersetzungen" bevorzugte Verwendung von Fachbegriffen aus der christlich-theologischen Denksprache wie z. B. "Glaube" oder "Ungläubiger" nicht nur zu gravierenden Mißverständnissen und Fehlinterpretationen bei Muslimen und Nicht-Muslimen, sondern zu einer Entstellung des Islam.

Druck: Februar 2000

Anmerkung:
Tafsir bedeutet wörtlich Interpretation. In der Islamologie versteht man unter Tafsir die Erläuterung des Quran-Textes unter Berücksichtigung aller dafür relevanten Fachgebiete wie arabische Philologie, Islamologie, Offenbarungs-anlässe, etc.

Islam und Wissenschaft

Islam und Medizin
Amir Zaidan Karola Khan

Um den interessierten Lesern Informationen über die islamische Zivilisation und die wissenschaftlichen Errungenschaften der muslimischen Gelehrten des Mittelalters zugänglich zu machen, wird eine Fachbuch-Reihe *Islam und Wissenschaft* herausgebracht.

Im geplanten ersten Teil zum Thema *Medizin* werden die muslimischen Koryphäen, ihre Werke, Entdeckungen und Errungenschaften im Bereich der Medizin vorgestellt.
Weitere Themen sind Empfehlungen für Ärzte und Pflegepersonal für den Umgang mit muslimischen Patienten in hiesigen Kliniken, Sterbebegleitung und Bestattungsriten im Islam, Stellungnahmen zu modernen und alternativen Vorsorge-, Diagnose- und Behandlungsmethoden, Gentechnik, Transplantation, Obduktion, usw. Mit zahlreichen Illustrationen.

Druck: März 2000